群星闪耀时
这个时代的足坛传奇

穆里尼奥

解剖赢家

MOURINHO:

Further Anatomy of a Winner

[英] 帕特里克·巴克利 著
陈颖一 译

新世界出版社
NEW WORLD PRESS

图书在版编目（CIP）数据

穆里尼奥：解剖赢家 /（英）帕特里克·巴克利著；陈颖一译. -- 北京：新世界出版社，2016.7
（群星闪耀时：这个时代的足坛传奇）
ISBN 978-7-5104-5831-6

Ⅰ.①穆… Ⅱ.①帕… ②陈… Ⅲ.①穆里尼奥－传记 Ⅳ.① K835.525.47

中国版本图书馆CIP数据核字（2016）第 132876 号

穆里尼奥：解剖赢家

选题策划：蒋　祥　邓东文　陈中捷
作　　者：［英］帕特里克·巴克利
译　　者：陈颖一
责任编辑：丁　鼎
责任校对：宣　慧
责任印制：李一鸣　高　金
出版发行：新世界出版社
社　　址：北京西城区百万庄大街 24 号（100037）
发行部：（010）6899 5968　　（010）6899 8705（传真）
总编室：（010）6899 5424　　（010）6832 6679（传真）
http://www.nwp.cn
http://www.nwp.com.cn
版权部：+8610 6899 6306
版权部电子信箱：nwpcd@sina.com
印　　刷：北京旭丰源印刷技术有限公司
经　　销：新华书店
开　　本：710mm × 1000mm　1/16
字　　数：200 千字　印张：15.25
版　　次：2016 年 7 月第 1 版　2016 年 7 月第 1 次印刷
书　　号：ISBN 978-7-5104-5831-6
定　　价：49.80 元

“请别说我傲慢，我是欧洲冠军，所以我想我是特别的一个。”——穆里尼奥

2004年5月25日，欧洲冠军杯决战在即，穆里尼奥带领波尔图队积极备战。

2004年6月2日，穆里尼奥被任命为英超劲旅切尔西队主帅。

2004年7月6日，穆里尼奥在切尔西俱乐部训练中心主持了第一次集训。

2005年3月27日，穆里尼奥与以色列副总理佩雷斯一起参观了以色列一所少年足球学校。

安菲尔德体育场上，切尔西队在穆里尼奥的率领下轻松备战。

穆里尼奥严肃认真地指导切尔西球队。

BARCLAYS PREMIERSHIP
CHAMPIONS
2004/05

CHELSEA AGAINST RACISM
2004/05
9
CFC

2005年5月7日，切尔西英超夺冠，穆里尼奥激动地举起奖杯。

2005年5月7日，英超夺冠后，穆里尼奥与妻子、儿女拥抱在一起。

2006年1月30日，穆里尼奥荣获葡萄牙最高荣誉勋章。

2006年4月13日，穆里尼奥带领切尔西球员和儿童们一起玩足球，体验足球的乐趣。

2006年7月19日，切尔西队在英格兰柯巴姆训练，备战新赛季。

2006年8月22日，英超切尔西俱乐部召开新闻发布会，宣布此前效力于德甲汉堡队的荷兰国脚布拉鲁兹通过体检，正式加盟。

2006年9月8日，阿什利·科尔正式加盟切尔西俱乐部。

2007年7月20日，英超球队切尔西在美国洛杉矶进行训练比赛。

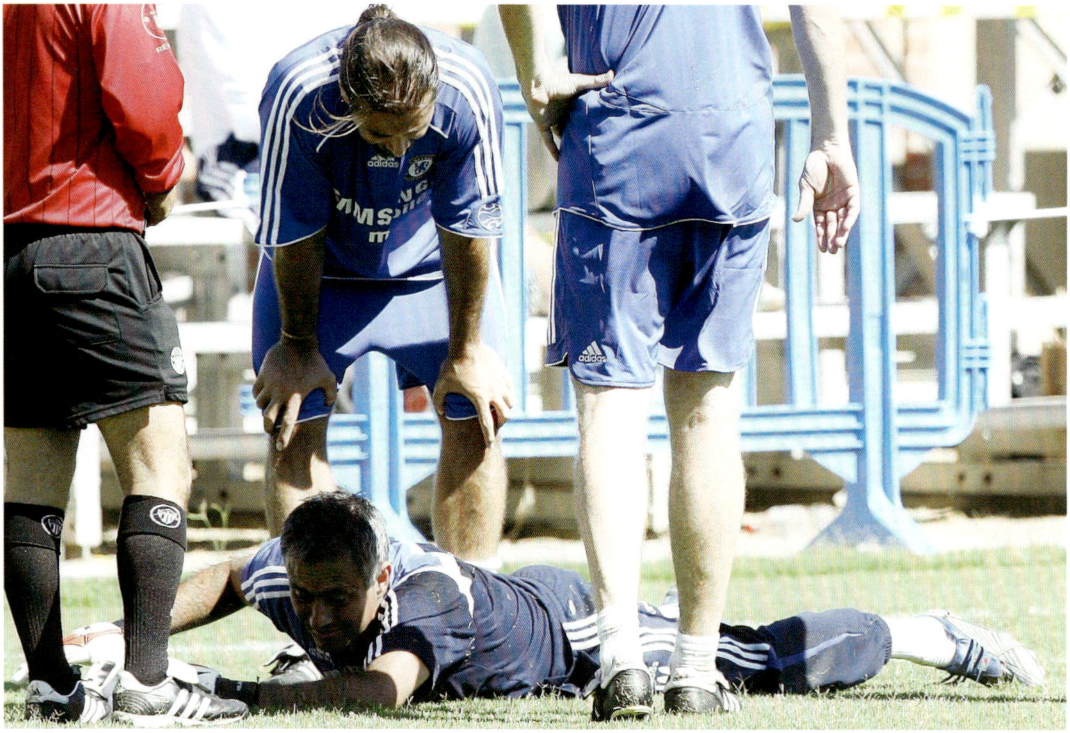

2007年7月20日，切尔西在美国洛杉矶进行训练比赛时，穆里尼奥不慎受伤。

2007年9月21日，英国伦敦，切尔西前主帅穆里尼奥在自己的公寓前接受记者采访。

2008年6月3日，国际米兰俱乐部正式宣布，葡萄牙人穆里尼奥将担任新赛季国米主帅。

2008年7月17日，意甲国际米兰积极训练。

2008年8月8日，阿姆斯特丹杯友谊赛，国际米兰vs塞维利亚，穆里尼奥轻松执教。

2009年1月18日，2008—2009赛季意甲第19轮，国际米兰1：3不敌亚特兰大。穆里尼奥面带愁容，若有所思。

2009年8月4日，中国北京，意大利超级杯开始前，国际米兰进行抵京后的首次训练。

2010年1月18日，意大利米兰，2009意甲奥斯卡颁奖典礼：国际米兰独占四席成最大赢家。

2010年4月5日，俄罗斯莫斯科，国际米兰客场备战2009—2010欧冠联赛四分之一决赛对阵莫斯科中央陆军的比赛，穆里尼奥难掩忧虑。

2010年4月19日，2009—2010欧冠半决赛首回合之前，国际米兰训练备战。

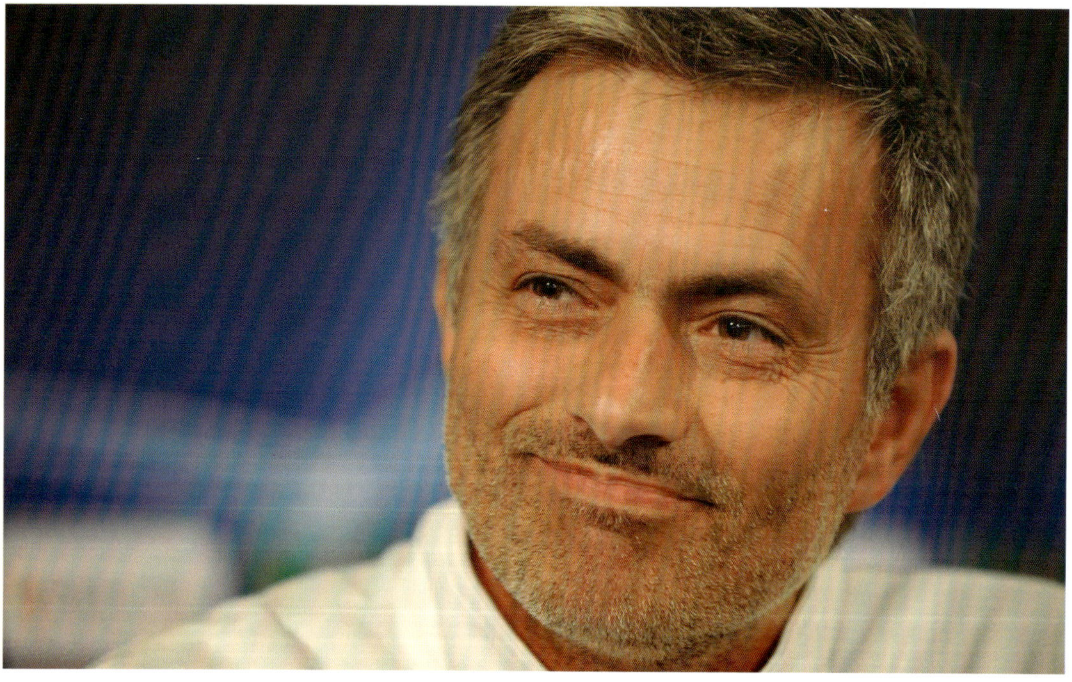

穆里尼奥胸有成竹的笑容。

2010年5月21日，马德里，2009—2010欧冠决赛开赛在即，国际米兰训练备战，穆里尼奥严肃指挥众将。

13

2010年8月10日，有消息称卡瓦略加盟皇马，穆帅迎爱将得偿所愿。

2010年9月19日，皇家马德里积极备战新赛季西甲，穆里尼奥成媒体焦点。

2011年2月14日，英国伦敦，2010—2011英超第27轮，富勒姆0：0切尔西。穆里尼奥低调重返斯坦福桥。

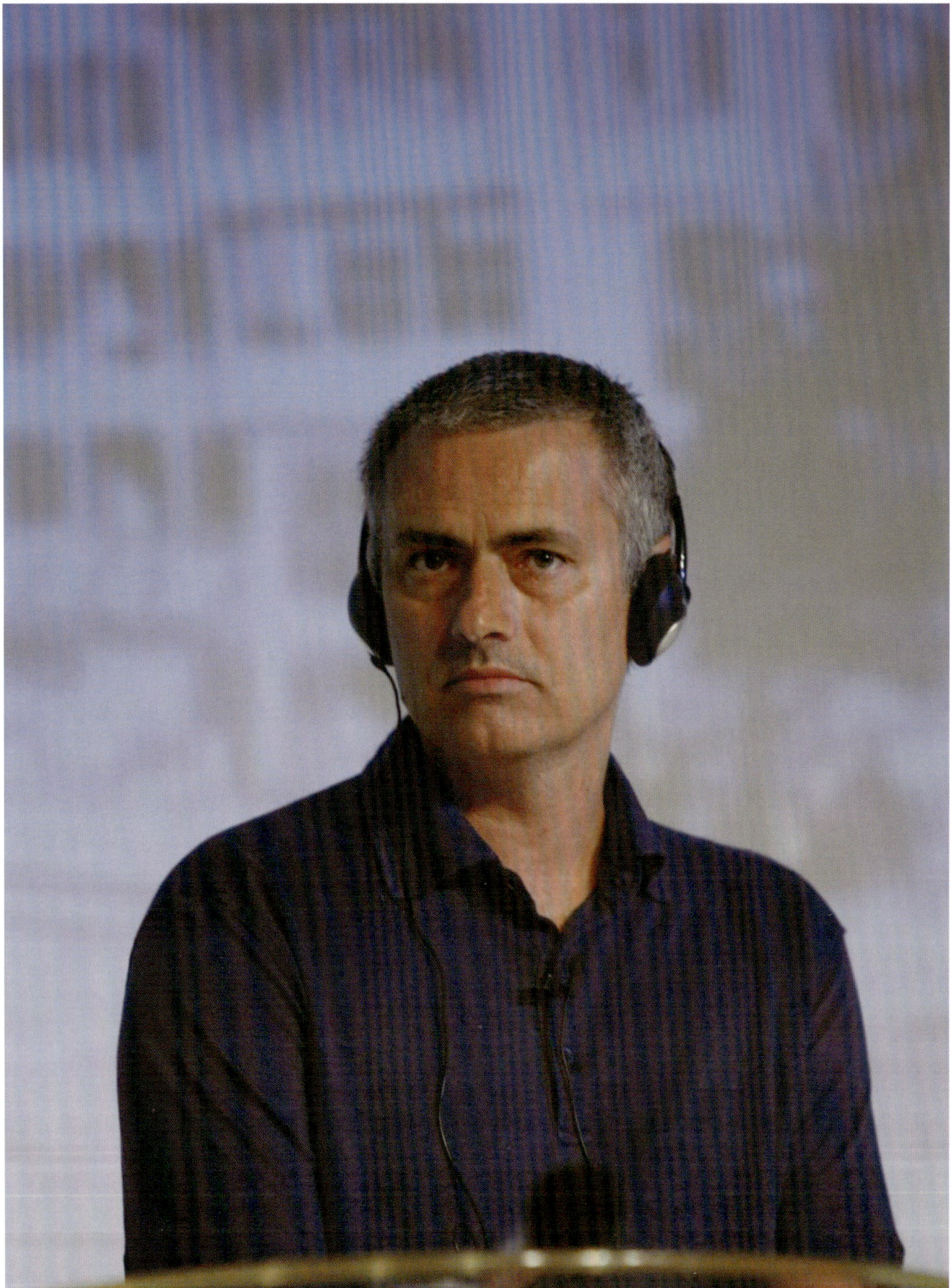

2012年5月24日，伊斯坦布尔，穆里尼奥出席成功教练员分享会，瘪嘴卖萌气场不减。

2013年11月13日，在比利时布鲁塞尔的一场比利时vs哥伦比亚的国际足球友谊赛上，穆里尼奥来到现场观战，一副黑框眼镜让其变成气质大叔。

2014年10月4日，英国伦敦，2014—2015英超第7轮，切尔西vs阿森纳，温格、穆里尼奥场边掐架。

2015年9月8日，英国伦敦，GQ男士年度颁奖礼，穆里尼奥携性感女儿亮相。

穆里尼奥执教10年荣誉无数。

致 谢

当我撰写这本书的旧版——《穆里尼奥：解剖赢家》以及日后做出诸多修订时，我曾与许多相关人士交谈过，从足球世界的巨人，如博比·罗布森爵士[1]、路易斯·范加尔和帕特里克·维埃拉，到穆里尼奥曾在家乡塞图巴尔[2]执教过的青年队球员安德烈·钦，他们都见证过他的人生，却绝没有一个人对我说过穆里尼奥一句坏话。对于何塞·穆里尼奥来说，这一点可谓意味深长。“想来，”我在2005年时这样写道，“他已经把自己的敌人全都干掉了。”

严肃点吧，某个切尔西俱乐部的人曾告诉我，“穆里尼奥不喜欢别人未经允许就写关于他的书”，但对于我这本书，他大可不必忧虑。从一开始，我就将此书视为对一位足球教练的合理探究，而我本人则无论过去还是现在，都对涉及其中的重要人物们深怀感激，包括博比·罗布森爵士（他已过世，让我们深切哀悼）、范加尔、热拉尔·霍利尔[3]、大卫·莫

---

① 博比·罗布森爵士（Sir Bobby Robson，1933—2009）是英国最出色的教练之一，曾执教英格兰队、波尔图、巴塞罗那等。1990 年曾带领英格兰队获得世界杯第四名。——译者注。书中的文下注释如无特殊说明，均为译者注。

② 塞图巴尔是葡萄牙西南部的一座沿海城市，是葡萄牙第三大港口，距离里斯本 32 公里。

③ 热拉尔·霍利尔（Gérard Houllier，1947— ）是法国著名足球教练，曾执教利物浦、里昂、法国国家队等。

耶斯，和那位富有激情和感染力，又影响深远的安迪·罗克斯伯格[①]。他们明白我写作本书的目的，并为之慷慨地付出了时间、提供了宝贵的见解。还有人帮助我时刻跟进发生在米兰和马德里的故事，包括维埃拉和裁判马克·海尔希[②]，后者成了穆里尼奥的朋友。

我很高兴能获知德斯蒙德·莫利斯[③]的想法，也很高兴我的老朋友伊恩·罗斯[④]向我证明，哪怕是像他一样的“愤世嫉俗的老浑蛋”也无法抵挡穆里尼奥的魅力。2009年在意大利，我一遇见他就送给他一本葡萄牙语的《穆里尼奥：解剖赢家》，而他告诉我他早就买了。《穆里尼奥：葡萄牙制造》[⑤]一书为本书提供了背景资料，弗兰克·克拉克[⑥]和彼得·罗宾森贡献了自己的看法，而米克·马丁[⑦]、罗斯·马蒂[⑧]、托什·麦金

---

① 安迪·罗克斯伯格（Andy Roxburgh，1943— ），苏格兰前球员、足球教练，曾多年担任欧足联技术总监一职，现在亚足联担任技术总监。

② 马克·海尔希（Mark Halsey，1961— ），英超前裁判，已于2013年退休。

③ 德斯蒙德·莫利斯（Desmond Morris，1928— ），英国著名的动物学家，代表著作包括《裸猿》《人类动物园》等。

④ 伊恩·罗斯（Ian Ross，1947— ），苏格兰前足球运动员，司职后卫，退役后从事教练工作。

⑤《穆里尼奥：葡萄牙制造》由葡萄牙记者路易斯·洛伦索撰写，主要讲述穆里尼奥加盟切尔西之前的人生经历，中文版于2011年出版。

⑥ 弗兰克·克拉克（Frank Clark，1943— ），英格兰前足球运动员、教练，曾任诺丁汉森林俱乐部主席。

⑦ 米克·马丁（Mick Martin，1951— ），爱尔兰前足球运动员，司职中场，曾为国家队出场51次。

⑧ 罗斯·马蒂（Ross Mathie，1946— ），苏格兰前足球运动员，现任苏格兰U15、U16主教练。

利[①]和加里·博兰[②]则讲述了他们的记忆。我同样要感谢安德烈·钦、伊恩·艾特肯和其他肯讲出真实想法的人；感谢保罗·阿农谢松和克里斯蒂娜·兰姆[③]；感谢创立大卫·拉克斯顿出版公司的大卫·拉克斯顿，他让我兴起了写这本书的念头，以及丽贝卡·温菲尔德；感谢阿兰·参孙，保罗·墨菲，伊恩·普利斯，伊恩·马歇尔和马克·拉什，他们在编辑工作中表现出的敏感；感谢詹姆斯·罗伊斯，为他出色的调查和访谈技巧；感谢劳伦·克拉克，她极有耐心，给了我许多建议；最后，但绝不是最不重要的感谢要献给一个女孩，她与我分享了那些意义重大的小笔记。

写作旧版的《穆里尼奥：解剖赢家》一书期间，我发现自己和其他许多人一样，对这个男人的好感与日俱增，但同时也越来越厌恶他对待足球的某些方式。随着时间推移，穆里尼奥的黑暗面并没有消失，而是顽固地持续存在着：比如，2011年春天的欧冠半决赛中，皇马对决巴萨的第一回合之后，他大声咆哮，宣称这家加泰罗尼亚俱乐部暗中贿赂裁判，从而在比赛中受益，而他自己曾在巴萨担任翻译；他在切尔西二期执教期间也公开引发论战，比如给西布朗挂上“米老鼠俱乐部”的标签，以及称呼阿尔塞纳·温格是个“失败专家”。

人们依然会问：“穆里尼奥参与过这本书的写作吗？”我猜他们是想

---

① 托什·麦金利（Tosh McKinlay，1964—　），苏格兰前足球运动员，司职边后卫，曾为凯尔特人效力，为国家队出场22次。

② 加里·博兰（Gary Bollan，1973—　），苏格兰前足球运动员，现执教苏格兰甲级联赛的艾迪尔联足球俱乐部。

③ 克里斯蒂娜·兰姆（Christina Lamb，1966—　），英国记者，现工作于《星期日泰晤士报》，保罗·阿农谢松（Paulo Anunciacao）是她的丈夫。

知道近距离接触穆里尼奥是个什么感受，而我的答案很可能会让他们备感震惊。我发现穆里尼奥非常体贴他人；他还富有魅力、和蔼可亲，多数时候很有趣。但我从未因此书寻求过他的帮助，任何阶段都不曾，甚至撰写最新版时也没有过。我这样做有两个原因：首先，出版商希望我保持创作的自由；还有个理由是，我不想把稿费分给他。

帕特里克·巴克利

2014年8月

目　录

CONTENTS

第一部分　重回英超

2014年春天，路易斯·范加尔被任命为曼联的主教练，这意味着下个赛季里，教练艺术中两位最伟大的典型人物将逐鹿英超。至少，范加尔和他的敌手何塞·穆里尼奥应该是这么想的。当范加尔还执掌巴萨时，他们两人一个是大师，另一个是学生。早在那时，荷兰人就觉得穆里尼奥“有点儿傲慢”，因此，他的傲慢可不是从范加尔身上学来的。两人都自视甚高，甚至不肯装得谦虚一点，面对入主老特拉福德，接替亚历克斯·弗格森爵士这一挑战时，他们俩都全然无畏。

穆里尼奥正值壮年，在2013年年末时，他刚满50岁。即使对他自己，他也不需要证明什么了，而弗格森在四十多岁时可配不上这样的评价：远在那个寒冷的冬天，有个曼联球迷打着标语要弗格森回苏格兰去，而他为此琢磨了好几个月，思考自己是不是真的该走了。1989年冬，弗格森承受了无穷尽的自我怀疑，直到隔年春天他赢得了自己在英格兰的头一个冠军——足总杯后，一切怀疑才烟消云散。他质疑自己的执教方式，质疑自己的管理手段，心想：大概他就是下一个无法在激烈的英超联赛中生存的苏格兰人。相反，穆里尼奥在2004年就轻轻松松地迈进了英格兰，像是走进自己家门一样。他声称自己是“特别的一个”，然后连夺两次英超冠军，一转眼就证明了自己的话。这样的成功他已经在葡萄牙实现过，而且还要在意大利重演。当他去西班牙执教时，尽管他在联赛和欧冠中都没法击败巴塞罗那，他却让人相信这不是他或者他的球队的错，而是有一股邪恶的力量要密谋颠覆他在皇马的统治!

他在伯纳乌的第二个赛季——大概邪恶的力量决定大发慈悲，或者终于被他征服了，不管怎么说，2012 年，他把西甲冠军也收入囊中。巴塞罗那已在西甲三年连冠，而他结束了佩普·瓜迪奥拉的统治：4 月 21 日，在加泰罗尼亚人的主场，克里斯蒂亚诺·罗纳尔多进球锁定胜局，皇马 2 ：1 战胜巴萨，冠军自此再无悬念。然而，四天之后，在欧冠联赛中同样迈进一步的希望被碾碎了。半决赛第二回合，阿尔杨·罗本，曾与穆里尼奥在切尔西共事的球员，进球扳平总比分，两队点球大战，而皇马不敌拜仁。更让人意想不到的是，此时巴塞罗那的悲苦仍在继续，他们也被切尔西淘汰；切尔西挺进了决赛。尽管比赛场地正是安联球场，拜仁占尽主场之利，临时主教练罗伯托·迪马特奥却带着切尔西在点球大战中击败拜仁：穆里尼奥曾经执教的球队终于赢得了欧冠，在他的任期中，他没能将这一荣誉带给罗曼·阿布拉莫维奇。直到此时，大家仍然相信，或早或晚，穆里尼奥总会再夺欧冠的。

他曾带着波尔图夺得 2004 年欧冠冠军，又引领国米在 2010 年重现辉煌，然后来到马德里，指望来个欧冠帽子戏法。他希望自己能成为第一个带领三家不同的俱乐部都赢得欧冠的教练。然而，他将要带着这个未能满足的野心离开了，他回到切尔西，而皇马终于在里斯本击败同城死敌马德里竞技赢得第十冠时，他们的教练是卡尔洛·安切洛蒂。

穆里尼奥将重回英超，这件事大家都期待良久。的确，他连续几年公开预告了自己的去向。伦敦奥委会主席塞巴斯蒂安·柯伊[①]也是个切尔西球迷。2011 年 4 月，柯伊担任 BBC 广播四台《今天》节目的客座编辑，并就此采访了穆里尼奥。在访谈中，穆里尼奥承认自己终有一日将重回英格兰。他估计在皇马的工作会再耽搁他大约两年。然而，1 月末时，人们纷纷猜测穆里尼奥的回归要比这更快，因为他与球员之间产生了不寻常的摩擦，并为此心烦意乱。与他不和的球员正是西班牙巨星三人组：国家队与俱乐部双料队长伊克尔·卡西利亚斯、哈维·阿隆索和塞尔吉奥·拉莫斯。让他心烦的还有，他认为记者们对俱乐部日常运行的影响实在太大了。2 月，他造访伦敦，购置房产，还顺带买了一盒面包圈：有人拍到他吃着面包圈离开了哈洛德百货公司[②]。他的造访引发了一阵轰动，由于切尔西当时处境艰难，这种氛围被放大、拔高了：主教练安德烈·维拉斯·博阿斯曾是穆里尼奥手下备受重视的助教，如今却濒临失业。一场混乱之后，迪马特奥代职教练，他成功地安抚了弗兰克·兰帕德和迪迪尔·德罗巴这样的功勋球员，赛季末，他们在慕尼黑摘取欧冠。迪马特奥成了切尔西的大功臣，阿布拉莫维奇也擢拔他为正式主教练，尽管这一任命颇有延迟：阿布手里的选择可不止这么一个。

阿布拉莫维奇应该至少与穆里尼奥谈过一次。有种看法说，重回斯坦福桥

① 塞巴斯蒂安·柯伊（Sebastian Coe，1956— ）是一名英国政治家、前田径运动员，曾在 1980 年和 1984 年奥运会上获得 1500 米跑金牌；曾任伦敦奥委会主席。

② 哈洛德百货公司（Harrods）是世界上最著名的百货公司，位于伦敦骑士桥上，主要售卖奢侈品。

适合穆里尼奥，因为他可以在那个港湾停泊多年，不必因玩世不恭而遭受谴责（毕竟，上一次在切尔西，他所受的待遇并不公正），同时还能耐心地等待老特拉福德的空缺，那是他一直渴求的职位。他的长女玛蒂尔德的教育问题让这个看法更加被人们所接受。人们一直都猜想她和她弟弟何塞·马里奥会在英格兰念大学。曼彻斯特有些出色的学校，但她最终决定在伦敦学美术，那是2013年的春天，而仅仅几个星期后，她父亲就确认自己将与切尔西再续前缘。后来，弗格森宣称，自己在思考要推荐何人接管曼联时，已经知道了穆里尼奥的决定。在佩普·瓜迪奥拉离开巴塞罗那后的假期中，弗格森为此探听过他的口风；但他是否征询过穆里尼奥的意见呢？没人说起。不管怎样，继任者是大卫·莫耶斯，不到一年之后又换成了范加尔。

大概曼联更想要一个不像穆里尼奥那样有争议的教练。穆里尼奥在皇马依旧那样言辞激烈，特别是2011年欧冠半决赛首回合后的那个晚上：皇马主场0：2输给巴萨，比赛过程令人揪心。皇马球员佩佩的主要任务本该是打破哈维和梅西之间的联系，但他被德国裁判沃尔夫冈·斯塔克[①]红牌罚下；紧接着，穆里尼奥本人也被逐出场外。穆里尼奥说："我对裁判一句话也没说。我只是对他笑，竖起了大拇指。就这么回事。如果我对他或者欧足联说出自己的真实想法，我的执教生涯今天就完蛋了。我可不能实话实说。我只想问个问

① 沃尔夫冈·斯塔克（Wolfgang Stark，1972— ）是一名德国足球裁判，曾为欧冠和世界杯比赛执法。

题:为什么?为什么?先是奥弗雷勃[①]、布萨卡[②]、德布莱克雷[③]、弗里斯克[④],如今又是斯塔克,这是为什么?我倒要问问他们:为什么?”

当然,这一连串人名正是穆里尼奥认定在欧冠比赛中偏向巴塞罗那的裁判们。比方说,2005 年在诺坎普,安德斯·弗里斯克给了德罗巴第二张黄牌,随后,穆里尼奥指责他行为不当,这一指控纯属子虚乌有,而欧足联也声称穆里尼奥才是“足球的敌人”,并对他禁赛两场。2009 年,胡斯·希丁克执教时期,汤姆·赫宁·奥弗雷勃漏判了切尔西三个点球,但他后来也错误地罚下了巴萨的埃里克·阿比达尔。2011 年,因为罗宾·范佩西在哨声响后依旧射门,马西莫·布萨卡给了这位阿森纳球员第二张黄牌。还有,在伯纳乌那场刚刚结束的比赛中,佩佩由于飞踹丹尼·阿尔维斯吃到红牌。穆里尼奥又补充说:“每次半决赛都是这样的结果。”于是他自然而然地把弗兰克·德布莱克雷也卷入争端,因为一年前他还执教国际米兰时,有一次国米客场对阵巴萨,正是这位比利时裁判把国米球员蒂亚戈·莫塔罚下了——莫塔推倒了塞尔吉奥·布斯克茨,尽管这次犯规显然没有受害者表现的那么严重,但他之前已经被黄牌警告了。

穆里尼奥的观点可谓千疮百孔,但这不是重点所在。重点在于,他指控巴

---

① 汤姆·赫宁·奥弗雷勃(Tom Henning Ovrebo,1966—)是一名挪威足球裁判,曾因 2008 年欧洲杯和 2008—2009 赛季欧冠中的执法饱受争议。

② 马西莫·布萨卡(Massimo Busacca,1969—)是一名意大利足球裁判,曾为欧冠、欧洲杯和世界杯比赛执法。

③ 弗兰克·德布莱克雷(Frank De Bleeckere,1966—)是一名比利时足球裁判,曾为欧冠、欧洲杯和世界杯比赛执法。

④ 安德斯·弗里斯克(Anders Frisk,1963—)是一名瑞典前足球裁判,2005 年执法切尔西与巴塞罗那的欧冠比赛后遭到激进球迷的死亡威胁,从而结束了自己的裁判生涯。

塞罗那从欧足联和裁判们的密谋中获利，换句话说，比赛是不公正的，只对一个俱乐部有利。他的语气几乎从没这样强烈过。

“我赢得了两座欧冠——用努力，用汗水，用骄傲，”他说，“如果赢得欧冠要伴随着斯坦福桥的丑闻，我会觉得尴尬……甚至羞耻。”显然，他是在暗示 2009 年巴萨的欧冠并非名副其实。

“巴萨的这个欧冠可要伴随着伯纳乌丑闻了。这样干涉比赛的权力来自何处？如果巴塞罗那足够诚实，他们很清楚究竟发生了什么。有时候我为活在这个世界上并且努力谋生而感到恶心。很显然，面对巴塞罗那，你毫无机会。我不知道这是为什么。我不知道是不是因为他们的球衣上印了联合国儿童基金会的广告。我不知道是不是因为比拉尔①在欧足联广结友谊，毕竟他是副主席。我不知道是不是因为他们人特别好，但他们拥有这种权力，而我们其余的人则毫无机会。”

穆里尼奥的言论立刻被摆在佩普·瓜迪奥拉面前，而巴萨主教练只回答了一句：“我对此没什么想法。”瓜迪奥拉知道自己赢了，或者说，穆里尼奥自导自演了一场战役，然后输了。

而这场战役在比赛前就打响了。整个赛季中有五场国家德比，西班牙的两个宿命之敌交手五次；在第三场比赛中，一位目光犀利的边裁由于“几厘米”的越位吹掉了巴塞罗那的一个进球。瓜迪奥拉对此颇有微词，而穆里尼奥则在半决赛第一回合前提起了这件事，并开玩笑说：“迄今为止我们有两种教练。

① 安赫尔·玛利亚·比拉尔（Angel Maria Villar，1950— ）是现任西班牙足协主席。他曾是一名中场球员，为毕尔巴鄂竞技队效力，并代表国家队出场 22 次。

一种人数很少，他们不讨论裁判；另一种势力庞大，当裁判有严重失误时，他们会出言批评，包括我也在内。如今，佩普一开口，我们就进入了一个新时代，第三种教练诞生了，佩普自成一家：批评裁判的正确判罚的教练……真是见所未见。”然后他开始逐一说明巴塞罗那从判罚中得到的好处，并头一次提到了“斯坦福桥丑闻”。这下，瓜迪奥拉难以自控了。

瓜迪奥拉和穆里尼奥有很长远的交情。1996 年，瓜迪奥拉是巴塞罗那的明星球员——自 1992 年他作为队长在温布利赢得巴萨的头一个欧冠起，他就是俱乐部的天空中一颗最闪耀的恒星；那时，穆里尼奥是博比·罗布森爵士手下的一名初级助理。

争议总是有的，但他们的确逐渐成长为欧洲最成功的两名教练，也因此成为竞争激烈的敌手，即使 2010 年夏天穆里尼奥空降皇马之前，在巴萨于诺坎普以 5 ：0 屠杀皇马之前，一切就开始了。但瓜迪奥拉显然觉得他和他的俱乐部比穆里尼奥更值得尊重。半决赛前夜，他失去了惯常的冷静自持，甚至在电视节目上说了粗话。他说：“一般来说他只是笼统地谈谈某个俱乐部、某支球队。这次他指名道姓说‘佩普’，那我也只能回答：‘嗨，何塞。’在新闻发布厅里，穆里尼奥才是老大，是操蛋的主导者。我可不敢在此与他争锋。我努力不在球场之外玩弄伎俩。球场之外，他可比我强多了。我所代表的球队相信这些伎俩不是最好的行为方式。明晚有一场足球比赛，8 点 45 分，我等着见他。”

8 点 45 分，沃尔夫冈·斯塔克吹哨，一场奇怪的对抗就此开始。

皇马与巴萨保持着距离：一星期前的国王杯决赛中，在瓦伦西亚的场地上，他们就这样做；再往前数四天，在伯纳乌的联赛次回合中，他们也是如此。两场比赛里，这一战术颇有成效。联赛中，劳尔·阿尔比奥尔对大卫·比利亚犯规而被红牌罚下，并送给梅西一个点球，但克里斯蒂亚诺·罗纳尔多随后也射入点球，皇马最终逼平巴萨。然而，穆里尼奥清楚皇马无法在联赛中追上巴萨了，他的战术只是为了国王杯决赛而演练：佩佩和队友负责阻断巴萨的进攻通路，更重要的是，皇马创造出了射门机会。加时赛中，罗纳尔多打入一个精彩绝伦的头球，这是全场唯一的进球。在穆里尼奥执教9个月之后，皇马三年来获得首个冠军。

皇马的支持者们原本对穆里尼奥的实用主义心存疑虑，如今，疑虑消退了。为欧冠半决赛聚集的球迷们准备好接受一场0∶0：如果0∶0是“特别的一个”的计划中的一部分，那么0∶0就是可以接受的。不过，只有对巴塞罗那的比赛才值得如此小心翼翼。半决赛首回合之前的周六晚上，皇马重回瓦伦西亚，回到他们赢得国王杯决赛的地方，以6∶3赢下一场西甲：冈萨洛·伊瓜因帽子戏法，卡卡梅开二度，卡里姆·本泽马也进了一个球。

对阵巴萨，三位进球功臣都坐在板凳上。佩佩回归中场，与拉萨纳·迪亚拉搭档。安赫尔·迪玛利亚上场了，与罗纳尔多搭档锋线：除他俩之外，皇马似乎没有进攻球员了。球队全力防守，至少上半场是这样，而比赛很快难看起来。瓜迪奥拉曾描述穆里尼奥的皇马是他所见过最富侵略性的一支；他的话倒是不错。然而巴塞罗那显然早已对接踵而至的粗野铲球做好了准备，他们不断摔倒，或者向斯塔克施压。最终，比赛进行一小时后，佩佩蹬踏丹尼·阿尔维斯，皇马再次陷入十人作战的窘境。伊布拉希姆·阿弗莱①替补佩德罗登场，

---

① 伊布拉希姆·阿弗莱（Ibrahim Afellay，1986— ）是一名摩洛哥足球运动员，代表荷兰国家队效力。他司职中场，现效力于奥林匹亚科斯队。

梅西轻捷地接到他的短传，进了第一球。随后，小个子阿根廷人又在皇马的防线中肆意回转，用第二个进球展现了他无与伦比的技巧；这一球可与迭戈·马拉多纳在 1986 年世界杯赛场上的“世纪最佳进球”相提并论。

这一次穆里尼奥的战术被彻底摧毁了。如果瓜迪奥拉是在次回合取得这样的胜利，穆里尼奥被揉碎的心搞不好可以充当巴萨庆祝时满街纷飞的纸片。为什么皇马球员在主场也要踢得如此保守？或许是因为穆里尼奥由于杯赛的胜利愈发坚定了信念，他想诱使巴塞罗那的后卫前压，杰拉德·皮克就常常不请自来，数次移动到中场，然后利用罗纳尔多和迪玛利亚的速度占据空当。但这种好事并没发生，比赛开始不久，罗纳尔多就因陷入困境而做出愤怒的手势。赛后，他直截了当地评论道：

“我不喜欢这种踢法，但我得适应教练组的安排。”

与此同时，穆里尼奥咆哮起来。他被罚上看台了，无法执教第二回合比赛：最终佩德罗为巴萨进球，而后马塞洛扳平比分。这次没人被罚下，不过穆里尼奥的助教艾托·卡兰卡抱怨道，伊瓜因的好球被吹掉了。他补充说：“穆里尼奥说得没错。他说我们不可能晋级。”那时欧足联又给穆里尼奥增加了四场禁赛，因为他过于富有煽动性的行为，巴塞罗那的报告将之描述为“可能煽动暴力”。

穆里尼奥因此被谴责已经不是第一次了。在意大利时，他也经常暗示裁判不公正。第一个赛季里，他因断言尤文图斯从判罚中获益而被罚款；第二赛季初，他在国米对卡利亚里的比赛中激烈抗议，遭到罚款并被禁赛一场。四个月后，国米在圣西罗球场以 2 ：0 战胜米兰，赢下德比，而他再次咆哮起来；这一回他用的字眼倒是和日后在皇马用的相似：

“今天裁判们绞尽脑汁不想让国米赢球，但我的队伍更加强大，我们将赢得联赛冠军。但我要把话放在这儿：这是你们的国家，这是你们的联赛。我只是个在此工作的外国人。总有一天我会离开，让你们自己收拾这个烂摊子。我觉得我们大家心里都明白，裁判（指吉安卢卡·罗基）对斯内德出示红牌可不是什么巧合。”上半场，国米 1 ：0 领先时，卢西奥因假摔被出示黄牌。斯内德走向罗基，鼓掌讥刺他，然后裁判红牌送他下场。比赛将要结束时，卢西奥也被罚下了，而穆里尼奥评论道：“我明白啦，他们就是不想让我们把冠军收入囊中。”

“他们”又一次被激怒了。穆里尼奥在谈起某个有利于尤文图斯的点球判罚时说：“据我所知，意甲只有一支队伍的禁区有 25 米长。”但他“戴手铐”的手势就比不上言论那么有趣了：国米客场 0 ：0 打平桑普多利亚的比赛中，他交叉双腕侮辱主裁判，因为沃尔特·萨穆埃尔①和伊万·科尔多瓦②被双双罚下。圣西罗的咆哮刚刚过去一个月，而这样的手势实在太过分了。裁判界暗示，如果穆里尼奥得不到相应处罚，他们就罢工。而身为足球界大鳄，米兰经理人阿德里亚诺·加利亚尼头一个指出了这个手势中潜在的危险性，他评论道：“有些教练的态度简直就是鼓励暴力行为。”为此，穆里尼奥被罚款 4 万欧元，这是他执教以来最大数额的罚款，并被禁赛三场。所幸，从那以后，国米辉煌的春天让人忘掉了不平静的冬季，人们这才松了一口气。

---

① 沃尔特·萨穆埃尔（Walter Samuel，1978— ）是一名阿根廷足球运动员，司职中后卫，曾在皇马、国际米兰等球队效力，为国家队出场 56 次，现效力于巴塞尔俱乐部。

② 伊万·科尔多瓦（Ivan Cordoba，1976— ）是一名哥伦比亚前足球运动员，司职后卫，曾长期效力于国际米兰，为国家队出场 67 次。

他曾在马德里赢得他的第二座欧冠——那已经过去很久了。此后，他在西班牙亲眼看着瓜迪奥拉拿到第二座欧冠，追上了他。最终，在阿布拉莫维奇的要求下，他解脱了，回到了伦敦，举手投足间都是回到他最喜欢的联赛的愉悦之情，并声称自己不再是“特别的一个”，而是“快乐的一个”。一切都是甜蜜和光明，别无其他。快乐至少延续了几个星期，哪怕欧冠里主场输给巴塞尔的苦涩也消融其中。势不可挡的曼城折戟斯坦福桥，万事顺利，直到相对弱势的西布朗来访，穆里尼奥的老朋友史蒂夫·克拉克[1]反而送给切尔西一场平局。这支球队展现了对足球纯粹的激情，也让穆里尼奥重新陷入老一套的争议之中。补时阶段，切尔西获得一粒牵强的点球并借此扳平，赛后，穆里尼奥与乔纳斯·奥尔森[2]发生争吵，并指责对方是个“米老鼠后卫”。事后，由于阿尔塞纳·温格就此事的冷嘲热讽，他也针锋相对，称阿森纳主教练是“失败专家”。似乎他旧日的棱角从来没有被磨平过。

2013—2014 赛季的赛场上，他的球队看起来是英超冠军的有力争夺者，对同为前四的球队——曼城和利物浦的战绩尤为出色，更不要说温格的阿森纳了，他们在斯坦福桥六球溃败。但穆里尼奥总是坚持说，冠军将是另外某只球队；不管他是不是为了给球员减压才故意这么讲吧，他不幸言中了：曼努埃尔·佩莱格里尼带领曼城夺取了英超冠军。切尔西本赛季四大皆空，这颇不寻常。连温格也好歹拿了个奖杯：阿森纳击败维冈竞技，赢取了足总杯。这样的

---

① 史蒂夫·克拉克（Steve Clark，1963— ）是一名苏格兰前足球运动员，曾多年跟随穆里尼奥担任助教，现执教英冠联赛雷丁俱乐部。

② 乔纳斯·奥尔森（Jonas Olsson，1983— ）是一名瑞典足球运动员，司职后卫，现效力于西布朗俱乐部。

结果也真够讽刺：切尔西一无所获。

然而，2014—2015 赛季，穆里尼奥卷土重来，带着一支比以往都强大的球队，一支加强、重建了的球队。他们首战击败伯恩利，宣告了本赛季的野心，新援塞斯克·法布雷加斯也表现出众。追逐冠军的征程又开启了，十年前的记忆重现、气氛重燃——那时，穆里尼奥首次抵达伦敦。

第二部分　欢迎来英格兰

名副其实

那是 2004 年末。这一年，英格兰足球界邂逅了一位最令人瞠目结舌的新主帅。自从布莱恩·克劳夫[1]老去后，这样的人就再也没有了。

圣诞节临近了，伦敦街头的人们还对“海啸”这个词一无所知，直到几天后印尼发生的灾难给他们的幸福投上阴影。一对夫妇正带着两个孩子溜冰，他们居住在伦敦最繁华、最时髦的街区里。每年这时候，国王街街边的小广场上都会修起一块溜冰场，这是周围商店的功劳。当然，某些人可能会立刻联想到，营造幸福家庭的气氛能给商家带来更多生意，但最愤世嫉俗的人也会把这样不合时宜的话藏在心里，不肯说出口。准备过圣诞节的人总是无忧无虑，神清气爽。坚果和橘子，曾经是圣诞长袜中的礼物、节日里慷慨的象征，或许已被高科技玩具代替，但传统的精神还留存着，它解放了人们禁锢的心，让他们重新发现自己本性中最好的一部分。平时对陌生人板着张脸的，此刻也致以微

---

① 布莱恩·克劳夫（Brian Clough，1935—2004）是英格兰历史上最伟大的足球教练之一，曾带领诺丁汉森林俱乐部两次夺得欧冠。

笑，或者赶快道歉。而我们刚刚提到的那对夫妇呢，在伦敦过圣诞对他们而言还是全新的体验，他们难得全家团聚，一起度过愉快的下午。

夫妇俩一人牵着个孩子，穿过购物的人群，来到溜冰场边上。他们帮着9岁的女儿和5岁的儿子换好冰鞋。当爸爸的尽管裹得严严实实，还是吸引了些许目光。他被认出来了。但是名人们——当然也包括球员们常说，住在伦敦的好处之一，就是在街上不会有人骚扰，他们可以过上相对正常的生活——至少达到了多数名人希求的正常水平。我们的主角的确得到了这样的尊重。有个崇拜者拍了张照片，距离很远，他甚至都没发现。唯一一位接近何塞·穆里尼奥的人是个葡萄牙足球记者：这位记者长驻伦敦，和穆里尼奥有点儿熟，上前去祝他和家人圣诞快乐，然后就回来照看自己的妻子和小儿子了。

穆里尼奥靠在墙上，看着一对儿女滑离身边，女儿充满自信，儿子稍稍胆怯些。穆里尼奥会看着孩子们，保证他们一切安好，然后回到妻子身边，给她一个吻。他经常朝儿女喊叫，鼓励他们，打着手势提些建议，帮他们增进滑冰技巧。像其他许多孩子一样，这两个孩子时不时摔跤，有一次，男孩费了很大力气也没能从冰面上爬起来。穆里尼奥马上就来到儿子身边，他没有伸手援助，而是给儿子示范起身的方法。他等在那儿，耐心地微笑着，看儿子学他的样子。男孩又开始滑冰了，信心比之前更充足。任何看到这件小事的人都会印象深刻，认为穆里尼奥是个体察入微的父亲；反过来，这样的性格也暗示了他何以在足球界造成了巨大的影响。

接下来我们要像世界上的绝大多数人一样，关注穆里尼奥的专业领域：执教。在管理的最高层面上，体察力是制胜之道。穆里尼奥的坏脾气总给他惹麻烦，让他与权力部门和媒体矛盾不断，但他总是能照顾好自己的球员。

"我喜欢穆里尼奥的样子，"克劳夫过世前不久说道，"他有点像年轻时的我。首先，他长得帅……"克劳夫在德比郡执教期间确实生得讨人喜欢，那时，酗酒的恶习还没来得及模糊他锐利的五官，给他干净的皮肤添上斑点。然而时代变迁，如今，谁也不能像克劳夫当年那样轻而易举地对球员们颐指气使了，也不能为了惩罚球星就把他下放到二队，跟队友隔离开来。大多数教练都明白，亚历克斯·弗格森爵士已经代表了教练权威的极致：他曾一脚踹飞一只球靴，它穿过整个更衣室，准确地击中了大卫·贝克汉姆修理漂亮的眉毛，让他血流不止。然后他还把这位英格兰队队长卖到了皇马，却没人敢指责他。多年来，对球员的约束一条一条消失不见。1995 年 12 月，在欧洲法院，让－马克·博斯曼①的官司打赢了，从此合同到期的球员可以自由转会，整个角力过程暂时宣告结束。

有人声称弗格森和他的先驱者们，比如曾执教曼联的马特·巴斯比②，利物浦的比尔·香克利③和鲍勃·佩斯利④，利兹联的唐·里维⑤，热刺的比

---

① 让－马克·博斯曼（Jean-Marc Bosman，1964—　）是一名比利时前足球运动员，司职中场，凭借博斯曼法案名声大噪。

② 马特·巴斯比爵士（Sir Matt Busby，1909—1994）是英格兰著名足球运动员、传奇主教练，曾执教曼联二十余年，并在慕尼黑空难后重建球队。

③ 比尔·香克利（Bill Shankly，1913—1981）是利物浦最成功的主教练之一，带领球队从乙级联赛变成顶级联赛冠军。

④ 鲍勃·佩斯利（Bob Paisley，1919—1996）是利物浦最成功的主教练之一，带领球队赢得 6 次顶级联赛冠军和 3 次欧冠冠军。

⑤ 唐·里维（Don Revie，1927—1989）是利兹联的传奇主教练，带领球队获得两次顶级联赛冠军等荣誉。

尔·尼科尔森[①]，甚至是德比郡和诺丁汉森林的克劳夫，只是些注重纪律的家伙，那就大错特错了；他们还不如认为穆里尼奥和阿尔塞纳·温格这对代表了英格兰现代执教风格的宿敌不过是两个感情用事的软蛋呢。这种观点同样是对教练这项多元化工作的不公平看待。艾梅·雅凯，1998年带领法国夺得世界杯冠军的功勋教头，曾提过这一点，他说："如今，孩子们比以往更好奇，更胆大。因此我们培训教练时，不但要让他们能教会年轻人球场上的事，还要让他们懂得心理学、生理学、毒品、兴奋剂和社会化教育。未来的教练应该能适时扮演多种角色：老师、好伙伴、父亲、朋友，等等。只会发号施令是远远不够的。他需要我上面所说的每一项能力，才能倾听并传递信息。他必须值得信赖，才能捍卫自己的价值观。"

你或许会觉得这些话更适合用来描述一位青年队教练，而不是那些像穆里尼奥一样肩负重任的人物，毕竟他们要执教的是现代足球世界的贵族，所带领的是切尔西、国际米兰或者皇家马德里这样可以大笔挥霍的豪门。那么你一定是忘记了，在斯坦福桥的最初几个月里，穆里尼奥不得不应付阿德里安·穆图[②]精力涣散的问题，因为这位罗马尼亚前锋竟然服用可卡因。最终，穆里尼奥耐心耗尽。穆图接受了俱乐部的药检，随后被解雇，声名扫地；一段漂泊不定后，他重回意甲，加盟尤文图斯。一切都很明了：要是你超过了穆里尼奥的底线，滥用了他给你的友谊，你就只能滚蛋。对穆图来说，连滚蛋的代价也

① 比尔·尼科尔森（Bill Nicholson，1919—2004）是热刺的传奇，身为球员和教练的35年全部在热刺度过。

② 阿德里安·穆图（Adrian Mutu，1979—　）是一名罗马尼亚足球运动员，司职前锋，曾效力切尔西、尤文图斯等球队，为国家队出场77次。

是昂贵的，因为切尔西对他提出索赔，他需要赔偿俱乐部1500万英镑。

现代足球的教练必须在强力和体察力之间保持平衡。穆里尼奥想要对所有人既强势又体察入微，他做到了。这正是他成为——按他的说法——“特别的一个”的部分原因。他该这样称呼自己吗？他迅疾地闯入英格兰，告诉媒体切尔西会成为冠军，因为他们有出色的球员和他这样“特别的”教练，引得《太阳报》发布头条“自大狂来了！”——他应该这样做吗？赛季末，BBC电视台的加里·莱因克尔[①]采访了他，而他为自己进行了简短的辩护。他说，他忽然发现自己身处一个全然陌生的环境，人们用质疑淹没他，要求他证明自己值得信赖。无论如何，他所有的不止是浮夸的野心，更是实打实的成绩；世界上可没有多少教练能在执教某个俱乐部的头两个赛季里就接连赢下欧联杯和欧冠，还顺带把两个联赛冠军和一个国内杯赛冠军扫入囊中。而这正是穆里尼奥在他的祖国做到的，在波尔图做到的。

本书将会写道：大约18个月之后，穆里尼奥终于失去了命运的宠爱。他在斯坦福桥被巴塞罗那击败，而《星期日泰晤士报》的休·麦克伊凡内会称呼他为“徒有其表的一个”。那时，他将面对嘲弄和蔑视，无还手之力。但在2004年夏初，他的形象还是高高在上的。

在德国盖尔森基兴的球场上，波尔图在欧冠决赛中取胜，而穆里尼奥声称自己需要全新的挑战。他说话时满怀雄心，而且除了自己几乎不谈别的，或许正是因此，当时他没能给我和其他英格兰记者留下什么好印象。倒不是说我们

---

① 加里·莱因克尔（Gary Lineker，1960— ）是一名英格兰前足球运动员，司职前锋，曾为国家队出场80次，如今担任足球解说员。

看不上他的成就，但足球史上的成功往往依赖于一些无法解释的化学反应。你看，阿里戈·萨基①打造了那支伟大的米兰队，此后他再也无法回到同样的高度。因此穆里尼奥的言论简直是对命运的蔑视。骄兵必败，记者们正等着看笑话，而英超的同行们也等着跟他一较高下。大卫·莫耶斯是个极为聪明的教练，上赛季表现非凡：埃弗顿排名英超第四，获得参加欧冠的资格。他还记得自己当时津津乐道于穆里尼奥的傲慢，并预言他会因此遭到惩罚。

“最初的印象嘛……”几个月后，莫耶斯告诉我，微笑又叹息，“我想，在这个国家，你不可能做出这样傲慢的姿态后还能全身而退。我相信那时有不少人排着队想给他点儿颜色看看。”

我们这些职业的旁观者也毫不犹豫地拿他开心。我曾写道：他这样的自恋狂肯定可以完美融入今日的伦敦。我想象他开着一辆黑色 4x4 豪车在人群中杀出一条血路，半透明的车窗，小心地停下车大摇大摆地占据两个车位，以免和别的车蹭上。我想象他说话圆滑，套装上连个褶皱也没有，打电话时手机链晃荡在耳朵下面，而第二天的训练呢？当然是交给某个微不足道的手下啦。

好吧，我当时并不知道他对自己的孩子亲切又细心，对吧？我不知道他会在没人注意的时候和妻子在冰场的围墙边亲亲热热。我不知道这个国家会格外喜爱穆里尼奥，到了 2004 年圣诞节，可以断言，他已经成了最受爱戴的当代足球界人物了。他同时得到中立球迷和自家球迷的支持。自从博比·罗布森爵士、穆里尼奥从前的老板和领路人被纽卡斯尔解职后，还没有谁赢得过这样的

---

① 阿里戈·萨基（Arrigo Sacchi，1946— ），意大利前足球教练，曾缔造米兰王朝，1994 年世界杯带领意大利国家队夺得亚军。

待遇呢。

穆里尼奥没有带着他那强劲的自尊心蔑视命运；相反，像在葡萄牙时一样，他把命运掌控在自己手中，把它揉捏成型。在我看来，这正是我们为穆里尼奥激动的原因。借用洛希尔涂料公司那则简单却精彩的电视广告来说，他“名副其实”，包装之下确实肚里有料。我们英格兰人早已习惯了一种缺乏效率的文化，或者，用足球界的话说，“松松垮垮”。要是火车准点到达，我们就可怜巴巴地谢天谢地。要是我们买一袋橘子回家，撕开网袋之后发现每个橘子都没烂，那简直要感激涕零了。这样的生活可不对头，非常不对头，到了令人发指的地步。穆里尼奥到来之际，如果有谁出院时身体状况比入院时强，那他简直是有超能力啦。还不止这些呢，公众的失望和恐慌甚至另有缘故：政府自作聪明地打响了伊拉克战争，却发现自己根本没本事搞定；2005 年 5 月的大选造势如火如荼，而大家最担心的，与其说是某个政党具体承诺了什么——健康、教育或者国家安全，还不如说是他们究竟有没有能力实现任何承诺。值得相信、值得追随的人和事太少了。对许多人而言，活在英格兰需要心怀希望——因为除了希望，还剩下什么呢？

足球真是个特例，它居然还能激起人们不切实际的超高期待。然而，就像购物不一定有保障，期待也不怎么能被满足。自从 1992 年英超创立以来——或者，像有些人坚持的那样，自从老英甲联赛脱离英足总，给自己重新起名为英超以来，曼联和阿森纳一直占据绝对优势地位，两家可怜的支持者们只能与彼此分享夺冠的优越感，这种陶醉之情再没有别人能体会。这是足球历史上一段格外残酷的时期的开端，网络聊天室里发明的语言成为了生活中的常态：从北方的泰恩赛德到南部海岸，教练们如果连续输掉几场比赛，就将承受无数谴责，因为他们被认为“跌了份儿”；面对座无虚席的球场，许多球队总是“发挥不好”；像利兹联那样的俱乐部被球迷怂恿着大笔借债、花销，为了“追逐梦想”，而当梦想变成了负债的噩梦，球迷们就立刻指责管理层挥霍无度、不计后果。

21世纪最初的几年里，切尔西同样入不敷出，直到罗曼·阿布拉莫维奇出手相救。先别忘了这家伙的发迹史：鲍里斯·叶利钦可耻地把属于俄罗斯人民的石油和天然气出售给私人，而阿布正因此大捞一笔。他从自己的无数资产中抽出一小部分，拯救了切尔西，这笔生意看起来非常不划算，何况此时肯·贝茨①已经把俱乐部带到了毁灭的边缘。好吧，我们也得为贝茨说句公道话，毕竟他早就帮过切尔西：25年前，贝茨买下切尔西只花了1英镑，至少如今它比1英镑值钱多了。然而阿布拉莫维奇的降临依然让贝茨成了足球界最幸运的家伙。贝茨把股份卖给俄罗斯人，到手接近2000万英镑。他试图在蒙特卡洛定居，但不久就厌倦了，最终重回英格兰，投资曾经的“追梦者”——利兹联。

乍一看，切尔西甚至比贝茨还要幸运。他们逃出了破产的泥潭，一夜之间变成了世界上最有钱的俱乐部，直到阿布扎比的谢赫·曼苏尔收购了曼城。克劳迪奥·拉涅利在教练席上多待了一年，他既要维持自己的尊严，又要努力保住职位，而俱乐部已经在寻找他的继任者了。彼得·肯扬②，阿布拉莫维奇从曼联挖来的首席执行官，希望挖来斯文－戈兰·埃里克森，当时的英格兰

① 肯·贝茨（Ken Bates，1931—　）是一名英国商人，曾担任切尔西和利兹联的主席。

② 彼得·肯扬（Peter Kenyon，1954—　）是一名英国商人，曾担任曼联、切尔西的首席执行官，2009年离开切尔西。

主教练。他像个没经验的登山运动员，把埃里克森错当成一座难以逾越的巅峰，其实他最多只是个小山包罢了。然而肯扬是个有运气的人。埃里克森造访他在伦敦的公寓时，新闻摄影师半遮半掩地举起了窥视的镜头，透过半透明的窗帘，拍下了他俩在一起的场面。照片一出，英足总肯定要采取行动了，至少许多人是这样想的。然而，他们没有向公众暗示“瑞典人想走就走吧，我们没钱，不会挡他的道”，反而向埃里克森展现了巨大的诚意，并给他涨薪。因此肯扬不得不另请高明了。

于是他的目光自然而然地转向了欧冠联赛。他看见 41 岁的穆里尼奥，以及更年轻的迪迪尔·德尚，这两个人正利用手头有限的资源创造奇迹，后者带领的摩纳哥将在半决赛淘汰切尔西。而肯扬选择了穆里尼奥。此后他将用无限的资源创造奇迹了。首先穆里尼奥做了一次精彩的发言；然后他让切尔西打出了一场精彩的比赛。他给出了一个含蓄却巨大的承诺，承诺要实现了。就像在波尔图那样。他说自己是“特别的一个”，他名副其实。

在 2004 年的圣诞购物季，我们还为了什么喜欢他呢？很多阿森纳球迷觉得他们该感谢他，因为他总能打败亚历克斯·弗格森爵士；同时，曼联球迷也喜欢他，反正他不是阿尔塞纳·温格。中立球迷也感激他，因为他打破了统治英超长达 12 年的讨人厌的二人转，期间曼联和阿森纳一直难有敌手。他们认为穆里尼奥可以给弗格森与温格之间所谓的“斗智游戏”加点趣味，他们两个相持太久，简直像电视上冗长乏味的肥皂剧。他大受欢迎当然还有其他原因，比如长相，我是说，很多人笑起来都很讨人喜欢，穆里尼奥的笑也能融冰破雪，但他连生气的时候都那么好看。这种不可思议的魅力让人对他心生好奇。我还记得人们在圣诞派对上问道：他这么个英俊的男人，为什么接受赛后采访前不刮胡子呢？他为什么总把领带打得有点松呢？

这是个成王败寇的年代，但八卦就到此为止吧。穆里尼奥还让他的同行们都消气了。他们是英格兰足球权威集团的脸面。穆里尼奥刚来时，他们说他傲慢自大，但如今一听到他的名字就咧嘴笑开了，并且富有感情地谈起他。考虑到穆里尼奥的条件是多么得天独厚，这可真不太正常。

“他的球队很快就表现出众，”大卫·莫耶斯说，“你不得不为此佩服他。他给球队带来了信心和信念，当然，手里有顶级球员时这比较容易，但他在波尔图也做到了。所以你看，他真的付出了巨大的努力，赢得了同行的尊重。他一路爬上来，成为行业翘楚，这是他应得的。”整个英格兰的教练们都对穆里尼奥充满好感，尽管也有点儿困惑。他们注意到他执教的特殊方法，但又不得不承认他的方式难以分析，因为他极少犯错。即使弗格森和温格也有些始终难以克服的弱点。比如，他们两人都搞不清顶级守门员和废物能给球队带来多大差别，至少，直到弗格森亡羊补牢，从富勒姆买来埃德温·范德萨之前，他搞不清。穆里尼奥可不是这样：在波尔图，他重新激活了维托尔·巴亚①，来到切尔西后又得到了彼得·切赫——2004 年欧洲杯中最出色的守门员。他本打算先用原来的守门员、倍受尊敬的卡洛·库迪奇尼②打首发，但看到季前赛两人的表现后，他改了主意。不久之后，切赫就创造了一项英超纪录：1025 分钟不失球。

---

① 维托尔·巴亚（Vitor Baia，1969— ），葡萄牙前足球运动员，司职门将，曾在巴塞罗那、波尔图等球队效力，为国家队出场 80 次。

② 卡洛·库迪奇尼（Carlo Cudicini，1973— ），意大利前足球运动员，司职门将，曾效力切尔西、热刺等球队，2013 年退役。

我想，在内心深处，我们还是期待着穆里尼奥从巅峰跌落的一刻。倒不是说我们看他不爽：我们只是好奇，想知道他光鲜的外表会不会撕裂开来。我们想看看他到底还有什么料。

心悸时刻

2004 年的圣诞节就这样过去了，人们为印尼的海啸慷慨解囊之后，又回到了日常生活的琐事中。此时，一个偶然事件威胁到了穆里尼奥在我们这个热爱足球的社会中的地位。

临近一月末时，据说穆里尼奥、肯扬和两个经纪人——足球世界多危险呀，连经纪人也要找个伴儿才敢出门——在一家伦敦酒店的房间里会见了阿什利·科尔。这位英格兰左后卫和阿森纳还有两年半的合同，根据英超联赛的规定，如果没有俱乐部的允许，他不能与潜在的新东家见面。按照行话来说，这是要“撬墙角”了。阿尔塞纳·温格当然不想失去他最重要的球员之一，阿森纳对此非常不满。穆里尼奥设法摆脱这种尴尬，就开玩笑说，那天他其实在米兰商谈阿德里亚诺的转会呢；这位效力国米的巴西前锋是常常被意大利媒体与穆里尼奥牵连在一起的。然而，他最终被自己的俏皮话打脸了。

几天之后，切尔西的队医尼尔·弗雷泽离队。尽管俱乐部的官方解释说他健康状况不佳，但他的确在若干场合引起过穆里尼奥的不满。

人们又提起了科尔，并为此指责穆里尼奥。《太阳报》找出了一个证人，名叫雷·曼森，是 24 岁的酒店送餐服务员。他堪称证人中的模范，英格兰小报界的珍稀动物，讲起话来完全是记者的风格。曼森声称，穆里尼奥对他很粗鲁；他正要摆盘子，穆里尼奥话也不说就挥手要他离开。“后来，”曼森补充说，“我才意识到我看到的事有多么严重。那是一次不守规则的会面，要是公之于众，英超鹿死谁手还不好说呢。”他的意思是说，虽然目前切尔西在联赛中大幅领先，但如果英足总决定惩罚俱乐部，扣掉他们的分数，曼联和阿森纳就能重回争冠行列。尽管足总仅仅指派了一位退休法官调查这件事，但每个熟悉足球政治和实际情况的人都不会怀疑，切尔西将付出昂贵的代价。最终，俱乐部被处以 30 万英镑罚款，并被扣去 3 分作为警告，不过要到下赛季执行。穆里尼奥被罚款 20 万英镑，后来他上诉抗议；科尔被罚款 10 万英镑。

事实上，他们的罪过是注定要公之于众的。多数俱乐部都“撬墙角”，以某种方式接触潜在的签约对象，通常是通过一个中间人，也可能是经纪人、队友甚至是记者。那么，请问，好管闲事的人也曾透过窗帘看到肯扬和埃里克森在一起，这两个人的所作所为又和穆里尼奥有什么区别呢？英足总显然认为调查自家雇员的行为毫无价值，现在却摆样子公审切尔西，等于给了自己一巴掌。无论如何，虽然大家都认为切尔西对科尔兴趣十足，俱乐部却很快放下了这事，直到 2006 年，他们终于把他从阿森纳签来了。

皮尼·扎哈维①，两位涉事经纪人中的一个，自从罗曼·阿布拉莫维奇接手切尔西后就一直跟他们做生意；另外一位则是乔纳森·巴内特②，科尔的经纪人。在科尔事件曝光两个月后，扎哈维又在另一桩事中扮演了重要角色：有

① 皮尼·扎哈维（Pini Zahavi，1955— ）是一名以色列足球经纪人。

② 乔纳森·巴内特（Jonathan Barnett，1950— ）是一名英国足球经纪人，目前手下有加雷斯·贝尔等球员。

人发现，一个星期六晚上，无处不在的肯扬在伦敦一家餐馆里和里奥·费迪南德对饮，后者是曼联的球员，也在扎哈维手下。当时扎哈维同样在场。弗格森强压怒火，温格则刻薄地评论道，“感觉像是把一部电影看了两遍”。两次挖角事件的确大同小异，不过这次穆里尼奥远离了“恶人”的名头。肯扬辩称自己是无辜的，而扎哈维则强调里奥渴望留在曼联——只要他的工资能从每周 7 万镑涨到 12 万镑。这种话当然没法消除亚历克斯·弗格森爵士的疑心，他觉得里奥的心早就飞向伦敦了。肯扬不得不设法把自己从烂摊子中择个干净，穆里尼奥却丝毫未受影响。日后，科尔也的确加盟了切尔西，正在他麾下。

然而在 2004 年到 2005 年间那个漫长而潮湿的残冬里，更重要也更急迫的仍是在软塌塌的球场上进行的比赛。我们一直等着切尔西遭遇滑铁卢。多数人并不希望切尔西就此无缘榜首——毕竟，最富威胁的竞争者似乎是曼联，而在广大的曼联系成员之外，他们可不怎么受人爱戴。但我们好奇穆里尼奥和他的球员们要怎么应付挫败。人们最常使用的词是“心悸”，这个词很恰当，因为切尔西正像是个心跳健康又稳定的人，赢球似乎已成惯性。

然而从 2 月 20 日起，切尔西将度过艰苦的一周，穆里尼奥赛前的表现让人不禁猜测：时候到了。穆里尼奥及时宣布，在对阵纽卡斯尔的足总杯比赛中，他将轮休不少主力，毕竟约翰·特里、弗兰克·兰帕德和达米恩·达夫[①]这样的关键球员也不是“超人”，他们会好好休息，备战更重要的欧冠第一回合——三天后对阵巴塞罗那。

---

① 达米恩·达夫（Damien Duff，1979— ），爱尔兰足球运动员，司职边锋。曾效力切尔西，为国家队出场 100 次，现在都柏林效力沙姆洛克流浪足球俱乐部。

那艰苦的一周，或者准确地说，那艰苦的八天将以联赛杯决赛告终——切尔西将在卡迪夫对决利物浦，争夺他们在穆里尼奥治下的第一个奖杯。许多人认为穆里尼奥除了轮换球员之外无计可施，他们错了，他还可以指责英足总的赛程安排：切尔西在欧冠周之前的比赛迟至周日才开打，而来自西班牙和意大利的欧冠竞争者们呢，全都早在周六晚上就打完了国内联赛，包括巴塞罗那。但这是一次对他手下昂贵替补席的有效检验，而检验失败了。切尔西在泰恩赛德的冻雨中打了半场，一球落后，气候太恶劣了，连穆里尼奥也脱下了惯常的那件灰色羊绒大衣，换上了可以穿着去滑雪的衣服。他放手一搏，一口气换上了三位球员：兰帕德、杜夫和埃杜尔·古德约翰森。没几分钟，韦恩·布里奇[①]脚踝骨折，被抬下场。切尔西的表现尽管有所提升，却难以扳平比分，甚至还不得不九人迎战，因为守门员卡洛·库迪奇尼被罚下场了。达夫和威廉·加拉斯[②]被撞伤了，走路一瘸一拐，能否出战巴塞罗那成了疑问。

切尔西的上一场比赛是对埃弗顿的客场联赛。比赛中，詹姆斯·比蒂[③]愚蠢地头顶加拉斯，导致主队十人作战，切尔西就这样战胜了埃弗顿，克服了赢取冠军的最大障碍之一。记者们告诉穆里尼奥，亚历克斯·弗格森爵士认为这场比赛的胜利要归功于运气，而他则以一种惊讶的口气回答道：“不，我可不这么认为。比蒂犯了个大错误，他吃红牌是罪有应得。如果他不该得红牌，

---

① 韦恩·布里奇（Wayne Bridge，1980— ），英格兰前足球运动员，司职左后卫，曾为切尔西和曼城效力，为国家队出场36次，被卷入特里的“友妻门”。

② 威廉·加拉斯（William Gallas，1977— ），法国前足球运动员，司职后卫，曾效力于切尔西、阿森纳等俱乐部，为国家队出场84次。

③ 詹姆斯·比蒂（James Beattie，1978— ），英格兰足球运动员，司职前锋，曾为国家队出场5次。现担任斯旺西城足球俱乐部助教。

裁判却把他罚下了场，那么没错，我会说我赢球是因为运气好。”在我的经验中，这种逻辑每个成功的教练都能运用自如，此刻却让我们不由深思起来。我想知道，同样的逻辑也适用于穆里尼奥走霉运的时候吗？按拿破仑的话说，他是不是忽然变成了个倒霉的将军呢？或者更糟，他是不是为了愚蠢地赌上一把，让自己的球员毫无必要地面临受伤的风险？这样的愚蠢可能会让他们在巴塞罗那和卡迪夫那里自乱阵脚。

无论事实真相如何，我们把目光投向穆里尼奥，等着看他失去冷静的样子。然而我们看到的是，终场哨吹响之前，穆里尼奥正在祝贺他的对手，纽卡斯尔的教练格雷姆·索内斯①；然后，他走上球场，先是安慰了自己的球员们，然后又与几位胜利者握手。他之前也曾把体育精神演绎到最后一刻——但绝不是在这种输球又折人的情境之下。在接受赛后采访时，他说他为球员感到骄傲，赞美了主裁判马克·海尔希，并补充说，他希望纽卡斯尔能一路晋级，打入足总杯决赛。

这种充满尊严的态度不但讨人喜欢，还有效地抚慰了切尔西的伤痛。我想起前不久在老特拉福德球场上，阿尔塞纳·温格本来也可以这样风度翩翩的。阿森纳失去了自己的节奏，50 场联赛不败的惊人成就就此告终，而这正是因为曼联粗鲁的、缺乏体育精神的铲球——准确地说，是内维尔兄弟对雷耶斯不停放铲——也因为一些不利的判罚。赛后的“自助餐大战”中，至少一名阿森纳球员朝弗格森投掷食物，而两位教练都被卷入了这场愤怒的冲突之中。自

---

① 格雷姆·索内斯（Graeme Souness，1953— ），苏格兰前足球运动员，司职中场，曾效力于利物浦等球队，为国家队出场 54 次。曾执教利物浦、本菲卡等球队，现从事媒体工作。

此，阿森纳的整个赛季都色调一变，至少几个月来是这样。如果用大多数俱乐部的标准来衡量，阿森纳依然做得不错，但他们逐渐失去了对英超冠军的竞争力，不得不满足于在足总杯决赛中凭运气战胜曼联。这是为什么，因为温格的举动让球员们在老特拉福德背上了沉重的包袱吗？正是如此。而纽卡斯尔一战的情况就截然不同了。穆里尼奥只能责怪他自己，因此也不需要忍受什么愤怒。但只要可能，他绝不会让球队再次蒙受类似的损失。他可不希望出现什么由盛至衰的转折点。他要的是纪律，然后向前看，集中精力关注那些要在诺坎普出场的球员们。

切尔西来到巴塞罗那。看起来穆里尼奥状态极佳。赛前一天，他参加了官方新闻发布会，不用人问就主动承认，他不但会公布自己的首发阵容，还要公布巴萨的——这时台下的人纷纷倒吸一口气，因为这个级别的教练通常是绝不肯过早摊牌的。他还真这么干了，顺带把裁判的名字也讲了出来。这位裁判正是安德斯·弗里斯克。接下来我们会常常提起他，到那时穆里尼奥可没法完全撇清自己了。

不过，现在，聚集一处的媒体代表们真是惊喜交加，因为穆里尼奥的举止无一处不透着怪异。球员们会对他如此大胆的、脱离常规的做法怎么想呢？我记起了纽卡斯尔前任教练亚瑟·考克斯[①]对我说过的话，当时我看见他正在读一本蒙哥马利的传记。

“球员就像士兵，”他说，“他们喜欢自己的将军有点儿古怪，有点儿捉摸不透，像克劳夫那样。这样他们就可以一起议论他的古怪，然后彼此之间关系

① 亚瑟·考克斯（Arthur Cox，1939— ），曾执教纽卡斯尔、德比郡等球队。

更亲密了。”至于我们这些剩下的人——我们像是被耍蛇人催眠的眼镜蛇，缩回篮子里，并希望西班牙《阿斯报》上某篇评论的作者赶快消失，带着他唠唠叨叨的质疑一起消失。穆里尼奥曾吹嘘自己只在波尔图待了短短两年，赢得的欧冠数目却和巴塞罗那百余年来一样多，这位评论作者听闻之后说：“他的确在葡萄牙赢得了许多奖杯，但不能否认，他对待对手总是很没教养，而且有很多肮脏的小花招。在切尔西，这一点可没变。”

不难想象，一位怀有这种感情的作者马上就要得意地笑出来了：“看，我早就说过他是这样的人！”因为穆里尼奥公布的首发阵容中没有达夫，但达夫在诺坎普上场了。穆里尼奥解释道，爱尔兰人恢复得比想象中快，这样的说法当然引人怀疑。但这只是麻烦的开始。中场休息时，切尔西 1 ：0 领先；当球员们走进通道时，巴萨教练弗兰克·里杰卡尔德靠近弗里斯克，声称他认为切尔西的进球无效，因为达夫越位了。这位瑞典裁判回答说，里杰卡尔德不该这样做：他在一个错误的时间以一种错误的方式说了不该说的话。但这个错误可比不上切尔西事后对弗里斯克的发难那么严重。俱乐部指控说，有人看见里杰卡尔德离开弗里斯克的房间。

连英格兰媒体也对此不屑一顾，哪怕他们最喜欢戏剧性的事件，尤其是有一两个诡计多端的外国坏蛋涉事其中时，但他们自称能在一英里外辨别谎言，并为此深感自豪。他们同样充满偏见地看待穆里尼奥的话，后者暗示弗里斯克无理罚下德罗巴，终于帮了巴萨一把；其实德罗巴是因为面对守门员时起脚才吃到的第二张黄牌。切尔西再次十人作战，终究无力抵御巴塞罗那的一波波攻势，输了个 1 ：2。

现在穆里尼奥可没那么自负了。他拒绝参加赛后新闻发布会，也要他的球员们不接受任何采访。与此同时，切尔西泄露了对弗里斯克和里杰卡尔德的指控，并许诺要对欧足联进行正式抗议。自从穆里尼奥走马上任以来，切尔西就与他密不可分，因此他为俱乐部承受了大部分扑面而来的压力。生平头一次，没人把他的话当回事了。

他回到了他曾在罗布森和范加尔手下工作过的城市，无疑是堪称足球之都的城市；他的举止让他看上去是个乡下佬。他的暴躁可追溯到里斯本和波尔图之间的鸿沟，每当两地疑心某个裁判被收买，或者给某一方无缘无故提供有利判罚时，这道鸿沟就格外明显。波尔图复兴期间的主席，豪尔赫·努诺·平托·达·科斯塔[①]，鼓励双方对立。而这绝不仅仅是葡萄牙特有的现象。庙小妖风大，小地方总有类似的偏执，比如苏格兰。但我从和范加尔的谈话中得知，可能还有其他似是而非的缘由，让穆里尼奥最终在巴塞罗那行为过火。尽管穆里尼奥自己不会承认，但他与加泰罗尼亚俱乐部之间还藕断丝连。在巴塞罗那的那些年月里——那些为他日后成为顶级教练打下完美基础的年月里，巴塞罗那人几乎都对穆里尼奥不屑一顾；俱乐部的喉舌媒体总是称他为“翻译”，连球队内部的有些人也如此。这一点或许有助于解释，他为何总是无缘无故地提起自己赢得的欧冠数量和巴萨一样多。这种心理甚至可以让人原谅穆里尼奥。但这不是他将弗里斯克拖入日后战争的理由。

就这样，穆里尼奥为自己选择的反抗方式对他的名声没什么好处，他不得不付出代价：在接下来的两场欧冠联赛中，即对阵拜仁慕尼黑的两回合比赛中，

---

① 豪尔赫·努诺·平托·达·科斯塔（Jorge Nuno Pinto Da Costa，1939—　），自 1982 年起担任波尔图主席至今。

他不能出现在球场边，也不能进入更衣室。当然，我们也可以为穆里尼奥辩护，说他在诺坎普赛后的表现是为了让球员不再注意他们输球的事实，好在战术方面适应德罗巴的缺阵。即使他的目的真是如此，这种策略也只有一个马基雅维利主义者会引以为豪，像马基雅维利写过的那样："为了让他的臣民团结、忠诚，君主不该在意自己是否落得残酷的名声。"

在这艰苦的一周的最后一天，穆里尼奥依然保持一贯作风。他成了联赛杯决赛中最引人注目的人物；保罗·黑华德在《每日电讯报》中尖锐地评论道，一个教练要想成为这么个角色，大概就像裁判想极力寻找存在感那么荒唐。那天是星期日，2 月 27 日，是切尔西在卡迪夫城赢得联赛杯的机会。他们在千禧年球场击败了利物浦，获得了穆里尼奥第一次执教期间的头一座奖杯；当抓住这块因寄托感情而格外珍贵的金属时，更多人敏锐地、鼓舞地感觉到，穆里尼奥能如迈达斯王①一般点石成金。

然而，再次强调，这位教练起先还是被场上的局势搞得很沮丧。由于切尔西防守松散，比赛第一分钟，约翰·里瑟②就为利物浦打进漂亮的一球；球员们努力扳平时，穆里尼奥才又打起精神来。

比赛本可能就这样结束，然而，在距预想中的终场哨响起大约还有一刻钟时，杰拉德帮了切尔西一把。利物浦队长之前那个夏天差点儿加盟切尔西，他本想协助防守，却把球顶进了自家球网。穆里尼奥从替补席上站起来，用食指指着自己的嘴，好像在说："嘘！"他身后的一伙利物浦球迷觉得深受冒犯，

① 迈达斯，希腊神话中的弗吉里亚国王，能够点石成金。

② 约翰·里瑟（John Riise，1980— ），挪威前足球运动员，司职左后卫，曾效力于利物浦等俱乐部，为国家队出场 110 次。如今是足球经纪人。

根据第四官员的建议，穆里尼奥被赶进球员通道。他径直走进天空体育直播间，极为激动地看完了30分钟的加时赛：切尔西最终3 ：2战胜利物浦。颁发奖杯和奖牌时，他又出现了，并且重拾了和对方球员接触的习惯。祝贺了自己的球员之后，他在垂头丧气的利物浦球迷、教练、工作人员和球员面前转悠了一圈，并亲切地拉着杰拉德的手，还捧着他的脸。杰拉德拍了一下他的胸膛作为回应。显然，穆里尼奥正享受这一刻；人们又一次意识到，这是他与其他教练的不同之处。多数教练都会在完场后走回更衣室，而他却下意识地反其道而行之。当他走向球场时，会不会是在追求自己身为球员时从未获得过的瞩目呢？

或许没这么简单，或许另有原因，或许他真的热爱球员这个群体，他会被其吸引，想也不想就朝他们的方向走去。但，事实真相是，他就是在寻求注意。穆里尼奥是个表演家。在他与他的记者朋友路易斯·洛伦索合作的书里，有一段关于他作为波尔图教练回到本菲卡时的描述，赛前，他从一大群人的侮辱中汲取能量。“我独自走着，在球队前面……这种感觉太美妙了，太不可思议了。我从来不是个顶级球员，无法体会到菲戈跟随皇马回到巴塞罗那时的滋味。我不知道被8万人嘘是什么样。我相信，当我们在精神上无比强大之时，人们对我们的威吓与搅扰就只能适得其反。听到嘘声和骂声时……我觉得我仿佛是世界上最重要的人。”

那天下午晚些时候，多数利物浦球迷都离开了千禧年球场，把陡峭的看台留给挥舞蓝旗庆祝胜利的切尔西球迷们，要是谁看到穆里尼奥在那种惬意气氛中的样子，一定会觉得他正是“快乐的一个”。然而在他真挚的笑容之下，他还有一股怨气等着冒头。赛后采访给了他堪称理想的机会。第一个提问的是天空体育的场边记者，杰夫·谢夫兹。他们先例行客套了几句，谢夫兹问这次胜利有多重要，而得意洋洋的教练没有给出特别精确的答案，只是说他为俱乐部和球迷感到高兴。然后，谢夫兹问穆里尼奥是否后悔做出过激举动而被驱逐出场。“我不后悔，”他答道，“我很尊重利物浦球迷，那个手势也不是针对他们的。那是送给英格兰媒体的。”真是一派胡言，但他其实在赛前就暗示过自己的态度了，他指责记者们给切尔西增加压力，因为他们总是提到俱乐部花了多少钱买球员。媒体和公众很难理解穆里尼奥怪诞的抱怨，不过这种话本来也主要是说给他的球员听的，好激励他们努力表现。不寻常之处在于，穆里尼奥同样在试图和天空体育发生冲突，而后者在足球界的名声不赖，并有充足的商业动机维持这种名声。他直接针对谢夫兹发难，好像这位场边记者要为默多克手下的每位评论员或分析师的每条意见负责。他声称：“在我看来，你们一直在用尽一切办法搅乱切尔西。”前一天，他看了天空体育直播的英超联赛，曼联战胜了朴茨茅斯队，与切尔西的差距缩小至 6 分。“你们讲切尔西比讲曼联还多，看到差距缩小了，倒好像天亮了那么开心。”谢夫兹回答说，穆里尼奥听上去好像压力很大嘛；穆里尼奥否认了这一点。

一周之前他面对纽卡斯尔时表现出的风度就这样到此为止，天空台的主持人理查德·吉斯当时还为此赞扬过他。我们又见到了他在波尔图的思维方式，他相信媒体总是怀抱邪恶的动机站队。其实他们只是单纯地为争冠增加趣味和看点罢了。

通常来说，顶级教练输球时都比赢球时态度好。阿尔塞纳·温格是个例外，但弗格森时常会坦然接受失败。这位苏格兰人也能把复仇的时刻化为武器，就像穆里尼奥在卡迪夫所做的那样。这是怎样艰难的一周啊！穆里尼奥遭遇了心悸，却依然维持了胜利者的名声——但他的魅力不免遭到损害。他的球员在场上进球，把联赛杯冠军带回了西伦敦，此时他却处于人们视线之外，这一点被人注意到了。长期以来，《镜报》总是被用来证明媒体今不如昔，但这一次它重回昔日荣光，刊登了一张切尔西球员的照片，配以贴切的头条："他们赢了，他输了。"

穆里尼奥的形象渐渐发生了变化。这让人隐约想起英格兰队的第一位外籍教练身上发生的事。2000年，当足协刚刚任命埃里克森为英格兰队主教练时，他的冷静和持重赢得了赞美，然而仅仅两年之后，英格兰在世界杯中被巴西击溃，这位瑞典人的"酷劲"就被贬低为缺乏血性、没有雷霆手段——其实所谓血性是我们早该抛弃的概念。如今新的王者也丢掉了他的王冠。穆里尼奥与英格兰的蜜月结束了。

有些人认为穆里尼奥"嘘"的手势无足轻重：如果利物浦球迷连这点儿嘲讽也无法接受，他们就不配混在英超。其他人则认为，这个手势对于一位领导者而言真是幼稚得可笑。当然，如果某位球员做了什么特别傻的事——比如，如果鲁尼做客埃弗顿时为曼联进球了，然后嘲笑球迷、被罚下场，他肯定会承受来自各方面的指责。如果做那个冒犯手势的是切尔西的某个球员，他一定会遭到惩罚，因为穆里尼奥来到斯坦福桥后给了每个球员一份严格的行为规则。此后，穆里尼奥将会谈到此事，并声称他看到阿德里亚诺在国米曾这样庆祝进球，却没人觉得受到冒犯。这不是他第一次用阿德里亚诺的例子来说明问题了。这也不是穆里尼奥第一次把自己错当成球星了。但，毫无疑问，教练与球员的行为标准之间存在差异，就像老师总该比恶作剧的小学生高明一样。批评者很好奇，这样的争辩是否会搅乱一个多元化的更衣室。但传来的消息表明，切尔西更衣室依然坚定地站在穆里尼奥身后，依然视他为赢家。因此球员并没有觉得他是个假模假式的自恋狂。

在前穆里尼奥时代，英超顶级教练的共同特点之一，是他们能掩饰其野心中自私的成分。弗格森爵士总是给人留下这种印象：如果需要，他会为他的球员战斗。阿尔塞纳·温格几乎视球员为骨肉。穆里尼奥则用他的超强自信感染球员，让自己看上去像个福音使者一样。在这个意义上，他遵循了比尔·香克利的传统，后者曾在 20 世纪 60 年代把利物浦的安菲尔德球场变得坚若堡垒。

当我还是《卫报》的一个缺乏经验的记者时，我曾电话采访过香克利。体育编辑为我的报道选择的中心人物是伊恩·卡拉翰①，一位中场球员，谁都知道香克利很喜欢他，这种感情也不难理解。我给安菲尔德球场打电话，请他们给我接香克利；今天如果你还这么做，他们会给你接媒体部，而媒体部会建议你参加教练每周的新闻发布会，如果来不及，就请垂询俱乐部官网。而当年，我随后就听到一个熟悉的、刺耳的嗓音，像是詹姆斯·卡格尼②和苏格兰煤矿工人的结合体。

“你好！”

他不得不打了两次招呼，因为我犹豫不决，感到自己一无是处，坦白说，甚至还很害怕。

“是香克利先生吗？”

---

① 伊恩·卡拉翰（Ian Callaghan，1942—　），英格兰前足球运动员，司职中场，曾长期为利物浦效力，为英格兰队出场 4 次。

② 詹姆斯·卡格尼（James Cagney，1899—1986），伟大的美国电影演员，代表作包括《叛舰喋血记》等。

“是的，是我！”

“呃，香克利先生，你对伊恩·卡拉翰怎么看？”

一片沉默，他好像要永远沉默下去了。然后他又开口了：

“主耶稣！”

我简直想放下电话，请他原谅我的打扰，但他继续说道：“哎，孩子，他就是耶稣嘛。”我这才明白他是在回答我的问题。“卡利是世界上最像耶稣基督的人。”——他生活的方式堪称所有人的楷模：他有绅士风度又富有勇气。就这样，香克利生动地讲了起来，而我的心激动地跳着，他给我的文章搞到了这样一个戏剧性的引子。香克利也同样崇敬好几个他手下的球员，包括凯文·基冈和过世的埃姆林·休斯①，并且总是毫不犹豫地表达自己的感情。部分是因为这个吧，球员们感受到了这种热情，才会战无不胜。

当穆里尼奥带队出发去巴塞罗那之前，他那番话让我想起了香克利。事实上，尽管弗格森一直说切尔西运气好，他们其实并没有真的那么走运，尤其是罗本受伤了：这不是他第一次受伤，也不是最后一次，然而正是在这样一个赛季中，这年轻的荷兰人依旧证明，如果给他更多机会，他就能闪耀球场，甚至可能击败特里和兰帕德，成为年度最佳球员。罗本是被布莱克本的阿龙·莫科纳②粗暴地下脚铲伤的。有个记者问道，穆里尼奥现在是不是后悔了？他大概希望自己在刚刚结束的冬季转会期间买了个边路攻击手加强阵容，作为罗本

---

① 埃姆林·休斯（Emlyn Hughes，1947—2004），英格兰前足球运动员，司职后卫，是当时最出色的球员之一，帮助利物浦两夺欧冠，曾为国家队出场62次。

② 阿龙·莫科纳（Aaron Mokoena，1980— ），南非足球运动员，司职中场或中后卫，曾为国家队出场107次。

的替补。穆里尼奥在冬窗期毫无动作，这是不是太冒险了？而穆里尼奥傲慢地回答了他。他说：“如果我为罗本的位置买了新人，那才会是太冒险了，因为我买的人会在板凳上坐几个月。代替达夫和罗本——门儿都没有！哪怕你买了个世界最佳球员，他也不过是来坐板凳的。”他没有正面回答问题，但这无疑是一种对球员的支持，不是什么模棱两可的废话。

然后穆里尼奥被问到他年轻的队长约翰·特里，他正在英超度过一个鼓舞人心的赛季，并成为至少一个奖项的热门候选人（赛季末，特里当选为球员票选出的英超最佳球员，而兰帕德则成为记者们心中的最佳球员）。然而，英超是一回事，欧冠又是另一回事，巴塞罗那有不少可以竞争世界最佳的球员。下一个提问的记者暗示道，罗纳尔迪尼奥和埃托奥组成的攻击线对特里而言肯定是个巨大的考验。

“的确是个巨大的考验，”穆里尼奥答道，“我是说对巴萨。”

所以，你能想象吗，特里和他的队友们第二天早上看报纸时会是什么心情？

然而，刚过几个星期，就在切尔西凭借总比分战胜拜仁慕尼黑之后，人们指责穆里尼奥把他手下球员的成就据为己有。根据欧足联的禁赛规则，球员到达球场之后，他不得与他们有任何接触——两回合都是如此。体能教练法里亚在斯坦福桥球场举止怪异，有人怀疑穆里尼奥把耳机藏在了法里亚的羊毛帽子里，由此传达信息。在慕尼黑奥林匹克球场，当穆里尼奥发觉自己被摄影师、记者和德国球迷围住时，他忽然起身离开看台，坐出租车逃回球队下榻的酒店，在电视上看完比赛。似乎每天，都有新的争议事件让穆里尼奥有理由霸占新闻头条。“我对自己没兴趣，”他坚持说，“我不关心自己的形象如何，也不在乎别人怎么看我。我只关心结果。我说某些话，做某些事，只是为了球队着想。他们理解我，也理解我的做法。”看起来球员们的确理解他。他们争先恐后想要证明，穆里尼奥的举止不会分散他们争取最重要的冠军的决心，而是真的减轻了他们的压力，大有帮助。

与此同时，他如堂吉诃德一样朝欧足联这架巨型风车示威的行为似乎有点儿疯狂，并让球队觉得自己受到了威胁、排挤，感到他们必须团结一致，才能抵御接下来可能有的危险。当时曼城还未吸引酋长的注意力，切尔西仍是世界上最有财力的俱乐部——他竟然让这样的一个俱乐部相信自己是受压迫的劣势方，真是了不起。然而，直到真正赢下了英超冠军，穆里尼奥的切尔西的确没有真正舒服过。

足球之敌

穆里尼奥在巴塞罗那关于裁判的言论引起了多方反感，但他并没有吸取教训。不过几天后，他告诉葡萄牙媒体，由于弗里斯克罚下德罗巴，比赛“不纯洁”了。欧足联愤怒地谴责他，要他做出解释。接着，切尔西在斯坦福桥球场取得了一场激动人心的胜利，淘汰巴萨晋级，也积下了更多仇怨。这一次，裁判在做出关键判罚时站在穆里尼奥一边。巴萨球员抗议说，卡瓦略恶意阻挡巴萨守门员巴尔德斯，使他未能扑到特里的制胜头球，而皮耶路易吉·科利纳①不

① 皮耶路易吉·科利纳（Pierluigi Collina，1960— ），意大利足球裁判，被认为是同时代最杰出的裁判之一，并曾连续六次被国际足联评选为“年度最佳裁判”。

予理会。穆里尼奥遭到惩罚，无法指挥四分之一决赛。他和俱乐部也因技术犯规被罚款：怠慢媒体，还不理会裁判要他们及时把球员带入球场、好让下半场按时开始的合理要求。史蒂夫·克拉克，他的助理之一，以及莱斯·迈尔斯，一位警卫，也被欧足联警告，因为他们参与编造了里杰卡尔德进入裁判休息室的故事。穆里尼奥承认他什么都没看到，只是根据这两个人的说法做出判断，于是欧足联判定他的过失只是由于误会，是球场的布局遮挡了他的视线。

穆里尼奥讲述这个故事时，一直摇摆不定，缺乏诚意，最终走向不可避免的结局。

一开始，他说："我看见里杰卡尔德进了裁判休息室，我真不敢相信自己的眼睛。因此，迪迪尔·德罗巴被罚下场时，我丝毫也不惊讶。"

几天后，说法变成了："里杰卡尔德在裁判休息室里待了至少五分钟。我当然知道，因为他们密会之时，我的助理正在门口。"

最终，寻求法律咨询后，他决定在这个话题上暂时松松口："如果球场上发生了什么事，而我没有看见，如果我的人告诉我：'我看见了，事情就是这样。'如果还有另一个人过来证明说：'是真的。'那我就得相信自己人。我必须把他们的说法当作事实。没有忠诚和信任，我无法工作。我必须相信自己人。就这样，因为我信任我的人，我不情愿地卷入了某些事中。"

切尔西被威廉·盖拉德的发言激怒了，这位欧足联的公关部主任尤其指责俱乐部"在对阵巴塞罗那的第二回合之前，使用谎言作为战术"。谁能说那些谎话到底有没有影响科利纳在斯坦福桥的判罚呢？当然，巴塞罗那的抱怨已经渐渐销声匿迹了。但他们被淘汰出了欧冠，而穆里尼奥大大丢了一次脸，只顾做出遮遮掩掩的解释，却没人肯听。

与此同时，真相大白：这段插曲中的牺牲品是无辜的一方。弗里斯克在42岁时——正和穆里尼奥一样的年纪——忽然退休，声称自己在收到恐吓信、电话和邮件后“不敢让孩子离开家”。这个瑞典人感情太过外露，有金棕色相间的头发，可能有人觉得他不像个裁判的样子，但他恰恰是世界上排名仅次于科利纳的顶级裁判。许多人劝他重新考虑自己的决定，包括欧足联裁判委员会的主席——沃尔克·罗斯，但他全都拒绝了。“穆里尼奥这样的人是足球之敌。”罗斯这样表达他的厌恶之情。在某种程度上，他说得没错，因为教练们常常施加压力，让裁判的工作更加麻烦，从而毁掉了他们可能做出的公正判罚。弗里斯克说，他离开足球场的原因是，他无法再信任自己了——他的意思显然是说，他无法保证自己判罚的纯粹，但多数人对他抱有同情。瑞士裁判乌斯·梅耶也曾是类似事件的受害者。八个月前的欧洲杯比赛中，他执法斯文·戈兰·埃里克森执教的英格兰队与葡萄牙队的比赛，吹掉了英格兰的一个进球，从此饱受英格兰球迷的威胁。他的评论较为温和：“欧足联和国际足联应该保护裁判免受这样的攻击。”

对切尔西的不满之情开始在人们心中蔓延。切尔西被形容成一家傲慢、仗势欺人的俱乐部，带着暴发户的价值观。阿尔塞纳·温格质疑阿布拉莫维奇为何此时不肯出面展现自己的领导地位，他的话挺有道理：“我很想听切尔西的老板说说，他们到底有什么打算，他们想在英格兰扮演一个怎样的角色，又想怎么做。”对此阿布并无回应，穆里尼奥也继续承受着绝大部分的批评。报纸批评得特别起劲，有时简直到了歇斯底里的程度：他们列举出穆里尼奥犯下的种种罪过，哪怕只是双方观点稍有差异，也一定要算作他的错。整件事逐渐变得荒唐可笑起来。如果有篇日记记录这些所谓的“耻辱行径”，它的开篇大概是这样的：

2004 年 9 月 12 日。穆里尼奥指责裁判罗伯·斯蒂尔斯“判罚荒谬”，因为在 0 ： 0 战平阿斯顿维拉的比赛中，他没有给迪迪尔·德罗巴点球。

好吧，好吧，教练不喜欢裁判的判罚可那又怎么样？！事实上，从电视直播上可以看出，穆里尼奥是对的。但媒体还是把这张单子列了下去。

9 月 29 日。主场的欧冠比赛中，切尔西 3 ： 1 战胜波尔图，赛前有波尔图球迷朝穆里尼奥吐痰。

压根儿没提穆里尼奥到底做了什么错事，或许只是因为他的存在惹恼了球迷吧。单子上的下一项指控说，罗马尼亚前锋阿德里安·穆图在严重滥用可卡因期间指责穆里尼奥撒谎——但同样没有人解释一下，这为什么是他的错。

碰巧此时，英足总也提出了一系列指控，这肯定让穆里尼奥烦透了。首先，切尔西因为“在布莱克本未能控制球员情绪”而被罚款 15000 英镑——要知道，布莱克本的强硬犯规搞掉了阿尔扬·罗本。随后，穆里尼奥自己又被罚款 5000 英镑，因为他评论了曼联在联赛杯半决赛中的表现：“下半场充斥着哨声、犯罪和欺骗。”足总应该搞明白，穆里尼奥并不是真的想说曼联是犯罪的骗子。他把“犯规”说成了“犯罪”，再加上“欺骗”——其实他本来的意思是战术犯规，不管我们喜不喜欢，战术犯规总是足球比赛的一部分，而且理应是个可以被合法讨论的话题。由于之前他执教波尔图时球队涉及的欧冠贿赂丑闻，凯尔特人和曼联已经大动干戈，他对遭到罚款非常生气。但他已经开始了解我们的行为方式和微妙的足球语言：指责对手“欺骗”是不正确的，除非你指责的对象是不在英超打拼的非英格兰球员，比如加盟切尔西之前的德科。

无论在哪种足球语言里，弗里斯克事件都要严重得多。随着切尔西迈入本赛季的最后一个月，穆里尼奥承认自己也犯过错误——“没必要每天斗争”，他说。但他完全没有展露出一丝对这位裁判的同情之意。甚至，在葡萄牙电视台上，关于此事他还开了个近乎冷酷的玩笑。他被问到对波尔图 0 ：2 败给里斯本竞技有何感想。由于比赛中波尔图有两名球员被罚下，穆里尼奥笑着说：“要谈论裁判我得非常小心，因为乔阿·费雷拉先生搞不好也会退休呢。”很明显，弗里斯克的退休没有给他的良心带来多少困扰。

就这样，穆里尼奥以挑衅的姿态迎来了拜仁做客斯坦福桥的比赛。他甚至不放过与自家老板打心理战的机会。四月的第一个星期，切尔西虽然赢得了对南安普顿的胜利，见到的却完全是关于肯扬和阿布拉莫维奇的报道，声称他们这下搞明白了：第一，在与欧足联的争端中，穆里尼奥对俱乐部给他的支持度并不满意，并对他们私下抱怨了至少一个切尔西雇员的态度问题；第二，要是他们肯延长合同，提供优厚条件，穆里尼奥肯定不会反对。续约的问题已经讨论一段时间了，但穆里尼奥地位太高，他只要咳嗽一声，切尔西的每个人就都得感冒。于是，在彼得·肯扬的建议之下，阿布拉莫维奇急忙飞来会见穆里尼奥和他的经纪人豪尔赫·门德斯。一瞬间，一切恢复甜蜜和光明，记者只能讨论一下穆里尼奥下份合同到底价值几何了。他们猜想最少也是 520 万英镑一年，涨了 100 万英镑，而最高可能会达到 900 万英镑，包括奖金和肖像权。

穆里尼奥在切尔西庄园酒店的健身中心通过电视收看了比赛，酒店离球场只有 100 米，切尔西 4 ：2 击败拜仁。整场比赛中，弗兰克·兰帕德表现出众，独中两元，第二球时他先是胸部卸球，再转身，一脚半凌空抽射破门，动作一气呵成。这是个华丽的进球，简直有芭蕾舞般的优雅，但板凳上发生的一切几乎抢走了媒体的注意力。替补席上，体能教练鲁伊·法里亚一直在神经质地摆弄右耳，不由得让人心生怀疑，是否穆里尼奥正用电话给他的助教们传达信息，就像他在波尔图时夸口做过的那样。法里亚时不时潦草地记下几个字，然后传给克拉克，或者巴尔特马尔·布里托[①]，他是穆里尼奥最重要的助教。又一次，切尔西的球员们不得不跟自家的主教练争夺第二天的报纸版面，而他甚至都不在球场内。穆里尼奥在卡迪夫夺得联赛杯后的言论也越来越难以让人信服了。当时他说："我不关心自己的形象如何……我只是为了球队着想。他们理解我，也理解我的做法。"

公平起见，必须补充说明的是，穆里尼奥的好搭档们滑稽的举动显然是为了球员的利益，而非为了吸引媒体。不管怎么说，鲁伊·法里亚在慕尼黑的赛前新闻发布会上现身，代表穆里尼奥说道："上周我帽子下面什么也没有，人们总是为了太多蠢事操心。"比赛半场时，欧足联的官员走到他面前，要他摘下帽子：真的什么也没有。真是个马后炮的绝佳例子。四分之一决赛的总比分是 6 ：5，但对切尔西而言，比赛场面比结果要轻松得多，他们舒舒服服地晋级半决赛，即将对阵利物浦。这无疑将是充满活力的对决，但考虑到穆里尼奥和他的同行拉斐尔·贝尼特斯的相互尊重，比赛也势必会更加文明、成熟。

---

① 巴尔特马尔·布里托（Baltemar Brito，1952— ），巴西前足球运动员，司职中后卫，自 2001 年起成为穆里尼奥的助教，现担任宾尼斯希望体育俱乐部的助教。

利物浦的球迷们作用显著。斯坦福桥的首回合是0∶0的平局，赛后不久，穆里尼奥抛下了他的球员和手下，离开更衣室、沉思着走向替补席，独自坐着。他一向如此。他或许忘了切尔西替补席旁边就是客队球迷区。无论如何，几个利物浦球迷立刻凑了过来，对他做“嘘”的手势。穆里尼奥咧嘴大笑，对他们竖起大拇指；有人用手机拍照，他也摆好姿势。

第二回合同样沉闷。开场没几分钟时，斯洛伐克裁判卢博斯·米海尔[①]将路易斯·加西亚的进球判为有效，而这就决定了比赛的结果。比赛将结束时，球迷们的呼声震耳欲聋。穆里尼奥在赛后发言时赞美了他们的巨大影响力，但他的言论颇为微妙：他声称在球越过门线之前，威廉·加拉斯已经成功解围了，并指责米海尔手下的一位边裁——罗曼·斯列斯克，居然将之判为进球；他暗示裁判被安菲尔德的狂热气氛影响了。许多人看了天空体育提供的计算机图像，对穆里尼奥的话深表赞同；然而其他人则指出，如果米海尔和斯列斯克真的严格执行了反对切尔西的规则，他们就该判给利物浦一个点球，再把彼得·切赫红牌罚下场，因为几秒钟前切赫击倒了米兰·巴罗什[②]，这样穆里尼奥的球队几乎就得十人作战一整场了。

不管怎么说，利物浦和狂热的支持者们理所应当进入决赛，而且他们注定要戏剧性地赢得冠军，哪怕穆里尼奥事后声称“更好的球队输掉了比赛”。而且，他也无法否认英超积分榜上展现的事实了。

在与利物浦的比赛中，切尔西差点儿就展现了自己身为“更好球队”的真

---

① 卢博斯·米海尔（Lubos Michel，1968—　），斯洛伐克足球裁判，曾执法2008年欧冠决赛。

② 米兰·巴罗什（Milan Baros，1981—　），捷克足球运动员，司职前锋，曾为国家队出场93次。

实实力。在伤停补时的第六分钟——也是最后一分钟，埃杜尔·古德约翰森错失良机，这个级别的球员本不该犯下这样的错误。但即使是切尔西赢了，那也和穆里尼奥毫无关系，因为在更内敛，但无疑十分狡猾的贝尼特斯手下，利物浦似乎对他的能量无动于衷。观众们热血沸腾，呐喊鼓噪，而球员休息区前方的技术区域里正上演一出奇异而庄严的戏中戏。在比赛的某个阶段，贝尼特斯和穆里尼奥恰好同时冲向边线、指挥球员，结果撞在一起；两个人都微微笑了笑，半转过身走回去，都举起手对彼此做一个抱歉的手势，画面对称。比赛即将结束时，穆里尼奥成了个安静的小个子，无计可施，接受了战术失败。他把年轻、强健的德国后卫罗伯特·胡特①也派上了场，充当攻击手，然而这一招甚至都没让萨米·海皮亚和杰出的杰米·卡拉格皱一皱眉头。终场哨吹响了，他走向他的球员们。他拥抱了特里和兰帕德，还特别抱紧了正沮丧的古德约翰森，而后又和欢庆的利物浦球员握手致意。接着，他向球迷鼓掌，然后消失在球员通道里。

现在他能闭嘴了吗？可能吗？他抱怨斯列斯克，却没提过上赛季波尔图战胜曼联时从判罚中受益的情况，也丝毫不提切尔西对巴萨的胜利；选择性失明真是教练中急速传染的绝症。只有他自己知道，他是否谨慎地选择了措辞，但这次在引来欧足联的指控之前，他及时闭嘴了。接着，不知是何原因，他重申了对上帝的信仰，并承诺很快开始为下赛季制订计划。

仅仅 73 小时之前，他们刚刚赢得了本赛季的主要目标，尽管穆里尼奥仍

① 罗伯特·胡特（Robert Huth，1981— ），德国足球运动员，司职后卫，曾为国家队出场 19 次，现效力于莱斯特城俱乐部。

在抱怨英超不知变通的赛程阻碍了切尔西在欧洲赛场上的利益。切尔西在博尔顿赢得比赛，提前夺取冠军，弗兰克·兰帕德梅开二度，他们有节制地庆祝了一下。兰帕德笑着说，当穆里尼奥看见球员们大口偷喝用来互相喷洒的香槟酒时，他气坏了，告诉他们别忘了安菲尔德。但他自己也和其他人一样高兴、满足。几星期前，穆里尼奥施恩般地承诺道："赛季初我就觉得，我们会在四月拿下冠军。"而当天是 4 月 30 日，穆里尼奥的球员们彼此拥抱。我们在此正可以用上那句广告语：他真是名副其实。

穆里尼奥的工作还没有结束，这意味着他不能信守诺言，在确保冠军之后消失一小会儿，让球员们享受一下他们的成功。但希望仍在！切尔西赢得冠军的第二天，BBC 网站的页面上推出了体育人物的公众股份，与他们相关的报纸专栏越长，价格就越高，好几个月来，穆里尼奥都是身价最高的那一个，高达 132.04 英镑每股。你可以花 16.54 英镑买下一股兰帕德，或者 10.77 英镑搞定一股特里。韦恩·鲁尼排名第二，22.58 英镑。因此穆里尼奥绝不会选择让自己默默无闻，躲在幕后。然而，为尊重自己的诺言起见，他在博尔顿的表现比以往都要收敛得多。人们难以忘记，在锐步体育场，那个温暖的傍晚，他独自待在技术区，对手机说话，脸上带着最可爱、最轻松的微笑，散发出纯粹的喜悦，而非平日里那种明显的耀武扬威的感觉。等他打完电话，天空体育的记者杰夫·谢夫兹走过去，问他刚才在跟谁打电话。他答道："我的妻子，我的孩子。"很难相信这个人曾在巴塞罗那愤怒地咆哮，在卡迪夫城吹毛求疵、出言恶毒，但这几种形象都是他。穆里尼奥登陆英超之初曾征服了所有人的情感，但我们面对的人远比那个讨人喜欢的家伙要复杂得多。

我问过博比·罗布森爵士，穆里尼奥在葡萄牙或者西班牙时是否也曾像在英格兰那样，用错误的方式激怒别人。“不，从没有，”他答道，“至少我们在一起的时候，从没有过。”这么说，罗布森从没见过穆里尼奥像在卡迪夫时那样，趾高气扬地讽刺利物浦球迷？“没有，他不会这样。”那么，究竟是什么改变了他呢？是名声吗？“喔，”罗布森说，“我来告诉你吧。我身上也发生过这样的事，我们每个人都一样。我们手里有了点儿权力，对吧？你成功了，然后你有了一点儿权力。你知道你代表着什么。你知道人们怎么看待你。而这种权力、这种你对他人的掌控，就逐渐侵染了你的心。你的人格会越来越强硬。看看布莱恩·克劳夫吧，看看他变成什么样。克劳夫也不是一直都是‘老爹’的形象；他或许有预感自己会成为‘老爹’，但他不得不这样行事。每个成功的教练，如果你仔细观察的话，都有这种人格的强大力量。你的职位会让你变得强大，比你原本更强大。”

一个权力综合征患者、一个管理方面的自大狂，对穆里尼奥的这种解读不无道理；不管怎么说，他在波尔图已经习惯了独断专行，如今他手里又握着世界上最富有的人之一的钱包，可以借此创建一个王朝。然而，罗布森伟大的朋友热拉尔·霍利尔认为驱使穆里尼奥的更多是复仇的欲望，而非权力。“我可以想象，他一定在千禧年球场遭到了不少侮辱，”这位利物浦前教练说，“因为切尔西被 1 ∶ 0 压制了很久。所以，他想对他们说：‘你们已经骂我半天了，现在闭嘴吧。’就像球员们常做的那样。”但穆里尼奥不是球员，欧足联官员威廉·盖拉德特别强调了其中的区别。尽管盖拉德承认穆里尼奥在安德斯·弗里斯克一事上并非故意煽动恶意情绪，让裁判备受折磨，他还是惹恼了切尔西，因为他说：“教练是球员和球迷的典范。他们有责任比其他人表现得更好。”难道不是这个道理吗？霍利尔也承认了。那么穆里尼奥是否在巴塞罗那做得太过分了呢?

“是过分了，但说着容易做着难，我们现在舒舒服服地坐在安静的房间里，而当时人们都对着他耳朵吵，一切乱成一团。我们这份职业有时候会让人有点儿偏执。”

没错。我告诉霍利尔，我知道教练这份职业哪怕对最文明、最聪明的人也会产生影响，比如他们会开始滔滔不绝地讲废话，尤其是在有关裁判的话题上。他咯咯笑起来，表示赞同。“我知道，连阿尔塞纳也这样！”温格或者霍利尔都不曾让一群人闭嘴。但温格有时也强词夺理，为球员进行站不住脚的辩护，而霍利尔也曾跟裁判对着干。“我觉得，”霍利尔说，“事情不合你心意时，你总想为一切找个合理的解释，但这么做有时会让你误入歧途。现在我重新开始执教了，我希望自己能有点儿变化，毕竟我曾为法国电视台工作，我曾站在另一个角度看待问题，可以看出有时我们的所作所为是多么的徒劳无益。真是让人难以置信，我以前从未意识到这一点。如今我能看出，哪怕是何塞・穆里尼奥，他也对某些事情太过执着了。但若干年前我身处他的位置，我的感受与他全然相同。我们需要记住的是，尽管何塞在事业上已经大放光彩，但他入行并没有几年。”然后，霍利尔做出了如下断言：“他赢得越多，就会越谦逊。他是一颗未经打磨的钻石，会变得越来越光滑、美丽，作为教练如此，作为人也如此。”

这种观点倒是在霍利尔身上得到过证实。霍利尔提到穆里尼奥时，他已经回到法国执教奥林匹克里昂俱乐部了。然后，他重新开始国家队的工作，2010 年又回到英格兰执教阿斯顿维拉。那时，霍利尔看起来确实可爱、冷静多了。而穆里尼奥呢？我们拭目以待。布莱恩・克劳夫身上也发生过同样的事，尽管酒精已经开始榨干他的力量，而他当时不比初来切尔西的穆里尼奥年纪大多少——但克劳夫成了最有原则的教练之一，当他过世时，过去的裁判们自发组成了象征性的仪仗队，因为他的球队总是遵守纪律的典范。但穆里尼奥是否能在使用操控人心的手段时，也考虑一些让人有底气的道德标准呢？我们恐怕还得等等看。

然而，在 2004—2005 赛季的一个小假期中，有证据表明，除了胜利之外，仍有其他事物是他所珍视的。三月末，他的球员们分头去国家队参加世界杯预选赛，而穆里尼奥飞往以色列。两个月前，佩雷斯和平中心①联系了他，希望他能帮忙，让全世界注意到一个旨在促进和平的项目：把以色列和巴勒斯坦的儿童混编成两队，举行足球比赛。穆里尼奥马上答应了，并且在为期三天的访问中，他展现出的责任感让每个在场的人印象深刻。他和曾任以色列副总理的希蒙·佩雷斯②一起，与许多孩子打成一片；有一天，他为大约 250 位以色列和巴勒斯坦教练演讲，还配上了幻灯片，根据经验判断，这显然是他倾心准备的。在担任全职足球教练之前，穆里尼奥做过三年教师。他的即兴发挥更为他的魅力增光添彩。即使最难取悦的记者们也被吸引住了。“演讲结束时，”有个记者告诉我，“我看了看表：他已经讲了 1 小时 35 分钟。但时间过得飞快。”

另外一位参与活动的作者马特·休斯当时为《伦敦标准晚报》工作，他写

---

① 佩雷斯和平中心（Peres Center for Peace）是以色列一个非营利性的非政府组织，由希蒙·佩雷斯创立于 1996 年，旨在促进中东地区和平的远景。

② 希蒙·佩雷斯（Shimon Peres，1923— ），以色列政治家，前任以色列总统，1994 年诺贝尔和平奖获得者。

道，穆里尼奥穿着白色T恤，后退一步，示意大家看一张放大了的照片，照片中他和弗兰克·兰帕德在赢得联赛杯后拥抱在一起。他忽然变得特别感性起来，仿佛在跟宾客分享他的结婚照。“看起来是一个拥抱，”穆里尼奥对教练们说，“但这不仅仅是一个拥抱……这个拥抱表明，我们彼此信任。无需开口，他对我说‘谢谢’，而我也对他说了‘谢谢’。我和每个球员都这样拥抱过，因为我们是个大家庭。”

读到这一段时，我想起了阿德里安·穆图，那个因为吸食可卡因而被逐出切尔西“大家庭”的球员。然后我想，或许每个家长的耐心都是有限度的。有时候，当你听到某位教练那些自大的言论时，你忍不住会想：垃圾。但2004—2005赛季开始时，穆里尼奥就已经告诉过切尔西的每个人，当然也包括穆图，他只想要能为成功付出一切，包括牺牲社交生活的球员。是这个罗马尼亚人违背了承诺，他无视了警告，并不得不为此受到惩罚。然而，在每一轮关于穆里尼奥的道德争论之后，我们总是回到同一个问题：安德斯·弗里斯克的家人怎么惹到他了？足球曾为加沙地带的儿童带去光明，但足球也是一门肮脏的生意。

根据切尔西最讨厌的威廉·盖拉德的说法，穆里尼奥“给足球带来了许多新鲜事物，其中很大一部分是积极的”，但他必须记住他身处一个需要负起责任的位置上。然而，身为顶级教练的麻烦在于，你的一举一动总是有很多表演的成分。当一个人为了球队的利益而忘掉了自己是谁时，他又怎么能了解自己的位置何在呢？教练们通常都是浮夸的演员，为普罗大众或者媒体表演，有时候给这两者准备的剧目还不尽相同。何塞·穆里尼奥与众不同：他总是在表演独角戏，一人分饰无数角色。有时他是个过得去的自大狂，或者偏执狂。有时他夸夸其谈，趾高气扬，毫不掩饰自己的敌意，随时准备跟全世界打一架。有时他又显得很脆弱：处于“脆弱”模式时，他总能让人马上想起那个关于鲨鱼的比喻——与欧足联和巴塞罗那的矛盾最激烈的时候，他谨慎地说：“我觉得自己像个小男孩，在一群鲨鱼中间游泳。”也没什么奇怪的，他毕竟是在葡萄牙海岸边长大的。海面风平浪静时，你总觉得风暴马上就要来临，反之亦然。他似乎总是能让我们大吃一惊，吸引我们的注意力，让我们猜来猜去，就像有了些年纪的人们的记忆中克劳夫做过的那样。报纸上曾经登过不少文章，探讨疯狂和天才之间——至少，是古怪的性格和不凡的执教能力之间的联系，你可以想象，在克劳夫的年代，这样的文章装点着报纸上的彩色增刊。克劳夫的情绪总是变幻无常。头一天他还把自己描绘成一个独裁者，第二天就变成了有爱心的社会主义者。1973 年，马尔科姆·埃里森①，另一个特别张扬的教练，说他是“那种开着劳斯莱斯的共产主义者”。

多数教练更乐意集中精力塑造单一的个人形象。乔治·格拉汉姆②曾在 1989 年和 1991 年带领阿森纳赢得联赛冠军，他总是喜欢被看作一个严格的纪律执行者。他忠实地扮演着这个角色，尽管有时眼中闪过狡黠的光芒，但很少有人注意到。不管怎么说，他执掌俱乐部期间，阿森纳的场外纪律真是值得羡慕，只有一个例外：托尼·亚当斯③曾因为醉驾而被判刑入狱，但他后来

① 马尔科姆·埃里森（Malcolm Allison，1927—2010），英格兰前足球运动员及教练，最有个性的教练之一。

② 乔治·格拉汉姆（George Graham，1944— ），苏格兰前足球运动员、教练，曾长期执教阿森纳。

③ 托尼·亚当斯（Tony Adams，1966— ），英格兰前足球运动员，司职后卫，职业生涯仅在阿森纳效力过，四度赢得顶级联赛冠军。曾为英格兰队出场 66 次。

也重新从酗酒中振作起来。至于说到阿森纳在球场上的荣光，只需举 1990—1991 那个辉煌的赛季为例——球队一共只输了一场联赛，输给切尔西，而另一位能让他们在比赛中吃了大亏的恐怕只有英足总了：因为在老特拉福德与曼联发生全员混战，阿森纳被扣掉两分，而亚历克斯·弗格森治下的曼联被扣掉一分。有一点能很好地证明格拉汉姆的阿森纳的纪律性：防守能力。或许格拉汉姆总是会因为他顽固的四后卫战术而被重新提起。尽管格拉汉姆在生活中是个让人特别愉快、和蔼可亲的管理者，但他应该不会介意在足球史上以热衷于实行严格的管理制度而闻名，甚至被视为足球界的布莱船长①也没关系。

有时我认为这些人是在拿我们取乐，我真的这么想。克劳夫总给人一种奇异的感觉，仿佛他能看穿足球和所有相关的人。或许有一天穆里尼奥也会进入这种境界。但在切尔西一期时，他的作风完全不同：他承认他可以随时让自己的情绪随着球队的需要而变化。不过我们需要仔细检验一下他的说法。在赢得第一个英超冠军前八天，他声称："尽管我每天都在战斗，球队却一直冷静、安稳。"如果一场决赛还有半个小时结束，场上比分是 1 ∶ 1，而教练遭到驱逐，从千禧年球场的球员通道离开了，他的球员真的会保持冷静吗？要是这么做真能让球员表现更好，教练就干脆让自己被逮捕好了。穆里尼奥九个月来的职业生涯在报纸头条上被剪辑为一部肥皂剧，当然，肥皂剧肯定能让切尔西训练场上的气氛更轻松，球员们自信满满，因为他们知道穆里尼奥的表演何时结束，他何时重新变成他们的朋友和领导者。去安菲尔德做客打欧冠的前一天晚

① 指 1789 年邦蒂号叛变事件中的船长威廉·布莱，因对手下采用严厉的刑罚招致不满，被罢免、驱逐至小艇上。

上，穆里尼奥也暗示了这一点，他说:“我不是个自私的人。有些人误解了我的形象，但那不是我。只有我的球员知道我是什么样的人。”然而，对我们剩下这些人来说，他太狡猾了，分析他的想法和选择真是个艰难的任务。

显然，他是个极有天赋的心理学家，除此之外还有其他许多品质。人们也曾这样形容过卡尔·古斯塔夫·荣格，他最先区分了外向人格和内向人格。我不得不大胆猜测，穆里尼奥从小到大一直是外向的人。然而，如果我们想了解更多，我们大概也得像真正的心理分析师那样，从他的童年开始。

第三部分　成长岁月

生为足球

1963年1月26日，约翰·肯尼迪正担任美国总统，他还有不到一年可活，这一天正是他总计1000天的任期中的第700天。哈罗德·麦克米伦正担任英国首相，这天早上，他肯定看到了联邦德国内阁发表的声明，一致支持英国加入欧洲共同市场，即欧盟的前身。然而，葡萄牙加入共同市场的念头就有点儿可笑了：这个国家不但相对贫穷，而且自1926年来就是独裁国家。尽管安东尼奥·萨拉查[①]的秘密警察组织——“国际卫国警察局”（PIDE），表面上风平浪静，人们还是心怀恐惧。

关于政治局势就说到这里吧，现在我们来谈谈体育和天气——英国冬日过于严寒，除了足总杯第四轮的八场淘汰赛之外，其他足球比赛全部推迟，切尔西甚至飞往马耳他避寒。1月26日，他们在瓦莱塔[②]与当地代表队踢了一场比赛。与此同时，葡萄牙的球赛还在照常进行着，拥有尤西比奥、马里奥·科

---

① 安东尼奥·萨拉查（Antonio Salazar，1889—1970），葡萄牙独裁者、前葡萄牙总理，统治葡萄牙长达36年，死后不久，其统治崩溃。

② 瓦莱塔，地中海岛国马耳他的首都。

鲁那①和何塞·阿瓜斯②的本菲卡统治着联赛；前两个赛季，他们连获欧冠，而这个赛季也打入决赛，可惜在温布利输给米兰。本菲卡因为他们令人惊叹的技术足球而在欧洲范围内备受尊重，更被看作是一家不寻常的俱乐部，因为他们有黑人球员，这在当年的欧洲很少见。有的球员来自非洲殖民地：尤西比奥和科鲁那来自莫桑比克，约阿西姆·桑塔纳③来自安哥拉。1月26日，伟大的尤西比奥和他的队友们正对战同城死敌，联赛卫冕冠军里斯本竞技——结果是一场大胜。在里斯本南方、仅有20英里远的塞图巴尔港，萨杜河流入大西洋，有个终将扬名世界的人物诞生了：何塞·穆里尼奥。

他的全名是何塞·马里奥·多斯桑托斯·穆里尼奥·费利克斯。他的父亲是费利克斯·穆里尼奥，一位职业守门员，他将会入选葡萄牙国家队，尽管时间短暂，并且只会出场一次。费利克斯·穆里尼奥的国家队生涯真是太短了，要是你在他上场时开始煮蛋，他下场时你就差不多可以关火吃蛋了——在巴西累西腓对阵爱尔兰国家队的比赛中，他在第82分钟替补何塞·恩里克④登场，直到终场哨音响起。是的，费利克斯·穆里尼奥只为国家队上场了8分钟，好吧，至少他没失球。他上场时葡萄牙2∶1领先爱尔兰，他没有让比分发生任何变化。

---

① 马里奥·科鲁那（Mario Coluna，1935—2014），葡萄牙前球员，司职中场，效力本菲卡多年，曾为国家队出场57次。

② 何塞·阿瓜斯（Jose Aguas，1930—2000），葡萄牙前球员，司职前锋，效力本菲卡多年，曾为国家队出场25次。

③ 约阿西姆·桑塔纳（Joaquim Santana，1936—1989），葡萄牙前球员，司职右后卫，效力本菲卡多年，曾为国家队出场5次。

④ 何塞·恩里克（Jose Henrique，1943—　），葡萄牙前运动员，司职门将，效力本菲卡多年，曾为国家队出场15次。

你或许想知道葡萄牙和爱尔兰在巴西东海岸干吗呢。他们是被巴西邀请去的，参加 1972 年夏天名为“独立杯”的锦标赛。决赛中，巴西 1 ：0 战胜葡萄牙夺冠，这没什么奇怪的，因为就在两年前，巴西人刚刚举起了世界杯，那支队伍才华横溢，直到今天还有人视之为足球史上的最佳球队：贝利、雅伊尔津霍[①]、里维利诺[②]和叶尔森[③]是其中最闪耀的球星。葡萄牙的巨星尤西比奥不怎么在乎独立杯。他当时已经年过三十，成年累月的凶狠铲球让他的双腿伤痕累累。“教练指示我一对一盯着他。”米克・马丁回忆道。马丁当年 21 岁，身材瘦弱，踢球的同时在都柏林开了一家体育用品店；后来他加入曼联，在英格兰打拼。“我觉得我差不多防住了这位巨星，”他说，“真的，利亚姆・托西[④]，我们的教练也这么说。”像米克・马丁一样，费利克斯・穆里尼奥也永远不会忘记 1972 年 6 月 25 日那天。但他当时只急着回家，给家人讲述国家队经历，尤其是给他儿子讲。他九岁的儿子——何塞。

在葡萄牙，费利克斯・穆里尼奥一直被认为是一道极为可靠的、最后的防线，先后跟随塞图巴尔维多利亚俱乐部[⑤]，和里斯本的第三极、贝伦人足球队[⑥]，有一段备受尊重的职业生涯。他去巴西参加独立杯时 35 岁，还在跟着

---

① 雅伊尔津霍（Jairzinho，1944— ），巴西前足球运动员，司职边锋，传奇运动员之一。

② 里维利诺（Rivellino，1946— ），巴西前足球运动员，司职攻击型中场。

③ 叶尔森（Gerson，1941— ），巴西前足球运动员，司职组织中场。以上三人均随国家队获得 1970 年世界杯。

④ 利亚姆・托西（Liam Tuohy，1933— ），爱尔兰前足球运动员、教练，打入欧冠历史上的第一粒进球。

⑤ 塞图巴尔维多利亚俱乐部于 1910 年成立，位于塞图巴尔市，目前征战葡超联赛。

⑥ 贝伦人足球俱乐部于 1919 年成立，位于里斯本，1945—1946 赛季曾获得一次顶级联赛冠军，目前征战葡超联赛。

贝伦人踢球。

小何塞和比他大四岁的姐姐特雷莎有一段舒适的童年生活。他富有的舅公马里奥·阿桑索·莱多拥有多家沙丁鱼罐头厂，开在塞图巴尔，还开到了波尔图和阿尔加维[①]。何塞和姐姐就生活在舅公的地产上，住在一幢大房子里，在大家庭中成长。他的舅公很慷慨，曾为维多利亚俱乐部的博费姆球场赠地捐款。何塞被照顾得很好，物质上和情感上都无所欠缺。他在念私立学校，回家时可以在花园里的树荫下踢足球，有时候跟他父亲踢，有时候与家族的一位老仆一起。家里还有两个女仆。他父亲还带他去骑马。“何塞一直个子不高，”一位姨妈说，“但他无所畏惧。”不过他的大部分空余时间都用在足球上。他自己踢球，也看他父亲训练；费利克斯喜欢带儿子去训练，显然，他刻意给儿子提供机会，希望儿子跟随自己的步伐，成为职业球员。何塞的母亲玛利亚·朱丽亚·穆里尼奥（婚前姓莱多）是个小学教师，业余时间里总是参加教会活动。她是个虔诚的天主教徒，秉性刚强，要求何塞不可疏忽自己的信仰。这样，何塞成年后也一直信仰宗教，有时还造访里斯本北面的法蒂玛圣母朝圣地[②]，驱车几小时可达。

到了 1974 年，葡萄牙足球已经大幅衰落。之前，本菲卡连续两年在欧战中早早被淘汰，先是被德比郡，后是匈牙利的乌伊佩斯特俱乐部[③]。这一年何

① 阿尔加维是葡萄牙最南端的大区。

② 法蒂玛圣母朝圣地又称玫瑰圣母圣殿，位于葡萄牙中部的法蒂玛市，于 1953 年祝圣，每年约有 400 万人前来朝圣。

③ 乌伊佩斯特俱乐部是匈牙利最为成功的俱乐部之一，位于布达佩斯，曾获得 20 次联赛冠军。目前征战于匈牙利甲级联赛。

塞 11 岁，某些真正意义重大的事情在他身边发生了。他经历了一场革命，或许他都没意识到，因为这次革命是一次非常葡萄牙式的政权更替，民主势力几乎兵不血刃就取得了胜利。新政府格外注重教育发展，让何塞那一代人大为受益，尤其是何塞本人。这真够讽刺的。他的家族的恩人——马里奥·阿桑索·莱多，在旧日的独裁统治下发迹；独裁终结，教育迅速发展，而何塞正赶上了这波浪潮。如今，莱多过世了，他的沙丁鱼罐头厂在革命中灰飞烟灭。但新的葡萄牙至少给这个家庭的一位成员带来了好处。很难说，要是何塞·穆里尼奥没有学业上的成就，尤其是卓越的语言才能的话，他是否能在足球界谋生。他从来不曾达到他和他父亲所热切期待的职业高度。他最多只是个“出色的业余球员”，按照英国人的说法。

1974 年，何塞还没有意识到自己的局限。他依然执着于梦想。像多数少年人那样，他也有自己珍惜的偶像，其中一位是凯文·基冈，他带领利物浦在温布利球场干净利落地战胜了纽卡斯尔，赢得足总杯冠军。何塞一直支持利物浦，等到基冈在 1977 年转会去汉堡后，他的新偶像成了肯尼·达格利什，基冈的替代者；他也是格雷姆·索内斯的崇拜者。大概还有人记得，当时两个苏格兰人——达格利什和索内斯，在他们的同胞阿兰·汉森[①]潇洒的帮助下，如何带领利物浦登上欧洲之巅；他们不会忘记，1978 年在温布利球场，索内斯助攻达格利什对布鲁日进球，帮助利物浦卫冕欧冠。大约正在此时，穆里尼奥梦醒了，他开始逐渐接受自己永远无法成为顶级职业球员的现实。后来，他与

① 阿兰·汉森（Alan Hansen，1955— ），苏格兰前足球运动员，司职中后卫，曾长期效力利物浦，多次赢得联赛冠军与欧冠。

父亲彻谈此事，并声明他将转而努力成为世界上最好的教练。费利克斯自己在挂靴退役后就成了一名教练，他很喜欢儿子的态度，因为他已经发现这孩子是个阅读比赛的天才。

费利克斯鼓励何塞的志向，交代给何塞一些自己球队里的任务：早期，他带领小俱乐部卡尔达斯在丙级联赛中打拼时，就让何塞负责评估对手实力。后来，费利克斯的影响力逐渐增加，执教家乡附近的乙级联赛球队阿莫拉①，并在1978—1979赛季中成功率队升级；此时，何塞开始学到一些教练行当的技巧：费利克斯让他管理球童，并且在比赛期间给球员传达指令。何塞自然而然地开始了执教事业，几年后，他从大学毕业，就开始执掌塞图巴尔俱乐部的U16青年队。

然而，只要可能，上场踢球对他而言依然非常重要。穆里尼奥是个后卫，偶尔担任中场，但基本上是个中后卫。听上去有点儿怪，毕竟他在尤西比奥的年代成长，而尤西比奥是个充满活力、令人兴奋的攻击手，有些人甚至认为他比贝利还强。在这种背景的影响下，这个男孩却选择打一个不那么光芒四射的位置，待在球队最后面。也是，总得有人防守吧。何塞·穆里尼奥虽然身体不够强健，看上去不怎么像个天生的防守屏障，但他很享受这个位置给他的机会，让他能指挥队友，组织比赛。同伴们记得他很有技巧，但缺乏速度方面的天赋，也不太有战斗精神，有趣的是，日后，他在切尔西的队长约翰·特里，以及2009—2010赛季赢得欧冠的国际米兰队，都是富有战斗精神的典范。教练们要求球员不知疲惫地奔跑：这一点他也不怎么乐意。这个特点后来被人

① 阿莫拉足球俱乐部位于葡萄牙阿莫拉市，创建于1921年，目前属于业余联赛。

们注意到了：在这位切尔西教练大张旗鼓地造访特拉维夫的佩雷斯和平中心时，他参加了一场非正式比赛，踢得懒洋洋的。因此，何塞·穆里尼奥的职业生涯可谓微不足道，何况与此同时他一直在念书，还在计划外的间隔年之后完成了大学学业。

穆里尼奥的职业生涯开始于贝伦人俱乐部的青年队，那是他父亲退役的地方。然后，当费利克斯成为波尔图以北的里奥艾维俱乐部[①]的主教练时，他让自己18岁的儿子跟着球队踢了一个赛季。这个赛季球队的成绩可圈可点：里奥艾维排名甲级联赛第五，是有史以来的最好成绩。但何塞跟不上这个等级的比赛。他永远待在替补席，没上过场。赛季最后一天，他差点儿就完成了一队首秀，当时里奥艾维在阿尔拉瓦德球场对阵里斯本竞技；里斯本竞技需要取胜才能确保冠军。球队热身时，一位后卫受伤了，费利克斯叫他儿子顶上去。多年之后，何塞·穆里尼奥依然不愿别人跟他提起这件事：俱乐部主席何塞·玛利亚·平托强烈反对费利克斯的命令。关于此事，穆里尼奥只说过一些模糊的废话：他父亲当时左右为难，他的出场受到限制。在里奥艾维队里甚至没有他身穿球衣的照片。不管怎么说，讲句公平的，那天在阿尔拉瓦德球场，即使何塞上了场，他也很难让结果变得更糟了：里斯本竞技7：0取胜。父子俩最终回到老地方。何塞进了里斯本的大学，在乙级联赛的贝伦人俱乐部担当替补；他父亲也在此执教了一个赛季。后来，他在塞图巴尔地区短暂地加入过一些小俱乐部。他的球员生涯不过如此。

他是个好学生，每个葡萄牙高中生都必须学至少两门语言，穆里尼奥对此

① 里奥艾维俱乐部位于葡萄牙维拉杜康德市，成立于1939年，目前征战葡超联赛。

自然毫无困难；但他不是个精通各科的全才。事实上，由于数学分数太差，他第一次申请大学失败了，因此才跟着父亲北上去里奥艾维。其间，他继续学习数学，并且重新参加了考试，终于被里斯本科技大学的高等体育教育学院录取。他能说英语、法语、西班牙语和意大利语，若干年后，当他在巴塞罗那与博比・罗布森一起工作时，加泰罗尼亚球员们和工作人员们也欣赏他努力掌握加泰语的态度。因此，在大学时，他的语言天赋让他能广泛阅读生理学和体育心理学方面的著作。他专心听曼努埃尔・塞尔吉奥①的心理学课程，从此迷恋于玩弄他人的感情。在这位教授的记忆中，何塞是个求知欲极强的学生："他看起来像只捉鸟的猫儿。"

获得体育科学的学位后，三年间，穆里尼奥在塞图巴尔及附近地区的中学里担任体育老师，帮助残疾学生学习体育；他在阿兰格斯、阿罗斯戴德罗斯和贝拉维斯塔等学校都任教过。他在阿兰格斯教过的一个学生——安德烈・钦，富有感情地回忆起穆里尼奥："他是个非常好的老师，对每个孩子都感兴趣。如果你遇到什么问题，可以直接去找他。他和每个人都处得来。足球一直是他生命中重要的东西。他在维多利亚俱乐部执教过几个我的朋友，都是十四五岁的年轻人，他觉得其中有个孩子特别有潜力，就努力帮助他。那孩子最终没踢出来。我觉得他并不是很想成为职业球员，他也没有为此付出足够的努力。"

年轻球员的发展总是这样，即使最有天赋的人也需要内在的驱动力才能成功。而现在穆里尼奥的志向集中在执教方面。1988 年暑假，身为教师的他抽出一周时间前往苏格兰，念完了欧足联教练资格证第一阶段的课程。接下来的

① 曼努埃尔・塞尔吉奥（Manuel Sergio，1933—　），葡萄牙哲学家、教授、政治学家。

那个赛季，维多利亚俱乐部给他增添了任务，让他同时负责 U18 和 U16 两支青年队。他的工作让一队教练曼努埃尔·费尔南德斯[①]印象深刻，此后，这位教练对他的事业影响甚巨。曼努埃尔·费尔南德斯曾是一名杰出的中锋，并入选过国家队；他为里斯本竞技效力 12 年，最终在塞图巴尔退役，并受邀留队，接替经验丰富的英国教练马尔科姆·埃里森执教一队。两年后，1990 年，曼努埃尔·费尔南德斯加入阿多玛拉之星球队[②]，这是一家位于里斯本郊区的俱乐部，刚刚赢得了葡萄牙杯——球队五十余年的历史上头一个奖杯。费尔南德斯把穆里尼奥也带上了。

穆里尼奥名为体能教练，实为助教。他平生头一次直接和成年队球员一起工作。然而这次冒险运气不佳。赛季末，阿多玛拉之星队降级了，曼努埃尔·费尔南德斯和穆里尼奥一起丢了工作。好吧，至少穆里尼奥在 27 岁时也算是有了一点点欧洲赛场的经验：在当年的欧洲优胜者杯中，阿多玛拉之星队通过点球大战战胜了瑞士的纳沙泰尔俱乐部[③]，不过随后就在第二圈比赛中输给了比利时皇家标准列日队[④]。这种经验是否能让他打道回府时略感安慰，我们就只能自己猜测了。然而情况随即又有所好转，曼努埃尔·费尔南德斯又一次帮助了他，而这次，他们的运气比上次好得多。曼努埃尔·费尔南德斯前往

---

① 曼努埃尔·费尔南德斯（Manuel Fernandes，1951— ），葡萄牙前足球运动员、教练，司职前锋，曾为国家队出场 31 次。

② 阿多玛拉之星俱乐部，位于里斯本西北部阿多玛拉市，目前由于经济状况已倒闭，只有青年队保持活动。

③ 纳沙泰尔俱乐部是位于瑞士西部纳沙泰尔市的球队，成立于 1970 年，如今在瑞士挑战联赛（次级联赛）中奋斗。

④ 比利时皇家标准列日俱乐部是位于列日的比利时球队，成立于 1900 年，是全国最受欢迎的球队之一，目前在比利时甲级联赛。

奥瓦尔，一座后来因篮球队的成功而在体育界声名鹊起的北方小镇，并执教当地的球队——奥瓦尔队。当时正逢费尔南德斯职业生涯的低谷，但正是此时，他接到了一个改变职业生涯的电话。不，改变的不是费尔南德斯的职业生涯，尽管他很快就因此重回顶级联赛，但穆里尼奥的命运才是真正被扭转的。

穆里尼奥将要因为他表现出的智慧而得到嘉奖。在苏格兰考取资格时，他就已经展现出了自己的智慧，如果他真的希望能达到自己理想中的职业高度的话，这样的智慧必不可缺。但他为什么一定要出国参加课程呢？别吃惊，葡萄牙尽管对足球运动贡献良多，却没有采纳主流的欧洲教练课程。大约四十个欧足联成员国都采用此课程，那么他为什么一定要去苏格兰呢？

“全世界的教练都到苏格兰来授课，”托什·麦金利说，这位前凯尔特人队及苏格兰队球员注定要与穆里尼奥相遇，“我十六七岁时，他们常叫我到球场上去，为他们设计的训练课程当小白鼠。我记得我见过许多意大利的伟大教练，比如法比奥·卡佩罗和阿里戈·萨基，当然还有我们苏格兰的教练，亚历克斯·弗格森为首。”因此何塞·穆里尼奥接受了人们的建议，申请参加苏格兰足协一年一度的夏季教练课，并入选了。学院就在海边上，在艾尔郡的拉格斯镇。

他与另两个葡萄牙学生一起抵达，与一群外国人分到一组，大体是美国人和欧洲大陆人。上课的总共有 150 多名学生。有位评委保罗·斯特罗克①曾是苏格兰的前锋，后来他曾执教圣庄士东、邓迪联、普利茅斯、南安普顿、谢

① 保罗·斯特罗克（Paul Sturrock，1956— ），苏格兰前足球运动员，司职前锋，职业生涯在邓迪联度过。如今执教英乙联赛的约维尔足球俱乐部。

周三、斯温登城和绍森德联等球队。“穆里尼奥并不出众，”斯特罗克这样说，“我甚至都不记得他。”斯特罗克过去的苏格兰队队友戈登·斯特拉坎[①]也在学院，当时他同样准备开启教练生涯，后来先后执教过考文垂、南安普顿、凯尔特人、米堡和苏格兰队。提到穆里尼奥时，斯特拉坎也同样挠头了。“我们这些学员每十二个人分成一组，”他说，“除非晚上一起去酒吧聊天，我们不怎么和其他组的人打交道。或许何塞不去酒吧。”安迪·罗克斯伯格倒是记得穆里尼奥这个学生——也只是记得而已。当时罗克斯伯格是苏格兰队主教练，他告诉我说：“后来我跟何塞谈过一次同在学院的经历，他记得最清楚的是，他很吃惊连苏格兰队主教练也来上教练课。”好吧，那么罗克斯伯格自己还记得什么呢？“呃，我很难想起课上每个人的每个小细节了。”他的助理罗斯·马蒂一直为苏足协服务，也是当年的课程主任；他还负责照顾那组外国学生。罗克斯伯格曾担任多年欧足联的技术指导。

他说：“我确实能想起那三个葡萄牙学生的模样。事实上，我还记得何塞和安迪拍了张照片。但我不能骗你，我真的不记得更多了。”因此，总而言之，我们或许可以说穆里尼奥没给他的老师和同学们留下特别深刻的印象，至少没让他们觉得自己认识了一位未来的名人。

然而，穆里尼奥 25 岁时就完成了所需资格证的头一半课程，并因此感觉好多了。“我回到塞图巴尔去，和我的年轻球员们在一起，”他后来告诉罗克斯伯格说，“我所学到的知识让我能创造一点儿不同。”

---

① 戈登·斯特拉坎（Gordon Strachan，1957— ），苏格兰前足球运动员，司职中场，曾效力曼联等球队，现任苏格兰国家队主教练。

在第一次造访拉格斯镇后12年，穆里尼奥趁着难得的工作间歇又重回故地，学完了欧足联教练资格证所需要的另一半课程。当时穆里尼奥先后跟随博比·罗布森和路易斯·范加尔，和他们一起坐在场边，跟随波尔图和巴塞罗那连获冠军。通常来说，教练们都连用两个夏天完成这两部分课程，但穆里尼奥太忙了，他在生活中学习足球，所获得的经验比从任何书本上学的都更宝贵。他的执教水平和工资一路飞涨，还每天与路易斯·菲戈、里瓦尔多和罗纳尔多这样的巨星一起工作。然而他还是想要这个证书。当时他没工作，正好可以去上课拿证。因此他飞回了苏格兰。现在他买得起商务舱机票了。

2000年夏天有欧洲杯。和穆里尼奥一起学习的有加里·博兰，当时博兰是苏超联赛圣庄士东俱乐部的球员，后来与克莱德一起兼职教练，执掌利文斯顿足球队①；还有托什·麦金利，当时效力于基马诺克俱乐部②，自那以后换了许多工作，包括经纪人和广播评论员。他们还记得穆里尼奥。"他一走上训练场，"麦金利说，"你就知道他与我们其他人不同，因为他做事极有规划，而且能让别人相信他的话。"

学员们于6月24日集合，此时荷兰与比利时联合举办的欧洲杯正进行到四分之一决赛阶段。那天晚上，穆里尼奥在电视上观看了葡萄牙2：0战胜土耳其的比赛。这一场连同意大利2：0击败罗马尼亚、法国2：1战胜西班牙、荷兰6：1淘汰南斯拉夫，被罗斯·马蒂用来作为比赛分析测试的题

---

① 利文斯顿足球俱乐部是位于利文斯顿的苏超球队，成立于1943年。

② 基马诺克足球俱乐部是位于基马诺克的苏超球队，成立于1869年，是苏格兰历史最悠久的俱乐部，1964—1965赛季曾获得顶级联赛冠军。

目。学员们坐在因弗克莱德[1]体育中心的演讲厅里，准备好笔和笔记本，对着大屏幕为比赛做记录。穆里尼奥的表现一如既往：他轻轻松松就通过了考试，就像你期待的那样。“我跟何塞一组，”加里·博兰说，“一眼就能看出，他有执教经验。做训练练习时，他比其他学生都严厉、坦率得多。他浑身散发着对自己的能力的信心。他从不迟疑，也不怀疑自己。当然，我们都听说过他曾经跟着博比·罗布森在巴塞罗那工作，还有别的什么。但何塞自己从来不提起这些事，他从来不拿这个吹牛，哪怕是我们上完一天的课、去酒吧聊天的时候也不提。他是个好小伙子，非常脚踏实地。”

麦金利赞同道：“听他谈起足球让人很受启发。我们聊过好几次。有天晚上，大家一起吃晚饭，我坐在他身边。一开始，我问他豪尔赫·卡德特[2]的情况，那是个葡萄牙前锋，我和他一起在凯尔特人踢过球。何塞从里斯本竞技时期就认识他。我们就这样聊起了各种有关足球的话题。三年之后，我在埃布罗克斯球场碰见了他。”当时穆里尼奥正执教波尔图。“他来格拉斯哥看凯尔特人和格拉斯哥流浪者的比赛，没过多久，波尔图就要在欧联杯决赛中与其中的获胜者碰面了。我不敢肯定他还能记得我，因为自我们分别之后，他的事业很成功。但他走过来对我说：‘嗨，你好吗？你在这儿做什么？’我解释说，我正在为凯尔特人电视台工作。我祝他决赛好运，还补了一句：‘你知道我会忠于凯尔特人的！’他一笑了之。自那以后，我总能在电视上看见他，我喜欢听这家伙讲话，因为他永远言之有物。”

---

① 因弗克莱德是苏格兰中部的一个行政区，人口稀少，面积也很小。

② 豪尔赫·卡德特（Jorge Cadete，1968— ），葡萄牙前足球运动员，司职前锋，曾效力于凯尔特人、本菲卡等球队。

穆里尼奥让整个班级的同学都为他陶醉，然后，他带着资格证书飞回家乡。他终于成了一名资格齐备的职业教练。接下来的六年中，他将要以自己独特的方式执教，并将赢得两次葡超冠军、两次英超冠军，外加一次欧联、一次欧冠，以及四个国内杯赛冠军。真的，他的胜利太多、太快，连罗布森和范加尔这样的人也会倒抽一口冷气。何况，他此后还要执教国际米兰，以及皇马。

这样看来，人们都称赞苏格兰的足球培训系统也就不奇怪了。

毫无疑问，从1988年到2000年，穆里尼奥让自己获得了不少足球教育，补了许多课，这也要归功于他和曼努埃尔·费尔南德斯的关系。这要从1992年说起：里斯本竞技从奥瓦尔召回了自家昔日的明星前锋，并给他一个助教的职位，准备迎接一位大名鼎鼎的外国主教练到来。问题在于，新任主教练是英国佬，一点儿也不会讲葡萄牙语。曼努埃尔·费尔南德斯和邀他回来的主席何塞·德·索萨·辛特拉仔细谈过这一点，然后，他想到了一个解决方法：干吗不把何塞·穆里尼奥雇来呢？他英语说得很好，可以当翻译。索萨·辛特拉毫不犹疑地同意了，把穆里尼奥找了过来；主席、助教和翻译三个人一起去里斯本机场迎接伦敦飞来的新教练。最终从海关出来的是一张熟悉的面庞。

穆里尼奥上前一步。“您好，先生。”他说。这是他第一次叫“先生”，接下来还会有无数次。不管在葡萄牙、西班牙还是意大利，也不管主教练是哪国人，你就该称呼主教练为“先生”，因为是英国人教会了整个世界如何踢球。所以，就像英国人用法语称呼厨子一样，有些国家的人也以这种方式表达对足球创造者的尊重。博比·罗布森爵士，这位十分爱国的英国人，当然不会介意这一点啦。

“您好，先生，我是何塞 · 穆里尼奥”

严格来说，穆里尼奥在里斯本机场迎接博比 · 罗布森时说的话是：“您好，先生，我是何塞 · 穆里尼奥。”双方握手之后，他又得解释自己为什么没有匆匆离开：他将担任罗布森的翻译。罗布森迄今为止对葡萄牙这个国家的印象还仅限于一个令人愉快的度假胜地，除此之外，他几乎完全不知道自己会遇到何等境况。当然，他对葡萄牙足球所知不少：1962 年世界杯预选赛中，他跟着英格兰队与葡萄牙队打了两次比赛；等到 1986 年墨西哥世界杯上，他执教英格兰，开幕一战就 0 ：1 输给了葡萄牙，这样的失望也不得不承受。但他不懂葡萄牙语。听见这个机灵的年轻人清晰、自信地说着英语，他真是很高兴。与此同时，还有个年岁大些的矮个子站在一边，皮肤晒成棕色，穿着整洁，笑容满面。穆里尼奥指指这个人，继续说道：“我代表主席先生讲话。”主席伸出手，罗布森就这样被介绍给了索萨 · 辛特拉——他的新老板。

开车进城时，罗布森一路想来，觉得这个开头还不错。“有两件事立刻让我震惊了。”他说，“一是何塞的英语特别标准。二是，他是个很帅的小伙子，有点儿太帅了！我还记得有一天照相时我告诉他：‘别站我旁边，何塞——你把我都衬得丑了。’”

穆里尼奥本来只是个普普通通的翻译。索萨 · 辛特拉的计划是让曼努埃尔 · 费尔南德斯担当罗布森的左膀右臂。罗布森刚刚签下合同、人还在英格兰时，这位主席就对葡萄牙媒体宣布，曼努埃尔 · 费尔南德斯要回到里斯本竞技担当英国人的助理——大概是想对球迷们保证俱乐部会坚守传统吧。“曼努埃尔 · 费尔南德斯不太可能当球队一把手，”罗布森回忆道，“他还没到那个级别，算不上个好教练。他之前执教奥瓦尔队，这支球队还没进过顶级联赛呢。按我们的说法，这就是个村队。但他在俱乐部和球迷中都是个很受欢迎的人物。何塞当过学校老师，也跟他一起执教过。所以他们来了里斯本竞技帮我完成工作。”

不难想象，由于语言上的关系，罗布森和穆里尼奥更亲近：“他每天都在训练场上陪着我，在我身后。我同时也学了些葡萄牙语。”在此之前，罗布森只跟英格兰球员，或者说英语的球员打过交道；唯一的例外是，在1990年世界杯半决赛中，英格兰在点球大战中输给德国，而后他离开英格兰队去执教埃因霍温，但没遇到什么麻烦，因为荷兰人几乎都说英语。“执教葡萄牙球员也不是什么大问题——只要在训练场上，我总能应付一下。但总有些东西需要仔细跟球员说明白。何塞的工作非常出色。他倾听，学习，观察，铭记。他机灵、敏捷，特别聪明。但何塞最让我喜欢的，是每次我要对球员说点什么，我会让他转达，我总觉得何塞完全表达出了我的意思。这是他的诀窍。他知道我永远是他的后盾，因此他会告诉球员，离对手近一点，或者压上一点，而球员们会立刻执行，就像我亲自讲话那样。我能看出来，球员们的反应完全一样。我不知道是不是因为他有职业足球的背景，但他真的跟我有种奇妙的联系。我还对他说：‘何塞，球员们在更衣室里说的每一个字我都要知道，他们对球队、战术，还有对我的看法，都告诉我。不管菲戈抱怨了我什么，你他妈都得立刻告诉我。’”

罗布森提到的球员们包括豪尔赫·卡德特，日后他将与托什·麦金利共同执掌凯尔特人队的更衣室，还有路易斯·菲戈——这位葡萄牙国家队历史上出场次数最多的球员当时还年轻，却已经证明了自己的杰出天赋。就这样，穆里尼奥成了罗布森的耳目，有时也是他的嘴巴。“如果我对某个球员不满，或者需要情绪激烈地说点什么，何塞绝不会在翻译时有所保留。翻译很容易这么做的，但何塞非常坚定。他绝不会给我的话掺水。他从不害怕，哪怕是对着菲戈。”

球队进行八人或九人对抗训练赛时，要是缺人，罗布森就会让穆里尼奥套上训练服顶替位置。他会用“敏捷”和“热情”这样的词来形容他的助手的实战能力。他的话总是说得很厚道。“他体能不错，并且在跟球员们一起训练的过程中还有所增强。所以，我用他补缺时，他做得很好。后来我们去了巴塞罗那，那时，和他一起站在球场上的就不只是菲戈了，还有罗纳尔多、赫里斯托·斯托伊奇科夫[①]、佩普·瓜迪奥拉这样杰出的球员。”那么，穆里尼奥与这些伟大的球星为伍时，他能跟上节奏吗？难道他不会让自己看起来蠢透了？“唔，短时间内还是可以的。20 分钟的训练，他能搞定。当然比赛中是不行了！但是他从不会让自己显得很难堪。”

倒是里斯本竞技接下来把自己搞得很难堪。罗布森仅仅执教了一个完整的赛季就被解雇了。卡洛斯·奎罗斯，这位亚历克斯·弗格森爵士未来的助教、皇马未来的主教练、葡萄牙国家队未来的二进宫主教练刚从国家队辞职，索萨·辛特拉就盯上了他，并迅速做出了决定。曼努埃尔·费尔南德斯同时被解雇了，穆里尼奥也一样，这两个人又得一起打包走人啦。但里斯本竞技真是犯了个大错误，让对手波尔图直接得了好处。罗布森仍在里斯本，没过多久，他约穆里尼奥吃午饭，告诉他波尔图给自己开了份合同。“何塞吸了口气。‘先生，’他说，‘您可别错过！您一定要去波尔图。’他告诉我，那是个伟大的足

---

① 赫里斯托·斯托伊奇科夫（Hristo Stoitchkov，1966— ），保加利亚前足球运动员，司职前锋，1994 年获欧洲足球先生称号，同年美国世界杯金靴奖，被誉为保加利亚最伟大的球员。

球城市。我问他是否愿意跟我一起去，他说他很乐意。”

在波尔图期间，博比·罗布森成为在欧陆最成功的英格兰教练之一，重现了自己在荷兰的成功：连夺两次国内联赛冠军。而穆里尼奥依然在他身边。当时他的工资提升到每年 35000 英镑，这个数目还会继续翻倍，直到他在巴塞罗那终于成为足球界薪水最高的翻译。“我从来不让他执教，”罗布森说，“他只是帮助我。他把我的指令传达给球员们。他跟我在一起的这么多年中，我从来没有把球队整个交给他，半小时也没有。但我们一起在波尔图时，他开始提出一些建议。我早上到达训练场，说：‘何塞，我们要做这个、做那个，你看过我工作啦，你知道我想要怎样的效果。’他可能会提出一两个主意。他逐渐适应了这份工作。”

穆里尼奥在 2000 年申请参加苏足协的教练课程时声称自己曾经在波尔图担任罗布森的“助理教练”，这个说法算不上冒失。“我所做的正是助教的工作，”他后来对一位记者说，“而罗布森是个极为热衷于训练的人。这就是说，作为助教，我负责安排训练。”事实上，他所做的比这还多。罗布森注意到他能敏锐地阅读比赛，于是决定派他去悄悄观察对手。“他完成任务回来时会给我一份绝对第一流的材料汇总，真的是第一流的，我所收到过的最好的也不过如此。他就是这样，才三十出头，从来没当过球员，也没当过教练，但他给我的报告和那些顶级专业人士提供的一样好，像是戴夫·悉士顿[①]和霍华德·威尔金森[②]这些我执教英格兰队时在世界杯上派去研究对手的人那样。

---

① 戴夫·悉士顿（Dave Sexton，1930—2012），英格兰前足球运动员、教练，曾执教曼联和英格兰 U21 青年队。

② 霍华德·威尔金森（Howard Wilkinson，1943—　），英格兰前足球运动员、教练，曾执教上海申花队。

他去看某场比赛，就会告诉我两支球队是如何踢球的：防守、进攻，比赛风格，一切都用图表展示出来，两支球队用不同的颜色标明，非常清晰明了。我记得我对他说：'干得好，我的孩子。'"

"我觉得他喜欢和我在一起工作。他享受在训练场上的感觉；我逐渐像个学生一样尊重他，我会在赛后和他坐在一块儿长谈。我们会谈到在比赛中谁踢得好、谁踢得不好，我们哪里做错了、该怎么改进。"若干年后，他们将在巴塞罗那分道扬镳，罗布森回到他的老家——英格兰东北部，让纽卡斯尔重新焕发活力，而穆里尼奥回到波尔图，成了主教练，依然做着从前做过的工作，身边围着自己的助教班子。据罗布森说，穆里尼奥还在波尔图做助教时，主席豪尔赫·努诺·平托·达·科斯塔就注意到他在训练场上和场外的才能。"我每次跟主席打交道都要带上何塞，他代表我发言，争取权利。主席明显对他很有好感。而且他记得我们当时在赛场上的成就：两个赛季获得了两次联赛冠军和一个葡萄牙杯——你很难做得比这更出色了。而何塞一直在我身边。不用说，主席肯定盯上他啦。"

自 1996 年罗布森离开波尔图前往巴塞罗那之后，俱乐部发展兴旺，不过后来又度过了一段艰难的时期，所以穆里尼奥才于 2002 年回归执教。罗布森毫不犹豫地邀请穆里尼奥加入自己在巴塞罗那的新历险；事实上，罗布森对巴萨提出的唯一执教条件，就是让他带上穆里尼奥。穆里尼奥又一次成了个多功能助教：罗布森每次会见巴萨主席何塞普·路易斯·努涅斯[①]，或者副主席

① 何塞普·路易斯·努涅斯（Josép Lluis Núñez，1931— ），1978—2000 年间担任巴塞罗那主席，期间球队赢得 7 次联赛冠军。

胡安·加斯帕特[①]时，他都在场。如今主教练和他的传声筒是朋友了，罗布森在锡切斯——加泰罗尼亚首府西南方不远的小镇安家时，穆里尼奥也有样学样。他现在买得起房了，他工资很高，而且将来还会涨到每年 30 万英镑。

“我们经常来往，”罗布森说，“我的妻子艾尔西和他的妻子玛蒂尔德成了朋友，我们两家人会一起出去吃晚饭。我们总会聊到足球，通常是一坐下就开聊。我们的妻子怎么想？哦，她们能理解我们。她们只是看我们一眼，然后说：‘啊哈，又开始了。’玛蒂尔德对足球有些兴趣，稍稍懂一点儿，有时她们会听我们聊天，但从来不会打扰。一般来说，她们会聊她们感兴趣的，而我们俩聊足球。”

每天早上，罗布森和穆里尼奥会驱车进城，抵达坐落在诺坎普球场阴影中的训练场。巨大的诺坎普能容纳超过十万名观众。他们要训练巴塞罗那的顶级球员们。一开始这对穆里尼奥来说相当折磨，因为他不像罗布森，他在足球界默默无闻。“他们压根儿不知道他是何方神圣，并且很直白地表现出这种情绪。他们也深感怀疑，这家伙自己根本没当过什么职业球员，有什么资格指挥他们做这做那呢？但他最终征服了球员们。”更衣室大佬们逐渐开始接受他，承认他肚里有料；那些最善于思考的球员们特别喜欢他剪辑得很有技巧的录像，它们完美地展示了对手的强项和弱点。佩普·瓜迪奥拉是个再优雅不过的球员，他是球场上的指挥官、站在防线前的中场枢纽；他从拉玛西亚学院脱颖而出，成为克鲁伊夫手下的“梦之队”中的关键角色，而“梦之队”于 1992 年给巴塞罗那带回了队史上第一座欧冠。瓜迪奥拉是加泰罗尼亚人，这一点让他更

---

① 胡安·加斯帕特（Joan Gaspart，1944—　），2000—2003 年间担任巴塞罗那主席，此前为俱乐部副主席。

受球迷们的爱戴。“他可是个大人物，”罗布森说，“当然也是个好球员。我是说，瓜迪奥拉对比赛有自己的见解，我对此没什么意见。他会说‘我们不该这样踢’，或者‘我们不能这么做’——他对万事万物都能说一套。何塞看出他是俱乐部的重要成员，就告诉自己：‘我要逐渐了解这个人，我要和他成为朋友。’他做到了。何塞和佩普关系很好，他们彼此尊重。当然啦，何塞和佩普语言相通。”他们可以用西班牙语甚至加泰语对话。

终有一天，瓜迪奥拉和穆里尼奥会在足球世界最伟大的对抗——巴萨和皇马的比赛中重新熟悉彼此。瓜迪奥拉 2008 年开始执掌巴塞罗那，第一个赛季就带领球队夺得欧冠。紧接着，穆里尼奥率国际米兰赢取了同样的荣耀，然后加盟皇马。罗布森没能活到亲眼见证 2010—2011 赛季的首回合国家德比：瓜迪奥拉的巴萨以 5 ：0 击败穆里尼奥的皇马。这位备受爱戴的英格兰人在 2009 年就因癌症去世了。

罗布森曾很开心地回忆起穆里尼奥，回忆起这个人在诺坎普与球星们一同训练的时光，穆里尼奥因此而成长。“何塞逐渐跟球队处好了关系，”罗布森说，“球员们都喜欢他，他们甚至一起开玩笑、逗乐子。他和罗纳尔多关系亲密，这对他很有好处。”在罗布森的坚持下，巴塞罗那从埃因霍温买来了罗纳尔多，而年轻的巴西人将会成为比赛中的头号巨星，赢得金球奖和世界足球先生的名号①。“罗纳尔多很快就喜欢上了何塞。何塞通常能把自己摆在一个合适的位置，和所有人处好关系，因为他没有偏向性——而我不得不在球员中做出选择。因此，如果哪个球员遭到了冷落，他会埋怨我，而不是何塞。我是主

---

① 原文注：合并前。

教练，必须与球员们保持一定距离。何塞却可以跨越某条界线，走向球员，然后再跨回来。”他确实这么做了。在里斯本竞技和波尔图，他不但监察对手，也要按照罗布森的要求看着自家的球员。就拿赫里斯托·斯托伊奇科夫为例吧——“他是个怪人，”罗布森说，“我很担心斯托伊奇科夫。”斯托伊奇科夫是保加利亚有史以来最伟大的球员，人们都认为他性格阴沉、内向，像他的外表一样。“我曾听说他是俱乐部里难对付的家伙，但后来发现其实正好相反。他是个标准的职业球员，不会在训练时捣乱，以正确的方式训练、踢球。我本以为他阴沉、严肃，不善交际，也不肯和人交流，但他并非如此。何塞和他关系很好，最终我也成了他的朋友。但何塞更了解他，因为何塞能和球员打成一片。他和斯托伊奇科夫非常友好。他们经常一起聊球队的事，然后何塞把他的看法转达给我。但我很喜欢斯托伊奇科夫，我信任他。”

就像何塞在里斯本竞技时让曼努埃尔·费尔南德斯黯然失色那样，在巴塞罗那，他也比名义上的二号人物、前任球队队长何塞·拉蒙·亚利桑科①与罗布森更亲近。在罗布森执掌巴萨的1996—1997赛季，俱乐部赢得了欧洲优胜者杯，决赛中罗纳尔多罚进点球，战胜了巴黎圣日耳曼；他们还赢得了西班牙国王杯。不过，在联赛中，球队以两分之差屈居老对手皇马之下。罗布森觉得这份成绩应该能说服努涅斯和其他高层，让他完成第二年的合同，但他错了。尽管巴塞罗那依然付给他合同上约定的工资，他却不得不给荷兰人路易斯·范加尔让路，后者两年前刚刚带领阿贾克斯夺得欧冠。罗布森成了“总

---

① 何塞·拉蒙·亚利桑科（Jose Ramon Alexanko，1956— ），西班牙前足球运动员，司职中后卫，为巴塞罗那效力多年，直到退役。

监”，负责其他事务，比如环游世界、寻找足球天才。忽然间，巴塞罗那不但有穆里尼奥这个工资开得最阔的翻译，更有了罗布森这样的“世界最高薪球探”——他本人这样忧伤地说。

罗布森出席了一次会议——带着穆里尼奥一起，那还用说——跟努涅斯、加斯帕特和范加尔会面，表达了他的失望之情。但他也向范加尔保证，如果主席真的视范加尔为巴塞罗那的未来，那么他们之间不会有任何争端；范加尔对此表示感谢。当时罗布森已经六十多岁了，他接下来还会再次执教埃因霍温，并入主纽卡斯尔；但穆里尼奥的命运如何呢？罗布森说，他的第一反应是离开巴萨，回到葡萄牙老家，重新考虑一下未来。“何塞不喜欢俱乐部对我的做法。”罗布森说。但罗布森去找了范加尔，建议荷兰人留下穆里尼奥。“我对他说：‘路易斯，何塞了解这座城市，了解这家俱乐部，也了解球员。他西班牙语说得好极了，他可以为你做他为我做过的工作。他是一个宝藏。’于是他就留下了，跟着路易斯，而且逐渐做了更多的工作，比如执教。因为路易斯的风格与我不同。我必须完全掌控球队，事必躬亲。而路易斯有点儿像斯文·戈兰·埃里克森，他更喜欢后退一步观察。路易斯甚至会把球队完全交给何塞，让他指挥友谊赛，这对他而言是宝贵的经验。”

1998 年夏天，罗布森回到埃因霍温，因为任期注定短暂，那里没有穆里尼奥的工作机会。罗布森在电话上告诉穆里尼奥这一点，并建议他继续在范加尔手下学习。第二年九月，纽卡斯尔解雇了路德·古利特①，请罗布森重出

① 路德·古利特（Ruud Gullit，1962— ），荷兰前足球运动员，司职中场，效力过多家豪门，于 1987 年、1989 年两获世界足球先生称号，1988 年随荷兰队获得欧洲杯冠军。

江湖，于是他又给穆里尼奥打了电话。“我说：‘我可以在纽卡斯尔给你一份工作，但我自己得先站稳脚跟。你想做什么就努力去做吧。’”等到罗布森真正站稳了脚跟、能给穆里尼奥提供工作机会时，穆里尼奥已经回到了祖国，等着有某个合适的俱乐部雇佣他，等着成为一名能当家做主的主教练。“他问我对他的决定怎么看待。‘大胆试试吧。’我说。”穆里尼奥的确这么做了，他成了本菲卡的主教练。短暂而不平静的三个月后，他离职了。“我听说他离开了本菲卡。”罗布森说，“我想，或许这份工作对他而言还是太难了，或许他还没有那个水平。但其实他离职别有原因。”——实际上是因为俱乐部内部的政治问题。

我问罗布森，他本打算让穆里尼奥在纽卡斯尔做些什么。他答道：“我把他看作工作人员中重要的一分子。我见过他侦测对手、撰写比赛报告、观察球员。但我也想过要让他负责每天的训练，在执教方面给他更多责任，让他成长。”不用说，许多纽卡斯尔球迷幻想过，要是罗布森把穆里尼奥培养成了自己的接班人，让他指挥这支身着条纹衫的球队，那样，他们的俱乐部该有多了不起呀！纽卡斯尔和波尔图一样有忠实、狂热的支持者，而且，当时俱乐部比波尔图还要宽裕，能支撑一支征战欧冠的球队——或许他们能像 2004 年的波尔图那样，在欧冠中赢得荣耀、走向巅峰。

然而，在穆里尼奥看来，罗布森所谓“接班人”的想法只是个模糊不清的念头，根本没打算让他认真考虑；穆里尼奥压根儿不相信罗布森在彻底退休之前能主动放手，把球队交给他负责。他对罗布森正是这么说的。罗布森也忆起了一个不甚清晰的提议：“显然，大家都知道，他日渐成熟，而我不可能返老还童。但我不能肯定当时是否在他身上看到了成为主教练的能力。对，我就是这么想的。这不是个是否信任他的问题，我知道他很聪明，我知道他能处理和球员的关系，但我不知道他在技战术方面的知识是否足够独当一面。”我问道：“当穆里尼奥交出那些出色的比赛报告时，您是否有那么一瞬间觉得这家伙是个当主教练的材料呢？”“能当好助教未必能做好主教练。何况，单就担任主教练这件事来说，我还真不知道他是否有这方面的野心。”居然是这样，没过几年之后，我们就能看出这个年轻人到底有没有野心了：他将要无情地摧毁每一个挡路的业界巨头，并且为此炫耀不止。“他当时还很谦逊，”罗布森说，“我们在一起的那些年里，他总是对我很尊重。他知道我才是主教练，而他站在一边。他从来不越界。”

他们在巴塞罗那时有个故事：懂英语的球员们觉得穆里尼奥不只是在翻译罗布森的指示，还稍稍有所引申。那么，罗布森怀疑过这一点吗？他笑了起来：“喔，就算他这么做了，我也不知道，对吧？不，我从来没觉得他传达的信息与我的意思有任何不同。何塞做得很棒，而且他对我很忠诚。”罗布森也不曾注意他的骄傲自负、喜欢与对手争辩的性格，或者爱惹恼别人的毛病。对阵毕尔巴鄂竞技之后，两队在球员通道里有摩擦，据说巴斯克球队的主教练路易斯·费尔南德斯[①]曾对着穆里尼奥晃了晃手指表示不满，但显然罗布森不曾觉得这是个大问题。然而，那个为我们熟知的穆里尼奥将要一点点把自己展现在葡萄牙球迷和英格兰观众面前了。那个变幻莫测的穆里尼奥，那个有时惹人厌烦，但永远很迷人的穆里尼奥，就要浮现了。正如罗布森所说：从前他还很谦逊。

---

① 路易斯·费尔南德斯（Luis Fernandez，1956— ），法国前足球运动员，司职中场，曾为国家队出场60次，退役后曾执教巴黎圣日耳曼、毕尔巴鄂等球队，现为几内亚国家队主教练。

有点傲慢

路易斯·范加尔没有因为穆里尼奥不满巴塞罗那给博比·罗布森的待遇而责怪他。我跟这位荷兰人在他锡切斯的公寓里谈过。范加尔一家人正如罗布森一家一样，是穆里尼奥的邻居。“我来到俱乐部时，境况很奇怪。”范加尔说，“我一开始被任命为青年队方面的总监。然后，主席忽然改了主意，想让我当一队教练，让罗布森负责球探工作——明明罗布森上个赛季刚刚拿了三个冠军。但他是个绅士，他没有显得很生气。穆里尼奥就不一样了！当然啦，他要失业了，因为我会从荷兰带来自己的助教班子。但我们与努涅斯和加斯帕特开会时，我头一次见到了穆里尼奥——他的个性让我印象深刻。我知道我需要西班牙语翻译，因为我只在荷兰临时上了一星期的语言学校。而且穆里尼奥还很了解球员。于是我问主席，能不能把他留下当我的助教，第三助教——前两位是赫拉德·范德莱姆①和弗兰斯·霍克②，我从阿贾克斯带来的。他就这么留下来了，先是签了一年合同。一开始他只是个翻译，但逐渐就变得和我的其他助教一样有用。他能阅读比赛，分析对手。他的工作特别出色。一年之后，我们赢得了西甲冠军和国王杯，那时我希望把他的合同延长到三年。”

第二年里，穆里尼奥与一队一起工作。“我很乐意给我的助教一些责任，”范加尔说，“我愿意让助教们安排训练，或者至少安排一部分，因为，如果一

---

① 赫拉德·范德莱姆（Gerard van der Lem，1952— ），荷兰前足球运动员，司职边锋，退役后长时间担任范加尔的助教，现在土耳其卡塞利俱乐部担任技术总监。

② 弗兰斯·霍克（Frans Hoek，1956— ），荷兰前足球运动员，司职门将，退役后担任范加尔的助教，被认为是世界上最好的门将教练之一，现追随范加尔在曼联。

直是主教练在和球员打交道，他们最后就不听你的了。主教练必须观察、纠正，但需要做的纠正并不多，不然球员们看到你就烦，不想跟你交流。所以有时我更喜欢后退一步，留出空间。但你必须对自己的助教很有信心才能这样做。一开始我让何塞跟着我。后来，我们照常把球员分成三组：弗兰斯·霍克负责守门员，另两组由赫拉德·范德莱姆和何塞分别带领。我一看到何塞的做法就知道自己可以信任他。我信奉控球和阵地战，所以训练中我们会做很多这方面的练习。这时你就能看出谁可以执教、谁不能。何塞可以。他能看出球员该做什么。他对比赛的分析也有很高的水平。这些分析是给球员看的，如果球员觉得主教练比他们自己更擅长阅读比赛，他们就会听教练的话。我认为他很棒，完全可以在友谊赛中负责球队。他带队打了不少友谊赛，还有加泰罗尼亚杯的比赛，不过这就没有那么友谊至上了，毕竟对手里有西班牙人队——巴萨的同城死敌，以及一些低级别俱乐部，他们可把这个奖杯看得很重。媒体也很重视。”

为防止球员们质疑穆里尼奥的权威性，范加尔总是在场。“我只是以防万一。”范加尔说，“我看到了他的很多表现，知道他能执教。我见过他在中场休息时对球员讲话。如果我觉得需要干涉，我会这么做的。我只是不能确定，要是我不在场，他是不是还能搞定。想要成为主教练，你不仅仅需要安排好球员，你要对付的是一整支球队，要找到那种化学反应。这就是区别所在。”

和罗布森一样，范加尔从未注意穆里尼奥有燃烧的野心。“他一点儿也不焦躁。但我们毕竟是一个团队，我们会谈到他的工作，而不是他的愿望。或许他会跟其他人说起自己的志向吧。”

尽管许多人都觉得范加尔严厉又阴沉，但他和他的妻子特鲁丝很喜欢和穆里尼奥一家人聚会，一起吃饭或者给孩子们开生日派对。“我知道记者们觉得我不喜欢和人打交道，”范加尔说，“他们错了。玛蒂尔德成了特鲁丝的好朋友，他们家的公寓和我们家在同一个小区里。所以，要是他针对下一个对手的分析报告完成得有点儿迟，他就会干脆带着报告来我们家，和我聊聊。我喜欢他。他有点儿傲慢，对名人和权威不怎么尊重，但我就喜欢他这一点。我喜欢对自己评价高的人，喜欢他们在我身边工作。我可不想要那种只会点头哈腰的人，因为我需要手下人告诉我：‘不是这样，还有别的方法。’何塞有这个能力，他也这么做了。我鼓励他的态度。我告诉他要在分析报告里写出，如果他是主教练，他会怎么对付对手。我一直都很注重这方面的工作，但由于何塞分析比赛的能力格外出众，我更关注他，胜过其他助教。当然啦，球队怎么踢总是主教练说了算，但我真的很想知道何塞的观点。”

按照穆里尼奥的说法，他在巴塞罗那其实一直很焦虑，他迫不及待想要获取能直接下命令的权力，他想知道自己是否能跟随范加尔的步伐成为真正的主教练。这些感情都困扰着他。范加尔认为，他和穆里尼奥一起的第三年里，巴塞罗那踢出了他任期内最好的足球，尽管他们没能夺得联赛冠军，失去了三连冠的机会，又在欧冠半决赛中输给了瓦伦西亚。“因为我们和里瓦尔多之间麻烦不少，他刚被选为世界足球先生，赛季中他忽然决定自己不想再踢左路了。他拒绝踢自己该踢的位置，并因此消极怠工，于是我把他排除在首发阵容之外，这件事引起的混乱导致我们没法完全发挥实力。当时许多人批评主席，他辞职了；出于对他的忠诚，我也离开了。助教们当然也得走，尤其是穆里尼奥。”我对范加尔的说法表示震惊，他笑了起来。“有时候我想，大概只有我真正相信何塞。当时罗布森离开了，我要求何塞留下，其他人可不怎么高兴。大家都叫他‘翻译’，媒体这么称呼他。我刚来俱乐部的时候，连主席也这么叫他，但我坚持说他是个足球人。渐渐地，所有的工作人员都开始尊敬他，把他看作我的一位助教。我认为我比俱乐部里的大多数人都更看重他——因为我才是那个有能力评判他的人。”

失之本菲卡，收之波尔图

2000 年 7 月，穆里尼奥重回葡萄牙，当时他正处于失业状态。失业是他自己选择的。他说过，他不想继续留在巴塞罗那了，因为球队任命塞拉·费雷尔①为范加尔的继任者让他不以为然。穆里尼奥不相信这个之前负责青训事务的马洛卡人能胜任一队主帅的工作，不愿屈居他手下——的确，费雷尔在 11 个月后就被解雇了。同时，范加尔也怀疑新主帅并不想要穆里尼奥：“是我任命费雷尔掌管青训的，我记得他和穆里尼奥关系不太好。”何况，穆里尼奥已经厌倦了听命于人的生活。在巴塞罗那的最后三年中，他的情绪越来越沮丧，经常满怀怒气地回到家中，对着妻子分析范加尔的种种决定，认为自己在同样的情况下肯定能做得比主教练更好。他下定决心，一定要成为主教练，哪怕为此要大幅度降低收入。

他在葡萄牙很有名气。在巴塞罗那时，他就偶尔收到来自祖国的邀请，其

① 塞拉·费雷尔（Serra Ferrer，1953— ），西班牙前足球运动员，退役后曾执教马洛卡、贝蒂斯、巴塞罗那等俱乐部。

中最有吸引力的当数前一年布拉加竞技俱乐部[①]提供的职位；他觉得这样一个中等规模的俱乐部应该正适合他。穆里尼奥并不着急，他在巴塞罗那时已经给自己的银行账户里攒了可观的一笔钱，直到夏天结束，他都在塞图巴尔的家中或者阿尔加维度假，在阿尔加维，他在波尔蒂芒附近买了个能度假的地方。他可以研究与足球相关的书和录像，他有时间用计算机整理自己关于执教的想法，留为己用，后来，崇拜者们称这份文件为他的"圣经"，丝毫不带讽刺或羞辱。他可以尽情享受家庭生活，他女儿4岁了，儿子还是个婴儿；葡萄牙阳光灿烂。

九月来临，穆里尼奥拒绝了罗布森让他去纽卡斯尔的邀请，待在塞图巴尔。这时电话铃声响了。是艾拉朱·巴拉梅斯打来的，他曾是足球记者，如今在本菲卡担任公关部经理。他告诉穆里尼奥，本菲卡主席胡安·瓦利·阿扎维多[②]有个提议。穆里尼奥知道本菲卡已经有约瑟夫·海因克斯当教练了；他回答说，他对做助教没兴趣。但巴拉梅斯说服他去见见主席，主席承认，德国人依然占据着主教练的位置。

你肯定不能说本菲卡作为穆里尼奥执教生涯的开端太过寒碜，但与他年少时期所见的辉煌相比，俱乐部已经走了很久的下坡路，尤西比奥的年代、有底气睥睨欧洲任何一家俱乐部的年代不再了。他们一文不名，奋力挣扎，却连布拉加竞技这样的球队也赶不上，更别提他们的老对手——里斯本竞技和波尔图

---

① 布拉加竞技俱乐部是一家位于葡萄牙布拉加的足球俱乐部，于1921年创立，目前在葡超联赛奋斗。

② 胡安·瓦利·阿扎维多（João Vale e Azevedo，1957—　），1997—2000年间担任本菲卡主席，现因洗钱等罪行被判刑10年。

了。但本菲卡威名犹在，这意味着他们仍保持着自己的传统，并仍有大批支持者。穆里尼奥总得听听主席要说些什么。

瓦利·阿扎维多告诉穆里尼奥，俱乐部真的没钱了，他希望穆里尼奥能用渴望荣誉的年轻葡萄牙球员打造一支球队——换句话说，这样可以少花钱。哦，还有，合同只能给六个月，因为俱乐部马上就要重新选主席了（葡萄牙绝大多数俱乐部的主席都是由会员投票选举的），这件事将在六星期左右搞定。这真是个坏消息；好消息是，瓦利·阿扎维多应该会赢得选举，然后穆里尼奥的合同将被延长至两年。穆里尼奥抓住机会，接受了这份工作，但瓦利·阿扎维多输掉了选举。

选举的胜利者曼努埃尔·维拉里奥①把前明星球员托尼②拉上了船，声称如果自己竞选成功，托尼将成为新任主教练。维拉里奥刚一当选就声称他希望穆里尼奥当个值得尊敬的人，能认清自己的职责，赶快让路吧。就这样，他们的关系在勾心斗角中开始了。穆里尼奥得到了维拉里奥的保证，说他至少可以任职到赛季末，因此并没有识趣地主动走人。他让球员们训练得更加认真，并严厉指责了工作人员，说他们提供的资料完全不靠谱，有一份报告上竟然只提到了对手的十个球员。总之，他努力想要改变球队的风气。他执教的第九场比赛中，本菲卡坐镇主场，3 ∶ 0 击败了里斯本竞技。没有什么胜利比德比大

---

① 曼努埃尔·维拉里奥（Manuel Vilarinho，1948— ），葡萄牙商人，2000—2003 年间担任本菲卡主席，期间球队获得一次葡超冠军。

② 托尼指安东尼奥·何塞·柯西松·奥利维拉（António José da Conceição Oliveira，1946— ），葡萄牙前足球运动员，司职中场，是本菲卡的传奇球星，现执教伊朗的大不里士拖拉机俱乐部。

胜更让人陶醉了，然而如果主教练正理所当然地满怀愤怒，陶醉也难免转为苦涩。穆里尼奥正在办公室里给妻子打电话时，维拉里奥出现在他的门口，然后被无视了。更严重的是，穆里尼奥拒绝面对媒体；他告诉球队工作人员，他会为此付罚款，然后驱车回家。

接下来他想要迫使维拉里奥先出手行动。他要求把自己的合同延长一年，借口说另有球队对他感兴趣——他得到的答复连“不冷不热”都说不上。“好的，”维拉里奥说，“我很乐意留下你，但是其他高层以及我们的商业伙伴不怎么愿意。他们达成协议：穆里尼奥即刻离队。”德比大胜，教练离职——与本菲卡的怪异举动相比，里斯本竞技的反应倒是正常得多：教练奥古斯特·伊那松被解雇了。猜猜谁接了他的班？正是曼努埃尔·费尔南德斯——穆里尼奥的老朋友、老伙伴，推荐他成为博比·罗布森的翻译的人。当然，托尼获得了本菲卡主教练的职位。这样，穆里尼奥第一次担任主教练的历险一眨眼间就结束了，整个过程仅仅持续了几个月。然而，就像罗布森后来说的那样，在本菲卡的环境下，这种结果也是不可避免的。

圣诞将至。大约正好四年后，穆里尼奥和他的妻子就会带着孩子们在伦敦的斯隆广场上溜冰了。

穆里尼奥在塞图巴尔的家中等待着，直到四月中旬，他接到了莱里亚足球俱乐部[①]方面打来的电话，答应等到赛季末接班曼努埃尔·何塞。这支位于葡萄牙中部的球队本赛季进程不错，最终排名第五，这是他们史上最高排名；

① 莱里亚足球俱乐部是一家位于葡萄牙莱里亚的球队，成立于1966年，一度是葡超联赛中最年轻的球队，如今不幸降入业余联赛。

但在穆里尼奥手下，他们曾一度高居第四。然后，又一个圣诞到来了，事情再次开始发生变化。本菲卡解雇了托尼，重新邀请穆里尼奥回来执教；他发现本菲卡不肯给巴尔特马尔·布里托和鲁伊·法里亚提供职位，就拒绝了，这两人是他助教团中的第一批成员，注定要分享他的荣光。而后，波尔图向他招手。

几个月前，在波尔图的一场国际赛事上，主席豪尔赫·努诺·平托·达·科斯塔向他保证，时机合适时，就雇他做主教练。圣诞节刚过，一位中间人打电话告诉穆里尼奥：时机差不多到了。一月，他取代了奥克塔维奥·马查多①。

像本菲卡一样，波尔图有值得自己骄傲的历史。他们也曾是 1987 年的欧洲冠军，尽管只有一次，但时间可比本菲卡近得多。据穆里尼奥所说，如今的波尔图正处于 26 年来的低谷时期。他还记得 20 世纪 70 年代中期球队的低迷，波尔图常常跟在塞图巴尔维多利亚队身后，当时他父亲为塞图巴尔看守球门，而博费姆球场是他的第二个家。但没关系，穆里尼奥还说："明年我们会赢得联赛冠军。"后来他们的确赢了。

自从大权在握以来，穆里尼奥头一次说到做到。在波尔图的第一个赛季，他用剩下的几个月忙于重建球队，买来马尼切②、努诺·华伦特③和保罗·费

① 奥克塔维奥·马查多（Octavio Machado，1949— ），葡萄牙前足球运动员，司职中场。

② 马尼切（Maniche，1977— ），葡萄牙前足球运动员，司职中场，曾为本菲卡、波尔图等球队效力，为国家队出场 49 次。

③ 努诺·华伦特（Nuno Valente，1974— ），葡萄牙前足球运动员，司职左后卫，曾效力波尔图、埃弗顿等球队，为国家队出场 33 次。

雷拉[1]这样的球员，他们后来全都入选国家队；还有德尔雷[2]，穆里尼奥为执教莱里亚做准备的时候从巴西发现了他，并以极低的价格买下了他。有些人被他不屑一顾，有时甚至是十分随便地抛在一边：他看不上他认为胆小软弱或者头脑迟钝的球员。他的总体方针是，把球队变得更葡萄牙化，并用奖励性的合同让他们更有斗志。新赛季一开始，他让球队改踢 4-4-2 阵型，日后正是这个阵型带给他欧洲赛场上的辉煌。他铸就了一支纪律性强、有恢复力的球队。

但穆里尼奥的波尔图还不止于此。比如，德科——这位出生在巴西的球员将效忠葡萄牙，并参加 2004 年欧洲杯——就是位中场大师，他的卓越技巧帮助波尔图证明，他们同样可以踢出精细的足球，可以凭此在葡萄牙之外的欧洲赛场上赢得欧联冠军。经过一段漫长的、时而危险的征战，低价买来的德尔雷射入了他本届比赛中的第 11 个球，让凯尔特人付出了代价。波尔图的球员们在球迷面前庆祝起来，然而他们只是塞维利亚奥林匹克球场中极小的一群。与此同时，大约 4 万名凯尔特人球迷做手势表达蔑视，暗示穆里尼奥的人是一群跳水运动员（我得说，尽管德科他们善于获得任意球，但他们不停跌倒还是跟凯尔特人的粗鲁动作大有关系）。穆里尼奥终于赢得了让人难以忘怀的胜利，他所应得的胜利。

然而他也搞错了一点。当人们问他接下来的赛季里，他的球队会怎么对付欧冠里那些更为强大的对手，他回答说："我们可以有不错的表现……但我觉

---

① 保罗·费雷拉（Paulo Ferreira，1979—　），葡萄牙前足球运动员，司职后卫，曾长期效力于切尔西，为国家队出场 62 次。

② 德尔雷（Derlei，全名 Vanderlei Fernandes Silva，1975—　），巴西前足球运动员，司职前锋。

得我们没法赢得冠军。”他解释说，这种雄心壮志都是留给那些“大鲨鱼”的，“那些能在一个球员身上花掉两三千万甚至四千万欧元的俱乐部”。那个夏天，波尔图在转会市场上没有什么动静。不过，就是凭着同一支队伍，他们真的赢得了欧冠冠军。

所以，穆里尼奥的谦虚之词会不会也是一种心理战术，好给自己的球员减压呢？这次还真不是。我觉得，这次他真的把自己也震惊了。直到八分之一淘汰赛中，他们第二回合做客曼联，却戏剧性地晋级之后，他才觉得没准球队真能赢得冠军：在那场比赛中，边裁把斯科尔斯的第二粒进球误判为越位，而后，伤停补时阶段，科斯蒂尼亚①打入制胜球，穆里尼奥在场边疯狂庆祝起来。

如果穆里尼奥没有这么聪明的话，他或许会在夺得欧联之后就离开波尔图；单纯考虑收益的话，这也不失为明智之举。不用说，当时许多外国俱乐部邀请他执教，并且提供了两到三倍的薪水：巴黎圣日耳曼和一些中等意甲球队都有意向。而他就此咨询了自己信任的罗布森。“我告诉他多待一年。”英国人说。当时他刚带领纽卡斯尔在英超夺得第三，这意味着他们只要在两回合资格赛中打败贝尔格莱德游击队，就可以参加欧冠联赛；显然，纽卡是被看好的一方。“我告诉何塞说：‘你还有自己的时间。如果你还不知道要怎么走出围城，就别进去！你还没有做好换地方的准备。我曾在伊普斯维奇待了 14 年，而你呢，在波尔图只待了 14 个月！再多待一年吧，至少。别的且不说，主席为你冒了不少风险。你确实为他工作得不错，你度过了出色的一年，但如果你留

① 科斯蒂尼亚（Costinha，1974— ），葡萄牙前足球运动员，司职中场，曾为国家队出场 53 次。

下，你一定可以学到更多，获得更多经验。'"

事后看来，罗布森所说的可谓是金玉良言。可惜罗布森自己不能和穆里尼奥在欧冠相见了。纽卡斯尔在贝尔格莱德[①]的客场 1 ：0 取胜，主场比赛中却被对方进球击败，随后输掉了点球大战。诡异的是，接下来的小组赛抽签中，贝尔格莱德游击队和波尔图被分到一组——命运差点儿就见证了昔日的老师和学生之间的对抗。然而，他们始终没有在赛场上相见。穆里尼奥登陆英超之后，切尔西当然遇到了纽卡斯尔，但那时罗布森已经被解雇 3 个月了。

小组赛中，波尔图需要对付皇家马德里、贝尔格莱德游击队和马赛。如果像穆里尼奥说的那样，欧洲范围内有钱的大俱乐部是鲨鱼，那皇马肯定是大白鲨；4000 万欧元对皇马来说也不算什么，他们刚刚在当时世界上身价最高的球员——齐达内身上花了更大一笔钱。波尔图要面对的还有其他银河战舰的巨星，比如罗伯特·卡洛斯、穆里尼奥过去在巴塞罗那的好友罗纳尔多，甚至还有张更熟悉的面孔——路易斯·菲戈。皇马 3 ：1 取胜。看来穆里尼奥关于金钱和欧冠赛场上的成功之间的分析是完全正确的，波尔图的确被皇马揍得不轻。不过他们很快就双杀马赛，消解沮丧之情，也借此作为小组第二名晋级淘汰赛。(而马赛后来在欧联比赛中淘汰了纽卡斯尔，可怜的罗布森。)

尽管本尼·麦卡锡[②]在巨龙球场进了曼联两个球，让波尔图取得先机，但谁也没觉得他们能在老特拉福德球场全身而退，毕竟曼联也是条大鲨鱼。斯

---

① 贝尔格莱德游击队是一家位于塞尔维亚贝尔格莱德的足球俱乐部，成立于 1945 年，曾赢得 1965—1966 赛季欧冠亚军。

② 本尼·麦卡锡（Benni McCarthy，1977— ），南非前足球运动员，司职前锋，曾为国家队出场 80 次。

科尔斯上半场进球了，曼联离晋级已经不远。然后，斯科尔斯又进球了，或者说，要不是边裁犯错、吹响了越位哨，他就真的梅开二度了。“要是比分是2 : 0，波尔图就挺不过来了，”罗布森说，“他们最终晋级，其实主要靠运气。”两队总比分打平，但由于曼联手握一个客场进球，要不是科斯蒂尼亚反应机敏，趁着曼联守门员蒂姆·霍华德①扑球不远，把那个弹地球又送回球网里，波尔图肯定无法晋级。事实上，老特拉福德的67000名球迷已经只等终场哨响就要开始庆祝了。就像穆里尼奥说的那样:“90分钟过后，我的球队出局了，但在第91分钟，我们进了八强。”

下一个对手是里昂。法国球队没造成什么阻碍，这增强了波尔图战胜半决赛对手拉科鲁尼亚的决心。第一回合在波尔图打响，全场沉闷，没有进球，但穆里尼奥和他的球队并没有陷入沮丧。两周之后，在比斯开湾旁的一个风雨之夜中，我们明白了他们仍有斗志的原因:他们相信自己真的能在里亚索球场胜利，哪怕卫冕冠军米兰都倒在了这座球场上。在科斯蒂尼亚的干扰下，拉科优雅的中场指挥官胡安·卡洛斯·巴莱隆的创造力无从发挥，只要一个客场进球，波尔图就能晋级。比赛开始一小时后，机会出现了:德科，鳗鱼一样狡猾、约克夏犬一样固执的球员，他几乎突入禁区，后卫塞萨尔不得不对他放铲，这位西班牙球员不够敏捷，动作做得不够干净，而德科正倒在禁区内。德尔雷罚入点球。波尔图挺进决赛。

他们的对手将是“小球队”摩纳哥，这支球队不但淘汰了皇马，还击败了

① 蒂姆·霍华德（Tim Howard，1979—　），美国足球运动员，司职守门员，现效力于埃弗顿，为国家队出场104次。

切尔西，被罗曼·阿布拉莫维奇的亿万支票支撑着的切尔西。鲨鱼们的欧冠之旅到此为止；今年是小鱼的天下！你知道我的意思，穆里尼奥就像我们其他人那样，低估了足球的力量，没想到足球能战胜强大的经济实力。在他漫长而全面的足球教育中，这一定是唯一一件被他忽视的事情。

如今他位列摩纳哥主教练迪迪尔·德尚之上，成为下赛季切尔西的首选；虽然意大利的国际米兰也发出了邀请，但切尔西主教练一职让他难以拒绝。彼得·肯扬没能把斯文·戈兰·埃里克森挖到切尔西，但在穆里尼奥身上，他时来运转。在对阵拉科鲁尼亚的比赛之后，穆里尼奥皱着眉对着手机喋喋不休——“在这种时刻，你总是想跟你最爱的人说说话。”他说过。但他不肯讨论自己的未来。第二天，他与妻儿从波尔图飞到伦敦，当晚就去了斯坦福桥球场，有一群葡萄牙记者跟随。他观看了切尔西对摩纳哥的欧冠半决赛第二回合，摩纳哥总比分取胜。这样说，他如今执教的球队和下个赛季的东家就不会在决赛中碰面了。即使穆里尼奥这样惯于保持中立的人，想必也要为此松一口气吧。

接下来还有一些国内赛事要考虑。波尔图已成功卫冕葡超，但保卫葡萄牙杯的任务迫在眉睫：盖尔森基兴的欧冠决赛前十天，他们要与本菲卡争夺冠军。穆里尼奥知道摩纳哥的主教练德尚会来观看这场决赛，因此更改了，甚至小小地削弱了一下首发阵容；下半场豪尔赫·科斯塔[①]被罚下，场上只剩十个人了。尽管如此，他们仍然踢得不错，90 分钟时攻入一球。但伤停补时阶段

① 豪尔赫·科斯塔（Jorge Costa，1971— ），葡萄牙前足球运动员，司职中后卫，曾为国家队出场 50 次。

西芒·萨布洛萨[1]为本菲卡进球扳平。后来，穆里尼奥谴责了裁判的表现；据说他称裁判卢西里奥·巴蒂斯塔是个骗子，但这位穆里尼奥的老乡在记录中仅仅提到，波尔图教练席一直质疑他的判罚。穆里尼奥可不是初犯了，他被罚款600欧元（根据葡萄牙足协的档案，他及时缴纳了这笔钱），外加15天的禁赛（后来他去了英格兰，自然也就不用禁赛了）。是的，他去了英格兰，取道德国。

穆里尼奥后来大度地主动提到，摩纳哥队长吕多维克·久利[2]受伤下场对决赛影响重大。"这一点改变了比赛的面貌，"穆里尼奥说，"我们可以踢出自己的风格了。"就是说，防守反击。波尔图共进三球，而摩纳哥甚至无力进一球挽回颜面。比赛上半场，卡洛斯·阿尔贝托[3]进了第一球，第60分钟，这位年轻的巴西球员被迪米特里·阿列尼切夫[4]换下，随后德科劲射入球。最终阿列尼切夫打进第三球，终结了比赛的悬念。赛后的种种场面充斥着获胜者惯常的兴奋，除了穆里尼奥，他克制着自己的神情，与妻儿站在一起。他选择不展示自己的奖牌，并在新闻发布会后就摘掉了它。后来他对安迪·罗克斯伯格说："从我个人角度来讲，那个晚上很艰难，因为我心中感情冲突不断，我知道自己就要离队了，直到3个月后，我才再次见到我的波尔图球员

---

① 西芒·萨布洛萨（Simao Sabrosa，1979—　），葡萄牙前足球运动员，司职边锋，曾为国家队出场85次，现在印度联赛效力。

② 吕多维克·久利（Ludovic Giuly，1976—　），法国足球运动员，司职中场，曾效力巴塞罗那、巴黎圣日耳曼等球队。

③ 卡洛斯·阿尔贝托（Carlos Alberto，1984—　），巴西足球运动员，司职中场，现效力于巴甲费伦古斯俱乐部。

④ 迪米特里·阿列尼切夫（Dmitri Alenichev，1972—　），俄罗斯前足球运动员，司职中场，曾为国家队出场55次。

们，他们来斯坦福桥踢欧冠比赛。”他所说的波尔图球员不包括保罗·费雷拉和里卡多·卡瓦略，当然，他一入住切尔西就把他们两个买来了，还试图招揽德科，但后者选择了巴塞罗那。穆里尼奥自己如今也是鲨鱼中的一员了。

在狩猎球员之前，他重访伦敦，向切尔西工作人员和经纪人们下达简单指令，并且会见媒体。记者们问他，切尔西上个联赛冠军的年纪比他还大上八岁，他为何会对这样一家俱乐部的前景信心满满呢？他回答说：“我们有顶级球员，还有——如果我太傲慢，那不好意思了——还有一位顶级教练……别说我傲慢，拜托了，因为我并非如此。我认为我是特殊的一个。我是冠军。”他还处理了一些没那么广为人知的事务，比如在教练部门内部分配责任（我们通常不会把这种事写上头条让读者心烦），概述了他的纪律准则（这点我们写了，虽然没有强调他的做法与其他教练像得出奇）；然后，他与家人飞往巴西，度假十天。仲夏，他忙着为一家葡萄牙杂志撰文评论在他祖国举办的欧洲杯。多奇怪啊，想想看，上届欧洲杯举办时，他还在苏格兰忙着获取教练资格，同时看看比赛，这一届他就已经成了全世界最受追捧的教练了！随后他带队前去美国，为接下来的赛季做准备——这个将被穆里尼奥打上烙印的赛季，注定是极为重要的。

那个五月末的傍晚，穆里尼奥的赛季就此达到辉煌的顶点：于此，人们难以忘记的画面总是穆里尼奥穿着大衣，在老特拉福德球场边线狂奔跳跃的时刻。而我自己一直牢记的，是决赛时阿列尼切夫登场替补卡洛斯·阿尔贝托之前、穆里尼奥在技术区对他个别指导的场景。这一过程长达几分钟，期间穆里尼奥不停在他的记事本上指指点点。通常来说，教练只会对替补球员简单地说几句话，然后在他屁股上拍一下了事；而穆里尼奥对细节的注重让我着迷，后来他表达观点的方式也流行起来。15 分钟后，波尔图已经连入两球，他的任务完成了。第二年春天，穆里尼奥已经在英格兰和全欧洲都获得了巨大的成功，那时一位经验丰富的比赛评论员对我说，他被高估了。“他的工作，”我的朋友说，“是机械化的，缺乏创造力。”我的这位朋友值得尊重，因此我缺乏勇气说出：如果真是这样，那就让我们都做这种机械化的工作吧，然后一年赚上几百万英镑！

第四部分　谁是何塞?

三重角色

安迪·罗克斯伯格曾是苏格兰队教练，并曾负责监督职业教练中最杰出的代表们的工作。他曾描述何塞·穆里尼奥必然有着出众的家庭教养、受过理想的教育，还说他“是自己职业生涯中遇到的最佳范例”。

除此之外，他从没有多喜欢过穆里尼奥。

2005 年，罗克斯伯格造访切尔西时，穆里尼奥说了句揶揄的俏皮话：“15 年后，我终于一夜成名了。”这位欧足联技术总监明白了他的意思。对于一位教练而言，更重要的不是立刻得到认可拿到高薪，而是学好这门职业的方方面面。球星所获得的名誉和财富可能遮掩了他们接受教练培训时的能力不足。曾有人问过穆里尼奥，为什么有那么多无法达到高水平的球员——不管是因为伤病，还是其他原因，却在转型当教练后大获成功？他的回答快速而简洁：“他们更有时间学习。”足球运动的宠儿们还在场上踢球时，被淘汰者已经开始学习了，并逐渐获得顶级职位。

不少教练能带领球队赢得欧冠级荣誉，但他们的球员时代籍籍无名，说不上存在感，比如阿里戈·萨基、奥特马·希斯菲尔德、贝尼特斯和热拉尔·霍利尔。穆里尼奥自然位居其列，而博阿斯跟随他的脚步执教波尔图后，也紧接着位列其中。马尔切洛·里皮、路易斯·范加尔和亚历克斯·弗格森爵士虽然曾是意大利、荷兰和苏格兰备受尊敬的球员，但也从未被国家队征召过。2002 年，巴西夺魁世界杯，而他们的教练同样不曾为国出战：路易斯·费利佩·斯科拉里。带领希腊夺得 2004 年欧洲杯的教练奥托·雷格哈尔也一样。意大利于 2006 年的冠军教练正是里皮。在足球大国执掌国家队的教练中，极少有之前的明星球员。总而言之，雇佣教练的人逐渐理解了，这是一种专业性工作，而只要扭扭屁股就能让球迷们陷入狂喜的才能并非教练的首要条件。

罗克斯伯格成为苏格兰主教练时，媒体用“谁是安迪？”这样的头条来迎接他。好吧，考虑到他整个职业生涯都在苏格兰度过，在写头条的记者们眼皮底下，这肯定有点儿伤人。但他绝不是一个人。英格兰报纸曾以同样的方式对待接手阿森纳的阿尔塞纳·温格。“很多人以为，”罗克斯伯格说，“想当个好教练，你首先要当个著名球员。但事实往往并非如此。许多著名球员——无比出色，天赋与生俱来，作为教练或足球经理却一无是处。比如阿里戈·萨基，他甚至都不曾当过职业球员。”然而，萨基却缔造了属于自己的米兰，是欧冠历史上最成功的球队之一；随后，他又带领意大利挺进 1994 年世界杯决赛。意大利在点球大战中输给卡洛斯·阿尔贝托·佩雷拉率领的巴西队，而佩雷拉同样不曾是职业球员。

“我不否认，顶级球员当教练自有优势，”罗克斯伯格继续说，“如果他不缺乏其他必需品质的话。”就像约翰·克鲁伊夫或者法比奥·卡佩罗那样——后者曾是一名杰出球员，为尤文图斯和意大利国家队效力，他接替萨基执掌米兰，并立刻证明自己是个非凡的教练。“顶级球员富有经验，而球员们也能立刻尊重他、听从他。但这只是个开始。像何塞或者他之前的阿里戈·萨基这样的教练不得不逐步赢得尊重。他们需要比前明星球员更努力工作。”

谈论此事时，霍利尔喜欢引用萨基说过的话。当有人问萨基，他如何能没踢过职业足球就执教时，这位意大利人回答说:“我不明白，难道你必须当过一匹马才能成为骑师吗?”霍利尔认为二者的职责是完全不同的:“斯图尔特·皮尔斯①说得好:‘如果你是球员，你只需专注于自己的事业;如果你是教练，你需要关注一切。’据他说，当他在诺丁汉森林队同时担任球员和教练时，他如醍醐灌顶般明白了这一点。”不过对于皮尔斯来说，这种职责并没有让他灰心丧气。他取得了资格证书，于凯文·基冈手下担当曼城教练，操控着球队的命运;随后又相继掌管英格兰 U21 青年队，以及 2012 年的英国奥林匹克足球队。或许皮尔斯终将成功地完成角色的转换。霍利尔自己的职业生涯主要是在法丙联赛中度过，他说，自己或许是被从前未能完成的梦想驱策着，才逐渐发展出了管理他人的才能。和穆里尼奥一样，他很幸运，拥有父亲的指导。霍利尔说:“我父亲执掌布洛涅附近的一支当地球队，他向我展示该怎样去做。当我踢球时，我已经开始分析对手了，当然主要是为了好玩，但教练认为这很有用。”何塞同样高度评价了他的父亲，很重视他作为教练之子获得的经验。

哪怕穆里尼奥已经快要大学毕业时，他也依然偶尔为父亲监察对手。费利克斯教练生涯的巅峰是他在里奥艾维的两段时光，在第二次执教期间，他带领

---

① 斯图尔特·皮尔斯（Stuart Pearce，1962— ），英格兰前足球运动员，史上最出色的左后卫之一，曾长期效力诺丁汉森林俱乐部。

球队闯进葡萄牙杯决赛，最终被波尔图4∶1击败。费利克斯一直在低级别联赛的球队间徘徊，通常身不由己。然而何塞总是在他身边。当然，年轻的穆里尼奥也必须考虑生计，当时他选择了一条日后对他大有好处的道路。罗克斯伯格解释道："他接受培训，成了一名教师。"罗克斯伯格本人也曾是教师，或许这一职业颇受偏见，但他坚持说教师背景对执教大有帮助，并举出许多例子——就说那些卓越的荷兰教练们吧，范加尔和可敬的逝者里努斯·米歇尔斯①都是教师出身。"里努斯总会说，他的教师经历价值无限。无论如何，教育关乎沟通和组织——执教球队也一样。并且，何塞为自己的事业铺上这样一块基石后，就前去下一个目标了：他参加教练课程，就像我们在苏格兰开展的那个一样。他的自我教育让他获得了国际化的训练方法，今天他仍在使用。"这样的课程通过简单的小场比赛，让人在技术、战术和体能方面共同发展。根据罗克斯伯格的说法，课程是苏格兰足协设计的，适合苏格兰人的脑子，他们"容易厌倦，又不喜欢训练之类的事"。

十余年后，穆里尼奥执教莱里亚时，他约俱乐部主席一起调查适合季前训练的地方。主席注意到附近的小山和山谷，认为它们是训练跑步的理想场所。穆里尼奥告诉他：忘掉这片美丽风景吧，球员只能在训练场上跑步。这句话能引起罗克斯伯格的共鸣吗?

"他说得很对。我们的精神力完全集中在球场上。可移动球门、小场比赛、双禁区比赛②、边锋比赛——我们的课程就是无穷无尽的比赛。球员们无需理

① 里努斯·米歇尔斯（Rinus Michels，1928—2005），荷兰前著名足球教练，全攻全守足球的创造者，曾带领荷兰国家队获得欧洲杯，带领阿贾克斯获得欧冠。

② 双禁区比赛：球场等于两个禁区大小、配合可移动球门的训练赛，是一种常见的训练方式。

解他们在做什么，只要踢球就可以了。当然，随着时间的推移，何塞的影响加深了。但他仍有这种大局观。在切尔西，他的体能教练鲁伊·法里亚很少让自己的工作脱离教练本身。他会站在何塞身旁，建议他何时加长或拓宽场地，或者让队员多跑，或者重点指出某一方面，或者加强某种练习的强度，改变速度，两脚出球，或者别的什么。一切都是相互关联的。”

罗布森则向他展示了教练的另一面。“和博比在一起时，”罗克斯伯格说，“他可以暗中观察、学习。博比总是把训练的第一阶段交给一个英国体能教练，名叫罗杰·斯普雷的，他很棒，曾在巴西工作，对运动方面很有研究。然后博比才开始进行技战术的训练部分。对何塞而言这简直完美，他可以在那里吸收所需的一切。在我们举办的欧足联专业教练执照培训课上，最重要的就是实践工作。学生必须有一周时间与某家俱乐部共同工作，如影随形地跟着主教练。我们的导师会前去观察他们，并给予帮助。而何塞早已周复一周、月复一月甚至年复一年地这样做了。有一次，我为了欧足联的一部电影去找罗布森，我看见何塞完全融入到了博比的工作中。他可以学到很多人事管理方面的事情，因为博比很善于此。后来，路易斯·范加尔入主巴塞罗那。他的风格完全不同。如果你称博比为足球世界中的浪漫主义者，那么路易斯就是个高度结构化的人，典型的荷兰学院派教练。这样，何塞接受了全新的教育，学会组织日常训练。更棒的是，他被给予带队比赛的机会，从而获得了实践经验。中场休息时，路易斯会跟何塞一起进入更衣室，他不会亲自与球员对话，而是注意听何塞对球员们说些什么；迟些时候，他会就此与何塞讨论。所以在这一阶段，何塞已经不仅仅是跟着主教练走了。他实际上就是在执教一支球队——别忘了，那可是巴塞罗那！那可是足球界的终极精英学院啊。”

就这样，穆里尼奥重回葡萄牙，并立刻学以致用。2003年，波尔图在欧联杯四分之一决赛中淘汰帕纳辛奈科斯队，而他就此赢得了国际性声誉。波尔图主场以0∶1输给客队，他们不得不前往希腊客场拼死一搏，而雅典球队在此还没输过欧洲赛事。但德尔雷进球了，比赛进入加时阶段，此时德尔雷梅开二度，波尔图晋级。“这场比赛改变了俱乐部的精气神，”罗克斯伯格说，“何塞觉得他的机会来了；他是对的，波尔图最终在决赛击败凯尔特人队。”此后，罗克斯伯格为他的顶级教练们举办了一届论坛，决定打破传统，除了邀请欧冠教练外，还请来了欧联杯决赛的双方教练。“何塞和马丁·奥尼尔都来了，何塞的第一次发言真是妙不可言。他还是个新人，而我们在瑞士的圆桌旁坐满了卡佩罗、里皮、弗格森、温格之类的明星教练。他被问到的第一批问题包括：‘你对银球制怎么看？’”

银球制是一条比赛规则：淘汰赛中，如果两队90分钟内战平，而加时赛上半场的15分钟内有一队进球领先，则下半场不再继续，比赛就此分出胜负。如今这一制度已废除，加时赛又恢复为上下半场各15分钟。但波尔图恰恰是凭借银球制赢得了欧联杯：球队两度领先，凯尔特人的亨里克·拉尔森①两度扳平，直到比赛第115分钟，德尔雷打进了制胜球。

“就此制度争论颇多，马尔切洛·里皮等人都说自己更喜欢加时赛的两个半场全打满。何塞倾听了他们所有人的观点，然后发言。‘我认为这件事非常、非常有趣，’他说，‘因为我要训练自己的球员适应这种规则。’他没有说这条

① 亨里克·拉尔森（Henrik Larsson，1971— ），瑞典前足球运动员，司职前锋，曾为国家队出场106次，现执教瑞典赫尔辛堡足球俱乐部。

规则是好是坏。对他而言，这只是另一种挑战。人们问他此言何意，他回答说，他告诉球员们想象两种不同的加时赛上半场局面，其中一种他们领先，另一种他们则落后。他们会怎么办呢？因为剩下的几分钟将是他们仅有的、赢得比赛的机会了。对我而言，何塞的回答完全展现了他作为教练的特质。他不会对规则发表负面观点——规则就是规则，没办法，他只会训练自己的球员尽量利用规则。”相似的一点是，众所周知，他经常训练自己的球员在 10 打 11 的状况下进攻——以防他们不幸有一名球员被罚下，却仍然需要赢得比赛。

托马斯・卡莱尔有句名言，尽管在流传中已失原貌：天才就是无止境地努力的能力①。尽管这句话或许在足球界未必是普适真理，亚历克斯・弗格森爵士的职业生涯却与之呼应。穆里尼奥事业中的某些方面也一样。从一方面讲，偶尔会有我朋友那样的人，把他贬低为毫无创造力的机械主义者；另一方面，也有很多人崇拜他，比如何塞・曼努埃尔・卡普里斯塔诺，他担任本菲卡副主席时，一开始认为穆里尼奥太没经验，不能掌管一线队，但几周之后就被对方征服了，并声称：“这家伙天生是当教练的料。他一天 24 小时都在思考。”德科也是，他说：“或许其他教练也有穆里尼奥一样的才能，但谁也没有他那么努力。”罗克斯伯格认为穆里尼奥永远都竭尽全力，从不肯有一丝松懈：“我肯定说过一千次了。我打过交道的这些家伙，不管他们是国家队教练还是执教顶级俱乐部，都对细节极为迷恋。这是让他们与众不同的品质。比如路易斯・范加尔，我记得他来参加我们的一次会议——当时他与何塞一起在巴塞罗那工

① 托马斯・卡莱尔（1975—1881），苏格兰评论作家、历史学家，这句名言摘自他写的《腓特烈大帝传》一书。

作，他抱怨说，欧冠比赛时热身与开球之间的时间间隔太长了。他告诉我要改一改。其实也就长了那么一分钟吧，最多两分钟。但他坚持己见，最终我们更改了时间。这些只是最小的细节，但它们对注重细节者意义重大。何塞也是这样的人。"

对穆里尼奥而言，充分的准备是根本。任何观察过亚历克斯·弗格森爵士的人都会感觉出，他是个喜欢刺激和冒险，喜欢即兴发挥，喜欢大胆换人、拯救局面的人——比如，1999 年在巴塞罗那对阵拜仁慕尼黑的欧冠决赛中，他接连换上泰迪·谢林汉姆①和奥勒·索尔斯克亚②，彻底扭转了危如累卵的局面，取得了一场辉煌的胜利。而穆里尼奥则只愿给偶然一点点机会。"他当然拥有对比赛的直觉，"罗克斯伯格说，"但他更喜欢尽量准备充足。他很擅长分析自己球队的比赛，这一点一定是被范加尔磨炼出来的。何塞自己说，如果你在上半场比赛中观察他，你会看到他拿着个小本子做笔记。只有上半场，下半场他就不这么做了。有些人喜欢做笔记，其他人则使用小型录放机。顺带说，弗格森什么都不做。"当然啦，弗格森为能在脑子里记住一切而深感自豪。"他的记忆力超群，"罗克斯伯格说，"大脑跟照相机一样——因此他擅长猜谜。但何塞喜欢简单写下被他称为'小提示'的东西。半场休息时，他去见球员，此前他会先与助教谈话，并准备好自己想说些什么，这样就能流畅地表达观点了。下半场他不记笔记，因为比赛结束后他不会再与球员谈话了。他觉得那没

---

① 泰迪·谢林汉姆（Teddy Sheringham，1966— ），英格兰前足球运动员，司职前锋，曾效力曼联等球队，为国家队出场 51 次，现执教英乙联赛斯蒂夫尼奇俱乐部。

② 奥勒·索尔斯克亚（Ole Gunnar Solskjær，1973— ），挪威前足球运动员，司职前锋，为国家队出场 67 次，退役后从事教练职业。

用。他更喜欢先离开，事后再分析。”

今天，在技术的帮助下，教练们比从前更频繁地互相交流信息。我问罗克斯伯格，在他举办的论坛中，他是否注意到了这种倾向呢？是否顶级教练们正在变得大同小异，都在宣讲同样的教条？或者穆里尼奥的成就让他与众不同？“这个问题很难回答，”他说，“但我并不觉得他们都一样。他们的侧重点总会有不同。我记得自己参加过一场在巴塞罗那的飓风慈善表演赛，我们的更衣室里都是让人难以置信的天才们。你不管看哪边，都能看到伟大的球员。你可能会想，在这样的层次上，球员们水平都差不多。但他们仍有自己的个性和特点。大卫·贝克汉姆和罗纳尔迪尼奥就全然不同。当环境合宜时，他们可以表现出巅峰水平。至于教练，马尔切洛·里皮的职业记录证明他是一流教练——‘里皮把我们都打败了。’弗格森总爱这么说。但当他执教国米时，他的成绩可不怎么样。不同的才能适合不同的环境，这是化学反应的问题。或许对某个特定的俱乐部而言，何塞·穆里尼奥并不合适。但今天他们都有些相同的工具。他们都拥有那些计算机系统、分析师和专业顾问。他们都有心理学家——好吧，有些人有，有些人没有——也有监测球员体能的工具。但这一切都只是支撑他们的背景。真正重要的是他们如何使用这些工具、他们如何把信息和球员相关联，这是一种如此纤细、脆弱的关系。”

那么，究竟是什么让他们高于旁人呢？

“他们有三重角色。”

三重角色？

“选拔者——教练——经理。”

罗克斯伯格解释说，过去，在职业球队的管理工作还没有像今天那样发展完备、分工科学时，很多顶级教练都很擅长选拔球员、经营球队，他们的训练知识反而相对平平。“现在看看亚历克斯·弗格森、阿尔塞纳·温格或者何塞·穆里尼奥。他们都扮演着三重角色，而且做得很好。他们可以选拔，这可不仅仅是挑选球员、平衡球队的意思。这意味着决定要买哪些球员才能提升球队，还意味着选择你的球探，以及其他幕后工作人员，这样俱乐部才能选出要购买的球员，并发现新的天才。

“然后是‘教练’这个角色，包括训练球员、让他们凝为一个球队。

“‘经理’方面，你必须能处理球员、维持纪律、下达指令，等等。有些人会特别擅长其中某些方面。比如，法比奥·卡佩罗在维持纪律方面格外出色，但他显然也需要扮演三重角色。而在我看来，毫无疑问，何塞能胜任这三种工作。”当然，他们之间有一点不同：卡佩罗在开始教练生涯时已经负有盛名，而穆里尼奥不得不从头开始。但罗克斯伯格强调说，卡佩罗是“好球员难当好教练”这条规律的例外。“我真的认为，大多数顶级教练都是那种不得不思考并努力工作的人，那种善于学习的人。传出好球的能力和传达信息的能力——这可完全不是一回事儿。”

选拔

何塞·穆里尼奥一直对球员和体系独具慧眼，不然，他的球探报告如何能让博比·罗布森爵士如此喜爱呢？更别说路易斯·范加尔也很满意——哪怕他最好的朋友也会觉得他是地球上要求最严苛的教练了。穆里尼奥一旦获得机会，就能毫不浪费时间地做出明智的判断。等待执掌莱里亚队的日子里，他去了巴西，并带回了许多球员，包括德尔雷和马西埃尔，所付的价格远远低于他们后来踢出的身价。在波尔图，他迅速而又物美价廉地重建了球队，并获得奇效。然而切尔西是一种不同的挑战：他有大把预算，而老板对成绩的期待值也与给他的钱成正比。他必须要修补的可不是什么破烂球队，克劳迪奥·拉涅利已经把切尔西带到了英超第二名、欧冠四强。穆里尼奥则以他通常的务实态度开展工作。他给罗曼·阿布拉莫维奇、尤金·特内鲍姆（老板的左膀右臂）以及彼得·肯扬发送了一份报告，写着他想要留下、放弃、获得的球员名单，以及他需要的基础设施——切尔西邋遢的训练场地位于希斯罗机场附近，穆里尼奥得知它在球员中就像个笑话，当他知道漂亮的科巴姆训练基地正在萨里区建设，而且几个星期内就能投入使用时，他放心多了。阿布拉莫维奇在游艇上答应了他的每一条要求。

当时已有报道说，穆里尼奥将回到波尔图，求购他欧冠冠军队伍中的三名球员。他在伦敦开就职新闻发布会时，我问他这些报道是否真实。他摇头，表示或许会从波尔图签一名球员。“我不需要我认识的球员。”他强调道。约翰·特里和弗兰克·兰帕德等英国球员将一如既往担当主力。“我不需要引进一堆老球员来保护自己。当我在巴塞罗那与范加尔共事时，他总是买荷兰球员。我并不想这样。这样做只表明两点：第一，你没有自己以为的那么自信，就像个小男孩总是跟父母一起度假，因为他不敢自己去；第二，如果你只了解自己国家的球员，那你可不怎么专业。”这真是个直接到令人激动的答案，后来他还说过很多这种话，让我们兴奋了好几个月。然而，要是我们早就明白这不过是彻底的废话，大概就不会听得这么开心了。穆里尼奥签下的头七个球员里，有四个都来自葡萄牙；要不是德科拒绝了他的邀请，去了巴塞罗那，这个比例就将是八分之五。即使不算上德科，他也从波尔图签了两名球员——保罗·费雷拉和里卡多·卡瓦略，再加上本菲卡的蒂亚戈·门德斯[①]，和彭拿费尔俱乐部[②]的年轻人，努诺·莫莱斯。每个人都由他的经纪人和密友豪尔赫·门德斯经手，所以这些转会肯定不是心血来潮。这下穆里尼奥说话不算话了。或许，在尔虞我诈的世界里，他相对而言还是个新手，因此在混淆视听的艺术上还不够娴熟，才犯了这个错误。感谢老天，他直到现在也不是特别擅长这个。

"当你接手一家俱乐部时，"热拉尔·霍利尔说，他在为拉斐尔·贝尼特斯让路之前一直监管着利物浦的现代化进程，"你必须建造并维持三支队伍——上场踢球的队伍，没上场踢球的队伍，以及球队背后的队伍。"

第一支球队已经在穆里尼奥的脑海中成型了。卡洛·库迪奇尼仍在队中，而彼得·切赫要从雷恩俱乐部转会而来，对他形成挑战。保罗·费雷拉和里卡多·卡瓦略会加入约翰·特里的防线，克劳德·马克莱莱就站在后卫身前，使防守更加坚固。中场上的其他位置有蒂亚戈、乔·科尔、格雷米·恩吉塔普[③]和阿列克谢·斯梅尔京[④]，达米安·达夫和新星中最令人激动的已经被肯扬确保拿下了。阿尔杨·罗本可以提供宽度。埃杜尔·古德约翰森位置稍稍靠前，

---

① 蒂亚戈·门德斯（Thiago Mendez，1981—　），葡萄牙足球运动员，司职中场，现效力于马德里竞技俱乐部。

② 彭拿费尔俱乐部成立于 1951 年，现于葡超征战。

③ 格雷米·恩吉塔普（Geremi Njitap，1978—　），喀麦隆前足球运动员，司职中场，曾效力皇马、切尔西等球队。

④ 阿列克谢·斯梅尔京（Alexey Smertin，1975—　），俄罗斯前足球运动员，司职中场。

在埃尔南·克雷斯波身后。然而这位阿根廷人恐怕需要被各方面重新评估一番。当球员们在伦敦帝国学院的老训练场集合报道时，克雷斯波没有出现也没有解释——真是惹人注目。穆里尼奥制定的行为和精神指南发给了每个球员，而给克雷斯波准备的那一份无人领取。“从此刻起，每次训练、每场比赛、你的社交生活的每一分钟，都必须集中在赢得冠军这个目标上。”穆里尼奥的指南里写道，并以一句可能改编自基奇纳伯爵的名言结尾：“我需要你的全部。”① 两天后，克雷斯波从南美溜达回来，嘴里嘟囔着关于航班延误的借口。他被叫进了穆里尼奥的办公室。穆里尼奥对他高声讲了番话，问他是否能像其他球员一样，在英格兰安顿下来，担起责任。克雷斯波拒绝了，而后被租借到了米兰，尽管 2005—2006 赛季他还要回来。切尔西毫不迟疑地刷新了他们的转会纪录，付给奥林匹亚马赛队 2400 万英镑，买下迪迪尔·德罗巴代替克雷斯波。

不上场踢球的队伍，即较为次要的球员们，必须在闲置期间也保持动力；穆里尼奥设法把他们清洗掉了。教练最不需要的就是不安现状的球员。但如果这样的球员正处于合同中期，摆脱他们所要付出的代价可能会让人望而生畏。穆里尼奥很幸运，他的俱乐部有钱，能打发走球员。克雷斯波就是个好例子：由于严峻的经济压力，意大利的工资水平下滑，米兰一点儿也不想承担他高达 480 万英镑的年薪。因此切尔西会支付三分之二。要是那个赛季切尔西代替利物浦打进了欧冠决赛，那就意味着切尔西支付给克雷斯波的钱是米兰的两倍，

① 此处指第一次世界大战期间的英国陆军募兵海报，海报上绘有英国陆军大臣基奇纳伯爵的形象，并写着“需要你”。

而这一切只是为了——让克雷斯波与切尔西为敌。他们用类似的条款已经把胡安·塞巴斯蒂安·贝隆[①]租给了国际米兰。马里奥·梅尔奇奥特[②]和耶斯佩尔·格伦夏尔[③]转会伯明翰城；米德尔斯堡买走了吉米·弗洛伊德·哈塞尔巴因克[④]。再加上一些退役的球员和没那么重要的转会，球队终于削减到了穆里尼奥认为可管理的人数：23 名成年球员。考虑到大部分时间都会有那么两到三人处于受伤状态，大概没什么人会为自己的位置抱怨了。如今穆里尼奥手里的每个球员都有相当的为比赛做出贡献的机会，哪怕只是小小的贡献；不会有多余人，不会有人努力却无回报，这正是穆里尼奥最喜欢的执教环境。

至于球队背后的队伍——霍利尔指的正是，穆里尼奥已经把这些人聚集起来了。他准备执教莱里亚时就已经开始组建自己的助教队伍了。在本菲卡不甚愉快的主教练生涯开端过后，他极想验证自己的那套执教方法，但他还是感到自己需要一个“执行者”，一个代他应对球员的人。他妻子建议他选择巴尔特马尔·布里托，这人已与穆里尼奥合作多年。布里托不只是一名助教，更是一位密友。这位巴西人高个子、罗圈腿，曾是个坚韧、可靠但技术有限的中卫，自从他 1981—1982 赛季在里奥艾维为穆里尼奥的父亲效力以来，他们

---

① 胡安·塞巴斯蒂安·贝隆（Juan Sebastian Veron，1975— ），阿根廷前足球运动员，司职中场，绰号“小巫师”，现为拉普拉塔大学生俱乐部主席。

② 马里奥·梅尔奇奥特（Mario Melchiot，1976— ），荷兰前足球运动员，司职右后卫，曾在阿贾克斯、切尔西等球队效力。

③ 耶斯佩尔·格伦夏尔（Jesper Gronkjaer，1977— ），丹麦前足球运动员，司职边锋或影锋，曾为国家队出场 80 次。

④ 吉米·弗洛伊德·哈塞尔巴因克（Jimmy Floyd Hasselbaink，1972— ），荷兰前足球运动员，司职前锋，曾效力马竞、切尔西等球队。

就已经熟识了；记住，当时何塞只是球队里的一个青年队员。布里托是何塞在切尔西的助教之一，但有些助教比其他助教更平等[①]：后来在欧冠比赛中，当穆里尼奥遭到处罚、不能坐在教练席上指挥球队时，似乎正是布里托而非史蒂夫・克拉克管事。不过克拉克显然也已被接纳入了穆里尼奥的团队。这位前切尔西球员是个苏格兰人，是穆里尼奥上任以来留下的少数前朝元老之一。他一开始的职责只是给穆里尼奥展示之前被拉涅利忽略的方方面面，比如青训。作为承上启下者，他是完美的，后来也在西汉姆联和利物浦分别跟随过吉安弗兰科・佐拉和肯尼・达格利什做助教。

下一个人员是鲁伊・法里亚，体能教练，后来在对阵拜仁慕尼黑的比赛中，穆里尼奥让他传达消息，并面对德国的媒体，无意中让他成了众人嘲笑的对象。有个专栏作家说他“幼稚”，另一位则称他是“戴着羊毛帽子的弱智”。但他是穆里尼奥的班子中效力时间最长的一个。穆里尼奥还在巴塞罗那辅佐路易斯・范加尔时，有个来自波尔图体育大学的学生接触了他，希望他帮助自己完成毕业论文。穆里尼奥身为里斯本科技大学相似专业的毕业生，怎么能拒绝这个请求呢？他们相处极好，等穆里尼奥执教莱里亚时，这个学生——当然就是鲁伊・法里亚啦，也被他叫过去了。

希尔维诺・鲁洛是切尔西的守门员教练，之前他在波尔图也做相同的工作。穆里尼奥从莱里亚来到波尔图时结识了他。希尔维诺是塞图巴尔人，在整个团队中，他的职业生涯最为辉煌。他曾作为守门员为葡萄牙国家队出场 23 次，还代表本菲卡两次打入欧冠决赛：1988 年，PSV 埃因霍温点球取胜，他

① 作者化用《动物庄园》的名言：“所有动物生来平等，但有些动物比其他动物更平等。”

的对手汉斯·范布鲁克伦[1]成为英雄；1990年，当时斯文·戈兰·埃里克森是主教练，他们因为弗兰克·里杰卡尔德的进球输给了米兰。像鲁伊·法里亚一样，希尔维诺后来也追随穆里尼奥去了国际米兰，又去了皇马。

安德烈·维拉斯·博阿斯曾在穆里尼奥手下工作，名义上是切尔西的“助理教练兼球探”，却散发着一种与头衔不符的神秘气场。在波尔图，他常被称作“情报头子”。维拉斯·博阿斯是穆里尼奥的探子。他会观看对手的比赛并做出分析，就像穆里尼奥曾经做过的那样，并在比赛前24小时把相关材料汇总分发到球员手中。他同样注重细节，对每个可能登场的对方球员都不吝描述，包括他可能怎样跑动、喜欢左侧还是右侧、喜欢带球还是传球、耐力如何、空中对抗能力的强弱，以及脾气的好坏。维拉斯·博阿斯与年轻时代的穆里尼奥还有一点相同之处：他也立志要做个主教练。踏足伦敦不久之后，他就公开提起过自己的志愿。穆里尼奥不怎么高兴，不许博阿斯再对媒体发言了。或许这是公平的，毕竟公开的发言和情报工作看起来很难搭配在一起。

然而，要是我们打开网页，简单看一眼博阿斯的履历的话，我们肯定会大为景仰。博阿斯的祖母是英国人——由于波尔图是个港口城市，这倒也不稀罕。他曾执教波尔图的青年队，而后在1999年担任维京群岛足协的技术总监——而当时他只有21岁！博比·罗布森爵士还记得他在波尔图生活时的样子。罗布森是波尔图的教练，而博阿斯才十几岁，总是等在这位英国绅士的公寓门口。一开始这个孩子只是想要个签名，或者跟教练聊几句，罗布森同意

---

① 汉斯·范布鲁克伦（Hans van Breukelen，1956— ），荷兰前足球运动员，司职守门员，曾73次代表国家队出战。

了。但随后他就问能不能得到一份工作，与俱乐部员工一起，罗布森只好和蔼可亲地拒绝了他。罗布森执教巴塞罗那时，博阿斯给他写信，再次请求参与到比赛之中。他一定也跟穆里尼奥保持着联系，因为等到穆里尼奥来到波尔图时，他就成为了球队员工的一分子，仿佛要模仿何塞的人生轨迹。他同样是个出色的分析师。像罗布森和范加尔曾信赖穆里尼奥一样，穆里尼奥也信赖博阿斯。或许英属维京群岛的那份工作来得太快了。那里的人也同样记得他。1996 年到 2000 年间，英属维京群岛足协的主席是肯力克・格兰特，他对我说:"博阿斯给出的纸面计划看起来非常有吸引力，因此我们聘用他担任青训总监，同时也担当主教练的助手，周薪 350 美元，外加补贴。但他总是非常安静。他在葡萄牙有特殊待遇，可以与最出色的人物相处，但他从没有真正融入，或专注于这里的工作。他只要一有机会就回葡萄牙。有一次他给我写信要一份介绍信，我说很抱歉，我没办法写给你。他再也没有回来。当我听说他在切尔西这样的顶级球队工作时，我真的很惊讶。"

博阿斯被称作"小穆里尼奥"并不是毫无缘由的，哪怕在他异军突起、开始自己的成功事业之前。当他先前的导师正跟弗兰克・里杰卡尔德生出仇隙时，他已经开始担当重要角色了。

想象一下肯力克・格兰特的惊愕表情吧——2011 年夏天，博阿斯被召回斯坦福桥球场，成为切尔西的主教练。我们不由得回忆起 2005 年切尔西 4 : 2 战胜巴塞罗那时的一个情景，当时博阿斯还只是穆里尼奥的助教：整个斯坦福桥球场都陷入欢欣之中，等待皮埃路易吉・科利纳吹响终场哨、宣判切尔西的胜利。而这时，博阿斯昂首阔步地走向客队休息区，对里杰卡尔德说了什么，把后者惹恼了，但有人劝服里杰卡尔德管住了脾气。巴塞罗那的球员纷纷退场，而博阿斯仍在嘲讽他们，直到萨穆埃尔·埃托奥打了个手势，叫他闭嘴。这时又有一位工作人员及时干预，把埃托奥劝走，但博阿斯依然以胜利者的姿态站立着、睨视着——这绝对不是什么令人愉快的场面。

直到 2008—2009 赛季——穆里尼奥在国米的第一个赛季末，博阿斯都一直是他团队的一员；而后他决定追寻成为俱乐部主教练的梦想（又一次和穆里尼奥一致）。很快他被科英布拉大学俱乐部[①]聘用，这支球队正处于葡超末尾。他带领球队升至排行榜中游，然后，2010 年夏天，他又跟随穆里尼奥的脚步，接管了波尔图。很快，波尔图在超级杯中打败了本菲卡——这项赛事等于葡萄牙版的社区盾比赛；2011 年 4 月 3 日，波尔图在里斯本以 2 ∶ 1 击败本菲卡，确保了联赛冠军。等到波尔图又赢得欧联冠军时，拿他和穆里尼奥进行比较的趋势已经不可避免。接下来，博阿斯也同样得到了阿布拉莫维奇的召唤，前往斯坦福桥。

穆里尼奥执教切尔西时，他要求球员们尊重自己的每个助教，从低调的布里托到年轻的博阿斯都不例外。在巴塞罗那时，他也曾得到范加尔同样的礼遇，因此他对这个要求很坚持。穆里尼奥笔记本电脑里藏着的“圣经”——他的执教准则中，第一条要求就明确指出，没有任何个体比俱乐部更重要（每位仁慈的独裁者都会觉得这个信条很棒），球队背后的团队有自己的地位。每个在场上或在团队里的人都是他所信任的。对于他的“方法论”来说，信任是最基础的要素。然而，刚刚抵达斯坦福桥时，他需要能信任自己的场上的指挥

① 科英布拉大学俱乐部是一支位于科英布拉的葡萄牙足球队，现在葡超联赛中征战。

官，因此选择队长将是关键的一步。

拉涅利执教时，马塞尔·德塞利[①]是切尔西队长，而当这位伟大却略显老迈的法国后卫轮休时，约翰·特里代居其位。就在穆里尼奥入主之前，德塞利退役了。切尔西飞往美国进行季前巡回赛时，特里只有23岁，却已经代替里奥·费迪南德的位置，成为英格兰队的一员；欧洲杯比赛中，在斯文·戈兰·埃里克森手下，他与索尔·坎贝尔搭档，表现出色。但穆里尼奥心中队长的第一人选是弗兰克·兰帕德，他认为兰帕德是个更有头脑的球员。然而，球队飞跃大西洋时，他挨个儿询问了球员们，大家都觉得特里该获得袖标。于是，穆里尼奥去坐到特里身边，而决定就这样做出了。“他告诉我，他希望我能做一个怎样的队长。”特里说，“他说，在训练场上和其他每个方面，他想要我能站出来说话；比赛中，他想要我把他的意思传达给球员们。”这一决定影响深远，并造就了一个团结而有活力的更衣室。穆里尼奥听从了更衣室的意见，选择了正确的队长，直到赛季末时，全英国的球员们都认可了这样的决定，并把特里选为英格兰球员公会的足球先生。

好吧，如今穆里尼奥已经给这支精干的球队选出了一位强劲的领导者，接下来就得给他们找个合适的战术体系了。在波尔图，他偏爱紧密的菱形中场：4-4-2 阵型，不设边锋。至少，波尔图在欧冠比赛中面对如皇马或曼联这样球员个体能力更强的球队时，他是这么干的。有时对阵葡萄牙国内的弱小球队时，他也会换个阵型。关于在欧冠中改变阵型的需要，他是这么解释的：“为

---

① 马塞尔·德塞利（Marcel Dessailly，1968— ），法国前足球运动员，司职后卫，曾效力米兰、切尔西等俱乐部，1998 年随国家队赢得世界杯。

了赢球，我们需要以某种特定方式行事。如果你有一辆法拉利，而我只有辆小车，想要在赛车中赢你，我就得扎爆你的车胎，或者在你的油箱里加糖。”

刚到切尔西时，他似乎还得对付手里的小车。“他们一开始仍采用菱形中场，人们都说这球队踢得没劲。”大卫·莫耶斯回忆道。他执教的埃弗顿每次都以 0 ：1 输给切尔西。9 场英超比赛后，穆里尼奥的球队只进了 8 个球。但当时他们没有阿尔杨·罗本，他因伤延迟入队，而他一回来就改变了一切。在下面的 9 场比赛中，他们进了 29 个球，并建立了一个新体系。“我不知道他是碰巧搞出了新体系还是怎样，”莫耶斯说，“但好的教练都是这样的。他们会找到一个适合球员的体系。罗本和达米安·达夫各处一侧，他们有了两位顶级边锋。就这样，穆里尼奥发展了 4-3-3 的阵型。”

比赛形势需要什么，穆里尼奥就能提供什么，这在欧冠联赛中尤为明显：对阵巴塞罗那，他使用闪电般的防守反击；对阵拜仁，就后场起高球给迪迪尔·德罗巴，他是科特迪瓦人，踢球风格却像个老式英式中锋。英超联赛中，西伦敦德比一战见证了穆里尼奥大胆的举措：富勒姆在斯坦福桥球场打进扳平一球，然后他派罗本上场，让达夫去踢左后卫，这意味着切尔西足足有 6 个攻击手在场上，而此时距比赛结束还有整整 45 分钟。但没过 10 分钟，达夫就带球冲刺向前，把球传给罗本，而后罗本又完美地转移给兰帕德，后者破门得分。然后，穆里尼奥再次调整了阵型，用中场球员蒂亚戈换下德罗巴。最终切尔西以 3 ：1 取胜。

补锅匠拉涅利执教时总是修修补补；现在这位教练则真正有了战术上的洞察力。只有与利物浦的那场欧冠比赛中，穆里尼奥没能找出方法解决切尔西的艰难处境，或许他精神上的迟钝也是失利的重要原因，毕竟就在第二回合比赛三天之前，他们刚刚在博尔顿确保了英超冠军，而切尔西本赛季的欧冠之路就这样终结了。当他可以选择时，他的选择都很明智；但时也命也，穆里尼奥也并非总能把握最佳时机。

执教

大卫·莫耶斯忽然笑了起来。“穆里尼奥所做的一切，”这位前埃弗顿教练说，“就是让执教变得性感。”其实莫耶斯指的倒不是这位对手的好模样，而是说他喜欢用美妙的词句来描述他的方法。有个很棒的用词是“引导发现”，穆里尼奥的意思是说，对付达到某个水准的球员，要循循善诱，让他们有所收获，而不是简单粗暴地告诉他们该做什么。这是他在巴塞罗那学到的方法之一，斯文－戈兰·埃里克森尤其赞同他的观点。不过，约翰·特里告诉我们说，有时候他也不过是对着切尔西球员们咆哮：“嗨，别犯傻！”

执教切尔西不久，穆里尼奥接受了安迪·罗克斯伯格为欧足联的教练杂志做的一次采访，他把自己的教练风格描述为灵活的、充满发展的。“我今天的风格与五年前完全不同。”他说，但他非常强调球员在训练中的付出。“我一直很幸运，在训练中心总是拥有不止一处场地，”他说，“因此我可以更好地准备训练课程，可以在不同状态间转换，时而有效工作，时而休息。我们追求短期内的训练质量和强度。无论在葡萄牙、英格兰还是西班牙，只要训练安排完善、严肃，球员们就会有工作的动力，因为他们知道训练的意义所在。”

“20 世纪 80 年代末，我完成学业后前往苏格兰，当时你（指罗克斯伯格）让我从另一个角度来思考方法论，你使用小场比赛来改善技术、战术和体能训练，这是一种有全局观的训练法。我总是相信全局的作用。我的体能教练一直和我共同研究战术体系，并对时间、距离和空间提出建议。我想要发展比赛的战术：如何压迫对方、何时压迫、球权转换、控球、站位。战术之后还有别的问题：生理和心理都是训练的一部分。当我们感到球员的需要时，个体训练就此结束。通常，我们需要根据球员的状态和上场时间，把他们分成小组。工作的重点永远是战术方面的。”

好吧，执教也并不总是那么性感，但切尔西球员都发誓，他们热爱与穆里尼奥一起进行的生气勃勃的训练工作，当然还有他身边的鲁伊·法里亚。球员们不惮于公开赞美，比如约翰·特里就说：“每天的训练都很让人享受，你也能学到很多。”但他们私下所说的话才是最好的证明。关于穆里尼奥的首个赛季有许多轶事为证：前阿森纳前锋伊恩·赖特①说过，连一队的边缘球员们都曾告诉他，他们很享受训练，他认为“这真是个重大成就”。热拉尔·霍利尔在执教利物浦后曾担任法国电视台的英伦足球分析专家，因此他一直密切关注着英超联赛。他对我说：“相信我，球员们真的热爱穆里尼奥的执教方式和人员管理方式。”显然，这两个人的话可以相互印证，也与公众的认知相符。

在特拉维夫，穆里尼奥对听众们说：“伟大的钢琴家不会围着钢琴跑，也不会用手指尖做俯卧撑；他们必须弹奏钢琴才能称之为伟大。他要终生奉献于演奏钢琴之事。而伟大的足球运动员不能仅仅跑步、做俯卧撑或者做体能训练。成为伟大足球运动员的最好方式，就是踢球。”随后他又补充道，一个好

① 伊恩·赖特（Ian Wright，1963— ），英格兰前足球运动员，司职前锋，曾效力于阿森纳等球队，退役后进入娱乐圈。

教练懂得必须比足球本身更多。“他必须是一个领导者，一个头脑清晰、思路一致的领导者。他必须让手下的每个球员感觉自己很重要，而非很渺小。”一支简洁的球队对此很有帮助。

从穆里尼奥的战术纲领中，我们可以清晰地看到巴塞罗那的路易斯·范加尔留下的痕迹——控球和阵地战一直是范加尔式足球的支柱；但这位荷兰人注意到了他们哲学中的一点分歧。“他更相信防守，而非进攻。”范加尔说，“我认为我们必须让观众愉快，因此我的哲学永远是——进攻足球。他的哲学则是赢球！差别就在这里。”2010 年，当穆里尼奥带领的国际米兰在欧冠决赛中击败范加尔的拜仁慕尼黑时，获胜者是穆里尼奥。但范加尔所说的话并不意味着穆里尼奥是个庸俗的家伙。尽管穆里尼奥笃信准备工作，他仍不厌其烦地否认所谓他认为足球是科学多于艺术的一门运动的说法；事实上，像多数教练一样，他认为足球是科学与艺术的结合（你总不能指责他在皇马期间压抑了梅苏特·厄齐尔或者克里斯蒂亚诺·罗纳尔多的天赋吧？）但他从不在不必要的花哨上花费时间。关于他的执教风格，一个备受称赞的例子是乔·科尔：在切尔西期间，穆里尼奥剪除了他华而不实的踢球风格，让他成长为英格兰队的常客和有效率的一员，直到伤病遮蔽了他的光芒。

穆里尼奥在切尔西的头几个月里，乔·科尔的花招总是让他勃然大怒。这个伦敦人曾是西汉姆联队里的年轻男孩，他似乎总是执着地想要证明自己早年的声誉——说他是新的乔治·贝斯特，是英格兰队中能比得上迭戈·马拉多纳的球员，还有其他那些可疑的理论。科尔是个非常有天赋的中场技师，但却不怎么懂得团队协作的道理。倒不是说他不想合作，他只是不太知道该怎么做，而且容易走神。2003 年夏天，切尔西花了近 700 万英镑把他买来，但科尔的表现无法让克劳迪奥·拉涅利把他放入首发阵容之中；在意大利人手下，他一半时间都是替补出场。穆里尼奥清洗掉了科尔在创造力方面的某些竞争者，尤其是胡安·塞巴斯蒂安·贝隆，而不走运的斯科特·帕克①也因伤病难以出场，于是科尔获得了机会，但他很快被达米安·达夫抢去了位置。到了十月初，主场对阵利物浦时，科尔替补上场，打入全场唯一进球，而后穆里尼奥暗示了让他坐板凳的原因："乔进球后，比赛对他而言就结束了。我需要 11 个球员参与防守，但我只有 10 个。乔有两张面孔：一张很美，另一张，我不喜欢。"

近六个月后，科尔被选入国家队首发阵容，在世界杯预选赛中对阵北爱尔兰队，比赛地点是老特拉福德球场。英格兰以 4 ：0 取胜，科尔打入了漂亮的第一球：他摆脱了防守球员，控制好力道，把球踢进迈克·泰勒左边的死角，表现出的成熟态度令人印象深刻。"他终于明白了，"斯文·戈兰·埃里克森说，"足球不仅仅是漂亮的花招——更重要的是搞清楚什么时候亮出花招。我认为他今天没有一次因为愚蠢的站位而丢球，而从前这个问题很严重。他表明他能战胜对手，这正是你希望他做到的，而他战胜的方式又如此简单；他还表明了，他可以防守。"简单地说，科尔终于从华而不实的炫技者变成了世界级球员，而且他毫不犹豫地感谢了穆里尼奥。

"他是第一个真正注意到我和我的比赛的人，"科尔宣称道，"真的，他对我的职业生涯有着巨大的影响。我总是听他的话，他可是欧洲冠军。"穆里尼奥在对阵利物浦之后给他的公开警告也自有其作用。"他说的话让我充分意识

① 斯科特·帕克（Scott Parker，1980— ），英格兰足球运动员，司职中场，现在效力于富勒姆俱乐部。

到问题的严重性，我知道我该做什么了。他的批评总是很有建设性的。他会让我坐下，跟我谈我的踢球方式，以及他想让我做什么。他的战术很先进，让我真的去思考战术方面的事情。我一直在进步着，并且还能做得更好。”

德科是穆里尼奥引导球员自我发现的另一个受益者。在波尔图成功赢得欧冠的后期赛程中，我总是会想到，这是一支多么有纪律的队伍，居然能与阿里戈·萨基缔造的米兰，或者——我努力寻找下一个范例时，倒是想起了一支英超球队——乔治·格拉汉姆的阿森纳相比。这些球队都是由极富创造力的球员组成的，而穆里尼奥也认同天赋的重要性，因此使用德科作为关键球员。德科极具天赋，而最关键的是，他不会一味等着球到他脚下；他努力试探、对抗，直到打开局面。总之，用格拉汉姆最喜欢的词来说，他“很有用”。“穆里尼奥很特别，”德科曾说，“因为很少有人像他一样，能改变球员的精神力。他没有改变我踢球的方式；他只是让我变得更好。他让我思考得更多。”德科生长于巴西，由于在穆里尼奥手下发展极佳，葡萄牙希望归化他。2003 年欧联杯决赛之前不久，他首次为葡萄牙国家队出场：葡萄牙坐镇主场迎战巴西队，他打入了唯一进球。德科的生活很像一部童话：在巴塞罗那效力时，他甚至克服了欧冠中败给切尔西的失望之情，而后收获了西甲冠军，达到了在诺坎普首个赛季的高潮。

另一位富有才华的球员是阿布代·萨塔尔·萨布里①，一个埃及球员，在葡萄牙被简单称为萨布里。2000 年 9 月，穆里尼奥入主本菲卡时，他正在队中。他很受球迷欢迎。尽管技术高超，经常在重要比赛中进球，萨布里可没有什么团

① 阿布代·萨塔尔·萨布里（Abdel Sattar Sabry，1974— ），埃及前足球运动员，司职中场，曾为国家队出场 70 次。

队足球的意识。他像是乔·科尔的未改良版本，在缺乏合作精神方面更胜一筹。他反对穆里尼奥让他踢左边的决定，甚至把自己的想法告诉了一家报纸，他说他想在中锋身后做一个自由人。穆里尼奥公开做出了回应。他说萨布里总是丢球，并举了一场与贝伦人球队的德比为例，在这次比赛中，萨布里丢球太多，导致本菲卡在16分钟内遭遇了5次反击。“一名10号球员，”穆里尼奥继续说，他指的是进攻核心球员，即德科扮演的角色，“必须展示出很高的战术水平，才能完美地衔接起防守和攻击，但绝不是衔接起对手的防守和攻击。”好像这些话对萨布里的自我认知的打击还不够似的，穆里尼奥又补充说：“他总是越位；哦，还有，他进的球也不够多。”随着事态发展，穆里尼奥滚蛋了，萨布里留在队中，至少暂时如此。两年之后，穆里尼奥执教波尔图，德科迅速成长，即将登上国际舞台，而萨布里则去了阿多玛拉之星队，职业生涯中再没什么值得庆贺的事，除了一场打赢的官司以外：本菲卡需要掏腰包付给他拖欠的20万英镑工资。

穆里尼奥对不情愿学习的球员毫无兴趣，而切尔西球员的高素质则帮助他的执教生涯立竿见影。即使在联赛杯决赛中，他的信念也得到了有效的执行。这个赛季早些时候，斯科特·帕克曾提到过：“我们做了更多的有球训练，比赛时注重控球。”这就是穆里尼奥“带球休息”的理念，他将之描述为“为控球而控球”，因为如果是你的球队而非对方掌控着足球，那么休息起来才更安全。当他还执教波尔图时，一位对方教练在赛后赞美了穆里尼奥，说他自己的球员下场时从来没有这么疲惫过。在卡迪夫，切尔西用这样的巧计让利物浦长时间疲于奔命，赛后特里评价道：“我们看出来他们腿都软了。”

在欧冠比赛中对阵巴塞罗那时，切尔西在防守反击的攻守两方面都做得十分出色。当安迪·罗克斯伯格问穆里尼奥，他在现代足球中是否注意到什么趋势时，他答道:“球权转换变得至关重要。当对手有效地组织起防守时，我们就很难进球;而对方失去球权的瞬间，则是利用他们失位的好机会。同样，当我们失掉球权时，我们必须立刻做出反应。训练时，有时我会安排至少五名球员防守，因此当我们在正式比赛中丢掉球权时，就仍能保持有效的防守阵型。球员们必须学会阅读比赛——何时压迫，何时回到防守位置上。每个人都说配合进攻能赢下多数比赛，但我认为，球权转换才是关键。”

穆里尼奥肯定会欣赏大卫·莫耶斯对切尔西的评论:“这是一支聪明的球队。”前埃弗顿教练指的是二月份时两队在古迪逊公园球场的比赛，埃弗顿一方的詹姆斯·比蒂因为用头顶了威廉·加拉斯而早早被罚下场。“很有趣，”莫耶斯说，“我们没法从他们脚下抢来球。他们完全不犯错误，连任意球的机会也不给我们。我们做了一切努力，想要利用一次界外球、角球或者任意球重新掌控比赛，这样就可以争取球权，毕竟我们只有十个球员，这是最好的机会。但他们一点儿机会也不给，我还记得当时自己想道:多聪明的一支球队啊。”我还告诉了莫耶斯一件穆里尼奥的作为，他也认为这十分聪明，但那件事毕竟是管理方面，而非执教方面的，因此我们先不提它吧。然而，执教与管理确实相互融合，不可分割。

这种大局观真是富有感染力，对不对?

管理

在埃弗顿主场的比赛让穆里尼奥意识到一个问题。切尔西已经领跑英超长达三个月了——自从在斯坦福桥球场击败埃弗顿以来；阿森纳还没有从他们在老特拉福德球场遭到的打击中恢复元气，但曼联仍是个有竞争力的对手。切尔西带着9分优势前往默西塞德郡，而第二天，曼联与曼城打了一场曼市德比。詹姆斯·比蒂被罚下场，这似乎正是切尔西想要的，但突破一支遭到打击的球队也并不总是那么容易——穆里尼奥这样告诉我们。去巴塞罗那之前，他告诉某个提问者说，像这种时候，当联赛的领头羊可没那么舒服。他沮丧地微笑了。“或许你们不相信，”他说，“但与埃弗顿那场比赛的上半场快要结束时，大概是第30到45分钟之间吧，我感到球员过于急迫了：对手只余十人，他们想要进球，反而丢掉了阵型。”

然后他想出了一种让球员们摆脱心理负担的方法，迈进了更衣室。“我告诉他们自然地比赛，不要强求，因为拿到1分也很好，没什么问题。‘就算我们丢了两分，’我说，‘哪怕曼联明天赢了，我们也依然领先7分呢。别有压力，顺其自然吧。’我没有做任何人员调整，我没有对他们大吼大叫。我只是提醒他们9分的优势，然后说：‘如果我们能进球，就进球；如果不能进，就算了。’”此时他停顿了一下。“我太想进球了！”埃杜尔·古德约翰森渴望地说。然后切尔西拿到了3分。曼联呢，尽管他们为客场战胜了曼城而松了口气——毕竟从埃弗顿的状态来看，那个周末真是里程碑一般——却只能为第二名的位置斗争了。而莫耶斯知道了穆里尼奥对球员的讲话之后，他怎么想呢？——“了不起的管理方式。”

管理总是和心理学息息相关，而穆里尼奥一直都在自己的球员身上使用心理学的小花招。带领本菲卡参加与里斯本竞技的同城德比之前几天——后来我们才知道，那就是他在本菲卡的最后一战了——他决定放纵自己一下，去看一场网球大师杯比赛，当年这项赛事正在里斯本举行。他与助理卡洛斯·莫泽尔[①]一同前往，并看到了竞技的球员悠闲地漫步在观战的人群中，于是他当即决定要把自己所见到的化为优势。他对莫泽尔说，他要给球队“下药”，告诉他们竞技的球员们显然已经信心满满，要碾碎本菲卡了，因此连备战都免了，整整一周都跑去看网球比赛。不用说，他极大地夸张了事实，后来也承认了自己的夸张；他只是给事实加了点料，就让球员们愈发渴望在德比中取胜，最终以 3 ： 0 赢得了比赛。

没有任何轻蔑的情感——无论是真实存在的，还是想象出来的，在穆里尼奥看来是不能被利用的。多数教练都会做同样的事情，但很少有人能做到穆里尼奥这样的效果。亚历克斯·弗格森爵士就是个典型。这位苏格兰教练的第一份正经工作在阿伯丁，当时他就利用了这座城市远离格拉斯哥的地理位置，让球员们更加团结一心，对抗格拉斯哥的苏超统治者——流浪者和凯尔特人队；等他执掌曼联之后，也试图采取类似的方法，尽管这支俱乐部是当地最受欢迎的。他引导球员们相信，每个人，包括那些对比赛有权威影响的人，都想要把他们打倒，或者至少极想看到他们失败。等他和穆里尼奥在欧冠中碰面时，他们正是同一类人。后来切尔西已大幅领先，只差领取英超冠军时，穆里尼奥承认自己使用了类似的战术——或者说，差不多是承认了。他所说的是，他对批评者们采取了一种“心理战”，因为那些人在赛季初一直说他的球队“无趣”。“或许批评会让我们更强大。我们要把自己保护起来，在躯壳里变得更强。我

① 卡洛斯·莫泽尔（Carlos Mozer，1960— ），巴西前足球运动员，司职中后卫，曾效力于马赛、本菲卡等球队。

们会经历痛苦，然后到达更美好的阶段。”而球队一旦登顶，就一直保持了强大。“我们总是看报纸、看电视，每天都有头条新闻说，切尔西只是昙花一现，阿森纳会回到榜首，曼联将震惊世界，切尔西会在北方丢分，切尔西会在南方丢分……整整一个赛季！我们不得不强大起来。”我想象着他在球队的酒店中彻夜不眠，小心翼翼地把所有赞美之词都从报纸上裁掉，省得球员读到它们，在欢乐中变得软弱。

接下来要谈到穆里尼奥的管理中最不寻常的一面，而这正是他黏合球队的手段。他完全蔑视所谓最平易近人的教练也要和球员保持一定距离的惯例，总是表现得像球队中的一员——第十二人。特别值得注意的是他在切尔西时的表现。庆祝对巴萨的胜利时，他跑上球场，旋转着右臂，紧握拳头，那件著名的灰色外套在身后飘扬；然而，为了防止你们误以为他彻底放松下来，我必须补充说明，他的左手还死死按在口袋里，抓着手机呢。然后，穆里尼奥像个球员一样跳上了他的队长——约翰·特里宽阔的后背。伟大的人类观察学家，同时也是疯狂的球迷的德斯蒙德·莫利斯让我注意到了这一点。“我再也想不出另外哪个教练会这样放纵自己了，”他说，“如果大块头的朗·阿特金森①这么做，他肯定会把那可怜孩子的后背压断啦！”但莫利斯有句话说得有道理：“穆里尼奥的两条腿都离地了。这是一种我从未在足球教练中见到的肢体语言；这意味着他认为自己是球员中的一个。”更重要的是，他参与了切尔西一些最疯狂的庆祝活动——这个特殊的人和他的球员们一起疯狂庆祝，看起来简直是

① 朗·阿特金森（Ron Atkinson，1939— ），英格兰前足球运动员，退役后开始教练生涯，曾执教曼联、马竞等球队，如今是著名的球评家。

再自然不过的。正如伊恩·赖特所说:“如果另一位教练拥抱他的球员，他们肯定会显得死板、畏缩又尴尬。但你能看出穆里尼奥与球队之间战友般的感情。他们对彼此有深厚的尊重。你能看出，他们真的爱他。”

爱?

我觉得这个词可能太重了。于是我决定去问一个没那么容易兴奋，也更成熟的足球从业者，问问他的印象。“不重，”热拉尔·霍利尔说，“这是真的。他和球员之间有种同谋般的感情。他们不仅仅是喜欢何塞，他们爱他。”而他也爱他们，你可以从他赛后的举动中看出来。他们彼此相爱，随着球队一路朝冠军奔去，他与球员们越来越喜欢亲吻彼此，这种爱就越来越明显了。

欧冠主场与利物浦打成平局后，一幅关于克劳德·马克莱莱的画面出现在媒体上，他的脸被特里的双臂遮挡着，看不清楚;特里弯下身子，在马克莱莱的头顶响亮而真诚地吻了一下。马克莱莱的左臂紧紧环抱着队长的腰。球员们总是这样做。但他们通常是笑着这样做的。虽然在穆里尼奥的切尔西，有些感情的表露过于明显，甚至有点儿让人恶心，但我仍要承认，他们的情谊激起了我的好奇心，想知道身处这样富有激情的团队里是什么感觉，尤其是面对着取得的所有成绩时。这些球员被引导着彼此信任，整个2004—2005赛季中，通过天空电视台的直播，我们能看到赛前球员通道内的景象——每一次，特里总是转头望向他的队友们，而大家显然分享了他的信念:我们不会输球。特里与穆里尼奥的友谊对比赛的重要性是不可否认的。三月时，这位队长声明道:“我们的每一点成绩都是教练的功劳。他努力工作，他自己和他的团队都是这样。在球场上，我们为彼此奋战，但在内心深处，这一切都是为了他。他是最好的，我们相信他是最好的，很幸运能拥有他。关于这个男人的一切都是超一流的。”

穆里尼奥直截了当地完成了团结切尔西更衣室的工作。他直率地告诉媒体，小团体是行不通的。“你去某个球队，或许你就会发现一个说英语的角落，一个说法语的角落，甚至在某些俱乐部，还有挤满黑人球员的角落。我可不喜欢这种事。这行不通。”一定要有一种通用语。“如果你跟我同桌吃早饭，而我一直说葡萄牙语，你可以转身离去，说：‘抱歉，你滚蛋吧，我不会跟你一起坐了。’通用语只能是英语。如果球员加入俱乐部时说得不够流利，他们就得学。”球员们很快发现了其中的原因之一。穆里尼奥声称，赛前最后一次讲话不会由他口里说出，而是要球员发表演讲。在对阵拜仁慕尼黑之前，穆里尼奥遭到禁赛，年轻的德国后卫罗伯特·胡特说：“我们在赛前两小时跟他开了个会，然后，每个人就都得照看好自己了，因为我们有不同的准备要做。然后我们去热身，但并不是说教练会发表赛前演讲。他会让我们当中的某个人给球队鼓劲。我们当天会选出负责鼓劲的人。”他说的“我们”指的是球员和工作人员：通常是史蒂夫·克拉克做最终决定。

穆里尼奥告诉球员们，他们不可战胜，千万别忘了这一点，因为成功的球队不畏失败。这种毫无意义的声明通常是从美国的体育教练们那里抄来的，它们的魅力常常为局外人所忽视，但对于球员们则极少是无用功。切尔西的球员们被告知，波尔图就曾无所畏惧；考虑到波尔图的成就，这种保证够有用了。当他们注定要在欧冠中与巴萨碰面时，特里说：“一开始你会觉得‘对手真强’，是的，他们的确很强大，但如果你们也有个教练，每天对你们说你们才是最棒的，再也没有哪支球队比你们更强，球员就会受到影响，我们最终会相信他的话。”兰帕德补充说，穆里尼奥有把他“超凡的自信心”传染给每个球员的诀窍。

他对纸和笔有种少见的偏爱。他在执教生涯中所做的一切，从第一天在塞图巴尔维多利亚俱乐部教导青年队开始，都被他记在了笔记本上，留存下来。这倒不是什么独一无二的特点。大卫·莫耶斯告诉我:“我写下了每个合作过的教练所做过的一切，旁边加上了我自己的主意，比如‘我不该把中前卫放在这儿’之类的。即使现在，我的助教（当时是阿兰·埃尔文[①]）也写下我们在埃弗顿所做的一切。我可以告诉你三年前的训练日程！但何塞，我得说，他以某种方式让笔墨听起来很性感。”

他有让替补球员上场时给其他人带小纸条的习惯，这个习惯吸引了葡萄牙观众，摄像机纷纷拉近镜头，只为了捕捉到一点这样的光景。在英格兰，他延续了这一习惯。与埃弗顿比赛时，吉里·雅罗西克[②]把写在纸上的指示带给了蒂亚戈，而裁判监督凯斯·哈克特[③]事后被询问道，这样的举动是否允许？“允许的，”被逗乐了的哈克特说，“法规上没有哪一条不允许这么做。当然，要是替补球员把圣诞礼物篮子带上球场，那可就是另一回事了。”然而，对于穆里尼奥而言，这些小纸条都有严肃的目的。波尔图的欧冠决赛中，迪米特里·阿列尼切夫上场前，穆里尼奥给他展示了配图的教程。当罗克斯伯格被问及此事时，他说:“何塞非常聪明，他知道哪些球员可以看懂文字，而哪些

---

① 阿兰·埃尔文（Alan Irvine，1958— ），苏格兰前足球运动员，司职边锋，退役后担任教练，曾执教西布朗等球队。

② 吉里·雅罗西克（Jiří Jarošík，1977— ），捷克足球运动员，司职后卫，曾效力切尔西、萨拉戈萨等球队。

③ 凯斯·哈克特（Keith Hackett，1944— ），英格兰前裁判，被认为是史上最伟大的100名足球裁判之一。

球员还是更适合看图。”

他是个要亲自动手的教练——这是理解他的关键。在葡萄牙时，有一次他被禁赛了——根据葡萄牙的规矩，被禁赛的教练可以在中场休息时对球员讲话——波尔图正客场对阵本地死敌博维斯塔队[1]，而他在楼梯口处被安保人员拦住了。但他只是拿起了手机；球员们听见他令人安心的声音，通过手机喇叭传来——他的一名助理富有先见之明地把它带进了更衣室。欧联杯半决赛第二回合，波尔图客场对阵拉齐奥，他同样被禁赛了，于是他给板凳上的球员发短信。有一条这么说："告诉德科，我气疯了——他得更努力。"另一条是："给边裁施压，每个人都去。"后一条证实了穆里尼奥是个心理学方面的斗士，然而这种事几乎是实际执教中每个教练都在做的，他们都会命令球员给比赛官员施加压力，希望迟早能获得有利己方的判决。让他与其他教练不同的是，与拉齐奥的第一回合比赛中，他竟然亲自从休息区出击，阻碍对方球员卢卡斯·卡斯特罗曼快发边线球。最终波尔图 4 ： 1 取胜，但他在罗马被禁赛了。比赛结果是 0 ： 0。罗克斯伯格想到这次禁赛对他打击有多大，不禁笑了起来。"后来，何塞来参加我们欧足联的一次会议，显然这事儿还让他很不爽呢。不是说他怨恨那张红牌。'我活该，'他说，'裁判完全没错，我的所作所为没有借口。'毕竟这些家伙的共同特点，就是能粗暴而诚实地面对自己。但何塞继续说，这件事完全是个天大的耻辱：他不但不能坐在休息区，甚至半场时也不能进更衣室。他对此感到极为愤怒。其他很多人，包括弗格森、温格这样的人都

---

[1] 博维斯塔足球俱乐部是一家位于波尔图的葡萄牙球队，是波尔图队的同城死敌，现征战于葡超联赛。

在听他讲话，有些人在点头，大概觉得他说得有道理。教练们自然都会觉得他有道理啦。于是我把这件事告诉欧足联。但他们认为，被禁赛的教练就该被禁止在比赛中对球员做任何指导。”穆里尼奥或许输了这一阵，但他在下一次被禁赛时——就是说，切尔西遭遇拜仁的两回合比赛中——的滑稽举动，显然证明他不肯轻易认输。

穆里尼奥对待球员的方式也有了变化。在本菲卡，他手下有萨布里，命运将给这位球员带来许多失望；还有马尼切，曾在训练中不听指挥，因此被赶到替补席上，但两周后又成了球队队长，并跟着穆里尼奥在波尔图拿到了两次欧洲冠军。但你肯定没听说过切尔西的训练场上有什么严厉的手段，至少对球员没有。在切尔西，教练本人几乎就是球队一员。他们系鞋带时，穆里尼奥就讲述自己执教生涯中的趣事，态度简直像个球员。如果他不得不态度强硬一点，他也不会犹豫，就像对待阿德里安·穆图那样，但别的教练总会和球员们保持一定距离，这种距离感在他身上完全没有。在赛场上，情况也差不多，大家赛后庆祝胜利时，陌生人恐怕只能根据穆里尼奥身上穿的开司米大衣才能认出，他不是蒂亚戈，也不是其他哪个球员呢。

根据德斯蒙德·莫利斯的看法，这种现象与足球的发展有关。莫利斯与足球相伴日久。他写了《裸猿》《人类动物园》，还有许多研究人类和其他动物的流行著作，同时，他也看了70多年球赛。20世纪80年代，罗伯特·马克斯维尔资助的牛津联俱乐部①一路崛起、升上顶级联赛时，他正是球队的总监。

---

① 罗伯特·马克斯维尔（Robert Maxwell，1923—1991），英国媒体大亨、国会议员，犹太人，生前曾拥有《每日镜报》。牛津联足球俱乐部位于牛津市，成立于1893年，现征战于英乙联赛。

“曾经有段时间，”他说，“队长是个重要的角色。现代足球中，队长的作用却近乎不存在了；教练代替了队长，负责引领球队，通过电视、广播或其他媒体与公众交流，成了球队的代表人物。教练必须是个演员，而好的教练总要支持他的球队。然而与其他教练相比，穆里尼奥与自己的球队在感情上联系得更紧密。他充满激情地与他们融为一体。在他的想象中，他就在场上跟球员一起踢球。他真的是球队的第十二人。保持距离？不，他没觉得有必要这么做。他跑上球场，与球员一起庆祝，这让他与众不同。你肯定难以想象亚历克斯·弗格森跳上球员的后背吧，或者阿尔塞纳·温格。所以我不太同意那种认为穆里尼奥像是球员的父亲的观点。他更像个大哥哥，或者帮派老大。”

然而，球员间仍对穆里尼奥满怀崇敬。“他跟谁都开玩笑，”弗兰克·兰帕德说，“但与此同时，你跟他还是会有点小心翼翼。”或许他们和罗克斯伯格的感受一样，后者一直能看出，在穆里尼奥充满领导魅力的背面，还藏着想要做出无情决定的觉悟。“这也是管理的要素之一，”罗克斯伯格说，“弗格森一直有这种觉悟。他个人或许很喜欢你，但同时也能做出伤害你的决定。”说到弗格森，大家总会想到他抛弃吉姆·雷顿①的时候：他们同在阿伯丁的最好岁月里，雷顿尽忠职守地为弗格森把守大门，然后跟随他去了曼联，却在1990年的足总杯决赛中表现失利，导致曼联与水晶宫3：3战平。五天后，决赛重踢时，他已经失去了首发位置。曼联1：0赢下决赛，而雷顿的职业生涯就此走了下坡路，虽然等他回到苏格兰后，他又重新振作，直到40岁还为国家

① 吉姆·雷顿（Jim Leighton，1958— ），苏格兰前足球运动员，司职守门员，曾代表国家队出场91次。

队效力，创下了苏格兰队的纪录。罗克斯伯格说，穆里尼奥同样能分割私人感情和球队的利益，我们可以想见，要是谁走上了阿德里安·穆图的老路，让他失望，后果一定很严重。这种毫不留情的品质同样展现在迅速重建波尔图的过程中；或许他是跟范加尔学来的，毕竟后者抛弃了里瓦尔多。“不，这是天生的，”罗克斯伯格说，“或许他与路易斯一起工作时，无情的品质增强了，但我认为它一直都藏在他的心里。”

管理中最激动人心的部分恰恰需要管理者迅速做出艰难的决定。我们看到的是比赛，然而冰山之下还有许多故事。博比·罗布森爵士就有一段相关的故事，他在罗克斯伯格主持的一次欧足联聚会上讲起过。“那是几年前，聚会在巴塞罗那举行，”罗克斯伯格说，“从 52 个国家来了 52 位教练，而博比给他们做一次关于危机管理的讲座。他讲道，有一次，他执教的巴塞罗那在主场正被揍了个 3 ：0，球迷当场舞起了白手帕，等等。我们播放了那场比赛进球的录像，并且问道：‘你当时在想什么呢，博比？’博比回答说：‘当时我只想叫辆出租车走人。’然后，下半场开始不久，巴萨扳回了两个球，结果对手又进了一个！我们问博比，当时他又在想什么，我记得坐在第一排的里努斯·米歇尔斯叫道：‘快叫出租车！’然而巴塞罗那最终赢下了比赛。当时何塞正坐在替补席上，就在博比旁边。后来我看见，切尔西在足总杯比赛中落后于纽卡斯尔时，何塞在半场换上了三名替补，我就想起了博比的故事。”因为罗布森也正是那么做的。

还是让他接着讲巴塞罗那那场比赛的故事吧。“那是国王杯的比赛，对手是马竞，在西班牙，这就等于战争了：首都对加泰罗尼亚。不管对手是皇马还是马竞，球迷都十分在意。因此我们 0 ：3 落后时，白手帕就挥舞了起来。

我推了一把助教。‘何塞，’我说，‘简直像下雪了。’我看向球场另一边，有了个主意。我不喜欢劳伦特·布兰科[①]踢球的方式，觉得吉卡·波贝斯库[②]也不怎么样。所以这两个中后卫都是要换下场的候选人啦。我觉得我肯定得这么做，哪怕波贝斯库是队长，而且还有几分钟才到中场休息；我一定要换上攻击球员，可能进球的球员。说到底，我们还有什么可失去的呢？唯一拯救这场比赛的方法，就是进攻。”再说，还有阿伯拉多·费尔南德斯[③]，塞尔吉·巴尔胡安[④]和费尔南多·库托[⑤]可以帮助防守。“我记得我告诉何塞要做的事情，并且问他的观点。‘我完全不反对，’他说，‘快换人吧。’”于是布兰科和波贝斯库一齐回到了板凳上，赫里斯托·斯托伊奇科夫[⑥]和胡安·安东尼奥·皮济[⑦]上场了。换人不过五分钟，罗纳尔多和伊万·德拉佩纳[⑧]就分别进球了。

---

① 劳伦特·布兰科（Laurent Blanc，1965—　），法国前足球运动员，司职后卫，曾赢得1998年世界杯冠军与2000年欧洲杯冠军；法国国家队前主教练，现执教巴黎圣日耳曼。

② 吉卡·波贝斯库（Gică Popescu，1967—　），罗马尼亚前足球运动员，司职后卫，曾为国家队出场115次。

③ 阿伯拉多·费尔南德斯（Abelardo Fernandez，1970—　），西班牙前足球运动员，司职中后卫，多年效力巴塞罗那。

④ 塞尔吉·巴尔胡安（Sergi Barjuan，1971—　），西班牙前足球运动员，司职左后卫，曾为巴萨和马竞等球队效力。

⑤ 费尔南多·库托（Fernando Couto，1969—　），葡萄牙前足球运动员，司职中后卫，曾效力波尔图、巴塞罗那等球队，为国家队出场110次。

⑥ 赫里斯托·斯托伊奇科夫（Hristo Stoitchkov，1966—　），保加利亚前足球运动员，司职前锋，1994年获欧洲足球先生称号，同年美国世界杯金靴奖，被誉为保加利亚最伟大的球员。

⑦ 胡安·安东尼奥·皮济（Juan Antonio Pizzi，1968—　），西班牙前足球运动员，司职前锋，现执教墨西哥莱昂俱乐部。

⑧ 伊万·德拉佩纳（Iván De la Peña，1976—　），西班牙前足球运动员，司职中场。

马竞的米林科 · 潘蒂奇①又进了一球，完成了帽子戏法。“该死，明明只是软绵绵一脚，”罗布森说，他归咎于葡萄牙籍守门员维托尔 · 巴亚，后来他在穆里尼奥手下跟随波尔图获得欧冠，“不管怎么说，我们 2 ： 4 落后。但我们又进了三个球！菲戈、罗纳尔多，最后是皮济。于是我们 5 ： 4 取胜了。直到比赛结束前，我们还收不住呢；再踢 20 分钟，我们能赢个 8 ： 4。有几脚射门很漂亮。”

照罗克斯伯格看，在欧足联的聚会上，罗布森传达给他的同行们的信息有双重含义：“保持冷静——永远也别忘了给对方教练找麻烦。别简简单单地拿一个中锋换下另一个中锋。来点儿变化，要让你的对手头痛！我还见过其他时候博比同时换下三人的情景。所以何塞在足总杯对阵纽卡斯尔时的做法才那么有趣——尽管看起来他可能赌得太大了。我想他从博比那里吸收了许多管理技巧。”

当我问罗布森，穆里尼奥是否从他那里学到了大胆换人的好处，他回答道：“希望如此吧。告诉你，我不觉得他有生之年还会在比分接近时就中场换下三个人啦。这种事是半场 0 ： 3 落后时才要做的，无论如何也太夸张了。该做的事，是换下两个人，然后留一个人在替补席，等比赛还剩 20 分钟再看看。是的，我曾经一次换下三名球员。若干年前我在利物浦，距离比赛结束还有 20 分钟时，我们 1 ： 3 落后，我同时换了三个人。最终我们 3 ： 3 战平。哪怕只剩 20 分钟，这也是赌博。45 分钟，那真是太长了，何塞也发现了这

① 米林科 · 潘蒂奇（Milinko Pantić，1966— ），塞尔维亚前足球运动员，司职中场，退役后从事教练职业。

一点。他那天有点儿太鲁莽，对自己太有信心了。”

斗智游戏：第四重身份?

对于切尔西在欧冠第一回合中输给巴塞罗那，何塞·穆里尼奥反应激烈。随后，该场比赛的裁判安德斯·弗里斯克宣布退休：这两件事引发了极大争议，因此有些人建议我拿一份记录穆里尼奥在新闻发布会上的举止的录像带，去给心理学家看。于是我咨询了一位朋友的朋友，他碰巧是个精神分析师。他说这肯定是浪费时间：“你要记住，穆里尼奥的几乎每一次发言都是他工作的一部分，其最终目的都不是交流，而是增加他的球队的赢球几率。在新闻发布会上，他的发言对象不是屋里的听众，而是不在屋里的人——他的球员、对方教练、英足总，等等。我能给的建议，无非是每个政治记者都该一直问自己的问题：‘这个撒谎的杂种为什么对我撒谎？’”

穆里尼奥的语言表达技巧能让众议院发言人都自惭形秽。“对媒体发言是比赛的一部分，”他曾说过，“当我去参加赛前新闻发布会时，我头脑里的比赛已经开场了。当我去参加赛后新闻发布会时，比赛还没结束呢。或者，如果说这场比赛已经结束，那么下一场比赛已经开始了。”他还说过，他和亚历克斯·弗格森爵士都喜欢这样的斗智游戏，想让他们放弃这种乐趣，还不如试着让球员别去拽从他身边经过的对手的球衣呢。的确，穆里尼奥和弗格森尽管同在英超为敌，却似乎同样无可救药地热爱斗智游戏，如同两个痴迷的赌徒，哪怕被风雨困住，也要赌一赌从窗户上掉下来的两滴雨哪一滴会先落在窗台上。

不管你是否喜欢这样的比喻，在工作中，这种斗智游戏堪称一种竞争的本能。另外，就穆里尼奥而言，他的举动或许还有一些自我因素；他与祖国一直保持着联系，经常在葡萄牙媒体上露面，这恐怕不是那种广为人知的理论——他想要吸引公众目光、为球员减压——所能解释的。

然而他不是个反复无常的人。2004 年 11 月，在阿森纳对阵 PSV 埃因霍温的欧冠客场比赛中，温格做了一件十分有弗格森风格的事：朝第四官员大声咆哮。而后，穆里尼奥试图把自己塑造成比赛官员们的朋友，他说："当我看见其他教练怎么对待裁判和第四官员时，我觉得自己简直是个天使。我喜欢让他们做自己的工作，并与我的工作和谐共处。"至于他在葡萄牙时接连与裁判发生的冲突，他回应说，自己移居英格兰以来已经变得更冷静了。我觉得他的表态很聪明：或许有一天，判罚在模棱两可之间时，他的态度可以为切尔西赢得好处。而在英超的喧嚣氛围中，他的冷静和理智大受欢迎。然而，几个月后，穆里尼奥就侮辱了弗里斯克，又在卡迪夫城的联赛杯决赛中被赶进了球员通道。还真是个天使啊。

人们不由得怀疑，穆里尼奥仅仅是喜欢自己的声音罢了，尤其是他不怀好意时。在波尔图，德科在穆里尼奥手下迅速成长，他曾说过："穆里尼奥在更衣室里很放松，但等他对媒体说话时，他就喜欢挑衅、惹恼别人——他在扮演一个角色。"切尔西球员们大抵都会同意他的说法。但穆里尼奥知道，为了球队的利益，他什么时候该闭嘴；这一点与更有经验的弗格森不同，后者在与穆里尼奥的斗智比赛中表现得可说不上好。当曼联对阵波尔图时，这两个人在技术区发生了冲突，弗格森愤怒地对穆里尼奥抱怨，波尔图球员遭遇铲断后表演得太过夸张，他声音很大，好让第四官员也听见。在第二回合前的新闻发布会上，弗格森继续这场对穆里尼奥的战争，一两个曼联的球员也语带嘲讽地评论道，他们的对手简直娘娘腔。这就有点儿让人不愉快了。然而，等曼联发现他们的抱怨适得其反时，弗格森和加里·内维尔反应极快，立刻去敲波尔图更衣室的门，祝他们下一轮比赛一切顺利。

如果有座斗智比赛的名人堂，弗格森绝对配得上位列其中。或许可以说，他甚至部分定义了这门艺术，毕竟在1995—1996赛季末，他曾要求利兹联拼尽全力对付纽卡斯尔，因为他自己的球队想从凯文·基冈执掌的球队手里夺得冠军。基冈戴着耳机接受了天空电视台的采访——不得不说，耳机可没法增加中年男人的体面——浑身散发着愤慨之情，声称他会“很高兴，高兴死了，如果能打败他们”。人们普遍认为，他的这番话扰乱了球员们的心情。尽管赛季已经快要结束，但曼联一路艰苦地跟在纽卡斯尔身后，并最终获得了冠军，而自那以后，教练的发言在英超媒体上占据了很大的比例，简直到了不相称的程度。然而，当弗格森在2004—2005赛季与穆里尼奥斗智时，却不幸被击败了。他说切尔西在北方踢比赛一定会十分艰难。没错，切尔西输给了基冈执教的曼城，可弗格森的嘲弄一旦为他们所注意，他们就连胜埃弗顿、利物浦和布莱克本，最终在博尔顿提前夺冠。然后，他们又赢了曼联——其实已经不需要了。

然而他和弗格森私下相处良好，他们之间从没有任何严重的侮辱言辞；事实上，他们相互喜爱、尊重。“我尊敬亚历克斯爵士，”2004—2005赛季末时，穆里尼奥说道，“但不只是尊敬——我喜欢他。他是个好对手，但比赛结束时，他也是那种可以和我共享一杯红酒，并开诚布公聊天的人。”弗格森回应了穆里尼奥的感情，他曾面对媒体跟穆里尼奥开玩笑，指控说，曼联做客斯坦福桥球场时，他只请自己喝了“葡萄牙的便宜货”。如果双方都不想丢脸，斗智游戏就可以看作口气严重的玩笑。但每个交谈过的教练都坚持说，他们有严肃的目的。

“他想保护球员，”路易斯·范加尔说，“我敢保证。我自己就这么做。而且我认为这很有道理：一个教练就该找到某种方法，帮助球队赢球。你可以为球员们调节环境。或许他在巴塞罗那做得太过头了，但后来，大家发现弗兰克·里杰卡尔德的确曾跟裁判员交谈，那么穆里尼奥所说的话中还是有真实成分的。”

好吧，有真实成分。但他肯定还是错了吧？他不该指控弗里斯克偏向巴塞罗那。

“他错了，”范加尔说，“但许多教练都说过裁判的裁决有问题，最终裁判又被录像证明是无辜的。我认为裁判正是球赛中影响力最大的人。穆里尼奥情绪太激动，因为他就是个情绪化的人——他一直都是，只是现在他有权力展露情绪了；或许他后悔自己对弗里斯克所做的事，但他总不能给时间倒个带，让一切都没发生。他只能将错就错。一个教练在生涯之中总是会犯这样的错误。”我们没法肯定地说，穆里尼奥在巴塞罗那的怪异举止对他的球队有所帮助，但确实，切尔西最终凭一球之差战胜了巴萨——而这个制胜球本来不该有。至于在安菲尔德球场的球门线争议判罚，穆里尼奥对之反应激烈，然而那个判罚其实对切尔西有好处：如果不判进球，裁判可能会判给利物浦一个点球，并把彼得·切赫罚下场。

我们可以肯定地说，穆里尼奥恐怕不会停止这种斗智游戏。它们并不是在足球界获得成功的必要条件：拉斐尔·贝尼特斯就不会沉溺于此，然而利物浦在欧冠中淘汰了切尔西，最终赢得2005年的冠军。在伊斯坦布尔，利物浦从0：3的不利情势下扭转局面，扳平比分，最终以点球击败米兰，赢得了史上最传奇的欧冠冠军之一。第二天早上，我问贝尼特斯，他为什么看不起那些小伎俩？他微笑了，回答道："或许现在我的英语还不够好。"所以，他执教瓦伦西亚时做过这种事吗？"没有。我更喜欢专注于与球队一起工作，这更加重要。"路易斯·费利佩·斯科拉里、马切洛·里皮、文森特·德尔·博斯克和约阿希姆·勒夫等人在执教巴西、意大利、西班牙和德国，并分别获得此前四届世界杯冠军时，他们也没觉得玩这种游戏是成功的必要条件。它们只是穆里尼奥执教风格的一部分，考虑到他迄今为止的成就，恐怕还是会被很多人效仿。引用一下德斯蒙德·莫利斯说过的话："教练已经成了演员，好的教练总要支持他的球队。"就这样，切尔西年轻英俊的第十二人会戏耍所有人的头脑：对手的、裁判的、任何权威机构的，只要他们最终拿他没办法。而他执教国米和皇马时也做了同样的事情。在许多人看来，穆里尼奥关于弗里斯克的言论和后来声称许多欧足联裁判都偏向巴塞罗那的话都过于轻率、鲁莽；然而，马基雅维利的某句话用在这里正合适："运气是个女人，只对年轻人露出笑脸，因为他们更不尊重她，他们更胆大包天，敢厚颜无耻地命令她。"

第五部分　面具背后

缺乏幽默感？别开玩笑了

如果你是个陌生人，在 2004 年 6 月到 2007 年 9 月间造访切尔西的训练场，你可能根本认不出来，那个穿着运动服的、英俊的黑发男人就是教练。通常来说，何塞·穆里尼奥在沉思中工作。然而，在波澜不惊的外表之下，他的脾气变化无常，让人们不得不保持警觉。每个人都知道，他注重细节，极为严肃认真，如果他觉得手下部门的头目不能满足他对细节的要求，这些可怜人的办公室里一定会传出他的大吼声。队医尼尔·弗雷泽在穆里尼奥到来几个月后离队，他就曾好几次遭到斥责，尤其是给阿尔杨·罗本拍的 X 光片出错了的时候。切尔西在布莱克本踢了一场费力的比赛，球赛快结束时，中场球员蒂亚戈被换下场，等他坐在板凳上时，工作人员竟然无法给一位换下的球员提供他所必须的能量补给：饮料或者药片。穆里尼奥爆发了，几秒钟内，理疗师米克·班克斯就跑进球员通道，去更衣室拿他落下的东西了。

这一切的结果是，事情很少出错，而穆里尼奥的态度也礼貌，富有魅力，不过颇为爽快：他讨厌浪费时间。他告诉人们他想要什么，然后事情就做成了。几乎任何事都要先过问他再执行，哪怕这件事跟足球方面的关系微乎其微。这一切对他而言是新鲜的——英格兰的教练们比别处担负更多责任，尽管首席执行官彼得·肯扬为此和他有些关系紧张的时刻，但他很享受这种感觉。然而他在球员中时才最开心，当他们前来训练，在更衣室里换衣服、互相讲段子时，他就和他们混在一起。每个更衣室里都有那么个人是人们的笑柄：球员们毫不留情地打趣按摩师比利·麦库罗克时，穆里尼奥也跟着一起笑。很难想象亚历克斯·弗格森爵士会做这种事，更别说阿尔塞纳·温格了；后期的布莱恩·克劳夫恐怕也不行。不过，穆里尼奥在英超执教的前期——尤其当时克劳夫刚刚过世，很多人批评这位新来者缺乏幽默感。

阿兰·汉森曾是利物浦最优雅的后卫之一，如今为《每日电讯报》写作专栏。在穆里尼奥抱怨热刺在斯坦福桥球场“摆大巴”之后，他这样写道：“克劳夫也经常直言不讳；尽管我并不总是认同他的观点，但他至少在说话时明显表现出一种重要的品质：他很有趣。穆里尼奥呢，虽然观点丰富多彩，却一直很无趣。我们都知道，要喜欢一个看起来缺乏幽默感的家伙可真难啊。”我猜，说穆里尼奥是否有趣取决于你对幽默感的定义，但如果把幽默感看作一种乐于微笑的品质，哪怕自己就是被温和取笑的对象，那么也很难说穆里尼奥没有幽默感。比如他在博维斯塔主场被罚下场那天，最终波尔图在他的助教巴尔特马尔·布里托手下1：0赢下比赛，中场休息时他给球员们打电话，他的声音透过偷带进更衣室的免提电话传来：“我完蛋啦。你们1：0领先博维斯塔，布里托正准备对我落井下石呢。赛后我就要被解雇了。”球员们马上唱起来：“布里托是最棒的！”穆里尼奥显然对此津津乐道，还在自己的书中提到这个故事。当利物浦球迷在斯坦福桥球场叫他“闭嘴”时，他也讲了这个笑话。而且，就在前一天，他面对媒体时简直魅力无穷。“去年夏天我来到斯坦福桥球场时，”他说着，展开双臂，“我的自我意识有这么大。”那么它现在缩小了吗？他笑了：“没有，它变得更大了！”

他的话赢得满堂喝彩，不过，尽管他的密友弗格森说他“有智慧和幽默”，但他让我们发出的笑声很多都来自于他的气场，而非特殊的幽默天赋。人们笑话他，就像笑话皇室成员一样。当我给博比·罗布森爵士讲述汉森对穆里尼奥的第一印象时，他回答说：“嗯，我明白他的意思。何塞很多时候都很冷静、严肃。但他和球员之间也很爱开玩笑，就我而言，他是个好小伙子，能力出众。我可不会说他没有幽默感。”或许在这一方面，他不得不忍受人们把他与克劳夫做比较，而后者是个土生土长的反传统者。就像德斯蒙德·莫利斯告诉我的那样：“恰恰因为克劳夫哪怕一点头、一眨眼时都无礼又反常，人们反而习惯了，不会感觉那么受到冒犯了。他有那种北方人的幽默感，并且以此来遮掩他实质的粗暴。”

但这也只是我们所看见的穆里尼奥罢了。比任何人都更了解他的当数他的妻子玛蒂尔德，他叫她“塔米”；她说到过他用来遮掩情绪的面具，并且她只要通过一个手势或表情就能分辨出来。穆里尼奥的父亲就是这个样子。他家庭的一个朋友告诉我说，费利克斯“像个电水壶，外表光滑、沉稳，但内里在沸腾。”而穆里尼奥的母亲则是个“斗士”。因此，他同时继承了父母两方面的性格。但他也在很大程度上铸造了自己的性格，毕竟他能巧妙地分隔开自己的工作和私生活，自从离开葡萄牙后就如此。“我不想说，我是个双面人，”他在特拉维夫的佩雷斯和平中心告诉大家说，“但作为教练的何塞·穆里尼奥和仅仅作为个人的何塞·穆里尼奥是非常不同的。分开两者很重要，而我很容易就做到了。”

他找到一生的伴侣时只有17岁；当时她14岁。他们在塞图巴尔一家青少年迪斯科舞厅相遇，五年前，玛蒂尔德的家庭从刚刚独立的安哥拉逃离，在此地落脚。她的父亲曾为葡萄牙军队效力。相遇九年后，他们结婚了，当时何塞是个体育老师，受益于去年夏天在苏格兰参加的教练培训课程，他正在执教维多利亚青年队。玛蒂尔德从里斯本天主教大学毕业，获得哲学学位，她成为足球人的妻子，也很快过上了他们那种流浪般的生活。先是跟随曼努埃尔·费尔南德斯在阿多玛拉之星队那儿最终走入死胡同的一年，然后又是一片坦途，跟着罗布森从里斯本竞技到波尔图，再到巴塞罗那。此时穆里尼奥的第一个孩子出生了，是个女孩儿。他们给她起名玛蒂尔德，但为了不混淆，常常称呼她“蒂塔”。四年后，他们的儿子也诞生了。他的名字和穆里尼奥一样——何塞·马里奥，因此这孩子也需要一个昵称，就这样被称为“祖卡”。直到葡萄牙革命期间，父母们都必须把自己的名字用在长子和长女身上。如今，很多人认为这种传统早已落伍，而且惹人不愉快，除了让人们有个傻乎乎的昵称之外简直毫无意义，只有在贵族或保守的家庭中才存活着。

何塞·穆里尼奥正是这种传统的维护者。尽管他身为守门员的父亲出身相对低微，婚姻却让费利克斯与法西斯葡萄牙时代的统治阶层联系在了一起；何塞从小到大的生活中都充满了关爱，他几乎可以被称作是特权阶级的孩子。至少，他不需要一路打拼脱离棚户区、郊区和贫民窟，也不需要小小年纪就住在偏远的村落里：同样通过竞技体育博得名声与财富的众生中，这样出身的人可不少。但他从没想过要轻轻松松混日子。通常来说，葡萄牙人是个相当消极的民族，这个国家的许多职位——尤其是营销和媒体方面的职位，都逐渐被巴西人占据。在2004年，这股风潮甚至延伸到了足球领域：葡萄牙主办了欧洲杯，而巴西人斯科拉里是国家队主教练。这种现象被称为“反向殖民”。然而这没有影响到穆里尼奥。他的领地从来都不可侵犯。但他也逐渐形成了一种过于敏感的心态，让我们想起他毕竟是个葡萄牙人。因此他与拉格斯镇上的苏格兰人相处融洽也不奇怪了：苏格兰有时会觉得自己被英格兰映衬得毫无光彩，而葡萄牙也生活在西班牙的阴影下。或者，他们自己是这么认为的。

穆里尼奥说，当别人说他傲慢时，他的朋友们都会放声大笑。我倒不怎么感到震惊，因为如果你跟随他的足迹一路走来，你总能听到完全相反的言论。托什・麦金利讲过穆里尼奥在格拉斯哥热烈欢迎他的故事。我听说这个故事没多久后，就碰巧去了里斯本，当时有一场里斯本竞技和纽卡斯尔之间的欧联比赛，我遇见了穆里尼奥之前的学生安德烈・钦。多年前他全家移民到加拿大，但他如今又重返葡萄牙，正巧在我居住的酒店里工作。当时是 2005 年的春天。“我不久前还见到穆里尼奥，”他说，“他是波尔图的教练，那大约是赛季中期吧，就是那个赛季，他们赢得了欧冠。我去买炸鸡，就在塞图巴尔我家附近的地方，他也在。他看着我，我也认出了他。我伸出手去，问他是否还记得我，于是他豁然开朗。‘安德烈・钦，’他说，‘我们多久没见啦？’我说：‘大约有十六七年了’。‘天啊，’他说，‘那真是太久了。你都在干吗？’他总是能显示出，他对你有兴趣。我们聊了大概 15 分钟，他离开了。他是个很棒的人，所有成功都是他应得的。”

伊恩・罗斯是 2001 年到 2011 年间埃弗顿俱乐部的公关部经理，他对穆里尼奥的观感也类似；他曾是记者，也是我的老朋友，并自称为“愤世嫉俗的老浑蛋”。他告诉我说，他在古迪逊公园球场工作的那些年里，没有人比穆里尼奥给他的印象更深。“埃弗顿的习惯是，”罗斯解释道，“客队教练可以在球员通道和更衣室附近游逛，但最好别和人多说话，因此多数教练和我们的工作人员几乎没有交流。当然有例外——比如阿尔塞纳·温格，如果当时正有别的球队的午间比赛，他就会走过来，问我们他可不可以用新闻发布厅的电视看球。人们都很喜欢他的好教养。穆里尼奥第一次来这里比赛时一直走来走去，手插在他那件著名的风衣的口袋里，跟每个人打招呼，说他感到了热诚的欢迎，以及他关于埃弗顿听说了许多事。哦，我说的可不是他跟每个经理打招呼。他也跟保安和球童讲话。有时人们很敬畏穆里尼奥这样的人，但他径直朝他们走过去！俱乐部里里外外都在说他，他离开的时候，大家都兴高采烈，就好像我们这里是个商场，而大卫·贝克汉姆刚刚逛完一圈一样。但这不仅仅是因为他的个人魅力。穆里尼奥真的肯花时间和人们一起纵情大笑，还拿我们跟利物浦的争四之战开玩笑。他对俱乐部的历史充满尊重，对大卫·莫耶斯这位教练也同样尊重。现在我是个愤世嫉俗的老浑蛋，但我依然看重礼貌胜过一切。穆里尼奥不在乎同他说话的人的身份地位。他的态度总是格外放松，并且要确保和他讲话的人也同样轻松。就像温格一样，他总是让人叫他‘何塞’。他真是非常谦逊，我说真的。他能让周围的人都高兴起来。”

莫耶斯同样也不觉得穆里尼奥是个傲慢的人。“我们在切尔西喝了一杯，还聊了天，”他说，“我认为他做出的伪装只是为了对付媒体。我怀疑，在他内心深处，他也和我们多数人似的同样惧怕失败。对失败的恐惧是他的驱动力。在埃弗顿主场比赛时，他没有过来跟我喝一杯，挺有趣的。他朝坐在板凳上的我走过来，跟我握手，当时还有两分钟比赛才结束。几周前他还因为没有在布莱克本跟马克·休斯握手而遭受批评，我猜他跟我握手，是以自己的方式说明：‘我明白你们这个国家的惯常做法，我尊重你们。但这种尊重可不是我生命中最重要的事。或许我更乐意跟自己的球员握手，而不是对方主教练。’我不能肯定，或许我过度解读了。但我认为，尽管他引发了许多批评，却还是在一个新的国家中成功立足了。”

大概对于切尔西主教练来说，没有比来自富勒姆支持者的赞美更能说明问题的了。在卡云农舍球场——富勒姆位于河边的美丽主场，伊恩·艾特肯朝我走来，他是比赛日的安保人员，负责维持新闻发布室的秩序。“第一次穆里尼奥来的时候，”艾特肯说，“我们从更衣室里出来，沿着边线走，好让他去新闻发布室里接受媒体采访——陪伴客队教练也是我的工作之一。这时他忽然朝对面看去，说他很喜欢这个球场。‘你当然喜欢啦，’我说，‘你刚刚在这里赢了个 4 ∶ 1。’他说：‘不，我一直都喜欢这里，古老又传统。’我猜他是通过博比·罗布森了解这里的（罗布森曾为富勒姆效力，也曾在此执教）。然后，等到联赛杯比赛时，切尔西再次造访，我本来以为他会谈谈比赛。但他忽然问我是否看过《超人总动员》。我说我还没看，他告诉我那电影很棒。我知道，一个富勒姆的终身支持者喜欢切尔西主教练真是太奇怪了，但我觉得他很让人愉快，也很有魅力。”

博比·罗布森爵士回忆道，穆里尼奥对电影有格外的热情：“足球以外的事情他谈得不多，但电影除外。他酷爱电影。我记得他有一次来找我，说：‘先生，我昨晚看了一部伟大的电影，你一定要去看看。电影是《阿甘正传》。’对于穆里尼奥来说，约会的概念就是跟他妻子出去看场电影，或者吃顿饭。他几乎不喝酒。在客场比赛时，他会在笔记本上看电影或者读书来放松自己。他在英格兰的第一个冬天里，有人问他正在看什么书，他说是加布里埃尔·加西亚·马尔克斯的自传，那位获得诺贝尔文学奖的哥伦比亚人。他偶尔也看小说。通常是玛蒂尔德把书推荐给他，她是个文学爱好者，看书看不够。他那件灰色的羊绒大衣也是她买的，就是很有名的那件，是阿玛尼牌，花了 1200 英镑；赛季末时，那件衣服成了切尔西成功的象征，而穆里尼奥宣布要拍卖它，把钱用来资助一个儿童癌症慈善团体，那个团体是俱乐部一直支持的。”

在伦敦的第一年，何塞（或者叫“塞·马里奥”，他的爱称）、塔米、蒂塔和祖卡住在贝尔格莱维亚区伊顿广场的豪华酒店里；后来他们在萨里区找到了房子，就在切尔西的训练基地附近。他们也珍爱在塞图巴尔的另一个家，一幢漂亮的独栋。朋友们说，他们不可能抛弃何塞的家乡，他曾在那里度过许多美好时光，也遭遇了一次格外痛苦的悲剧：当时家人把他从巴塞罗那叫回来，因为他的姐姐特雷莎过世了，死于败血症……她是个糖尿病患者，若干年前遭遇婚姻破裂后一直心态不佳，而且有许多令人忧虑的健康问题。穆里尼奥从来没说起过这件事，除非是跟他最亲近的人，只有面对他们，他才能摘下面具。“我觉得他始终为她忧心。”一个朋友说。

在特雷莎的健康恶化之前，她一直生气勃勃，相貌格外美丽。这家人的长相都很漂亮，何塞的英俊显然也对他的成功有所帮助：不仅提升了他的名气，让他成了性感的代表，还有助于他作为教练的效力。

“足球界的人很少提这一点，”德斯蒙德·莫利斯说，“但他真是英俊得惊人，是电影明星的那种英俊；他的长相和行为方式相结合，就格外有用。如果他是个丑陋的小个子，他的执教风格不可能同样有效。”这主要是因为，他的相貌让球员们特别乐意接纳他成为球队的一员；由于他对女人的吸引力，他们更尊重他了。这一点对他来说格外有帮助，而对其他教练就未必那么重要。

他很酷。“如果你想找人在电影里扮演他，”莫利斯说，“那只能是詹姆斯·狄恩[①]了。”没错，因为他黝黑、忧郁，让你想起年轻人的生活，不管你定义的年轻人到底属于哪个年龄段。

尽管穆里尼奥说过，他的生活是典型的葡萄牙人生活，由三个“F”组成——家庭，足球和宗教，并强调他把工作和生活分别对待，但他的性格中仍有自恋的因素，让他心甘情愿站在聚光灯下，甚至不顾及他人的感受。换句话说，他从内心深处热爱被关注的感觉，并为此做过不恰当的事，这不是“好演员也扮演恶棍”能解释的。但那又如何呢？他娱乐了我们，也没有伤害过太多人。我们的老朋友安德斯·弗里斯克是个著名的例外。即使他最忠实的粉丝德斯蒙德·莫利斯也没法给穆里尼奥开脱：“（两位切尔西的工作人员报告说巴塞罗那的教练进过裁判的房间，）这正是他非常想听到的，于是他就选择相信。在一时激动中，他犯了错误，谎称自己目睹了当时的情境。接下来整件事变得让人厌恶，他压根就不想知道自己引发了什么后果。”但你或许还记得他在葡萄牙电视台上讲的那个乏味的笑话，说他可不敢评论某位葡萄牙裁判的表现，不然要是这位裁判也退休了怎么办？这个笑话大概可以证明，当时对穆里尼奥就已经观感矛盾的人才是明智的。

因此，穆里尼奥曾有几次越界了：由于罗布森谈到的权力滥用，也由于在体育界，表现出众的人拥有侮辱他人的特权。但这并不意味着他是个坏人。

---

① 詹姆斯·狄恩（James Dean，1933—1955），美国最伟大的电影演员之一，曾主演《伊甸之东》等影片。

作风不同

现在让我们来做个猜谜游戏，看看你需要几条线索才能猜中谜底。我们所说的这个人是个聪明又野心勃勃的教练，2004 年夏天他来到英格兰执教，此前刚刚获得欧洲级冠军。他加入了英超最大的俱乐部之一，刚见到球队，就立下了几条规矩。他坚持说，球员必须在场上和场下都表现得像一个整体：比如，他们必须一起吃饭，直到最后一个人吃完才能离开餐桌，以免形成小团体。没有哪个球员比球队更重要，也不能耍明星脾气。“球队才是明星。”他声称。球队遵循着这些规定，在他执教的第一个赛季获得了戏剧性的成功——哦，他就是拉斐尔·贝尼特斯。当然，答案也可以是何塞·穆里尼奥，因为大体上多数教练都信奉着同样的理念。据我所知，几乎没有哪个教练会鼓励球员懒散、自私、个人主义、故意不服从命令。

贝尼特斯与穆里尼奥之间的区别，在于他们关注的重点不同、个性不同，这都与他们各人的性格有关。拿他们对斗智游戏的态度为例吧：贝尼特斯很鄙视这种事（至少直到 2009 年 1 月前是这样，那时亚历克斯·弗格森爵士把他惹恼了，他以一堆所谓的“事实”回应），而穆里尼奥却对此相当津津乐道。自然，拿来与穆里尼奥作比较的教练们都是传奇人物，尤其是布莱恩·克劳夫。然而，据克劳夫在诺丁汉森林执教时的某位核心球员说，他们执教的方式简直不能差别更大了。克劳夫差不多一上任，就把弗兰克·克拉克从纽卡斯尔带到了诺丁汉森林。他原本是纽卡斯尔的队长，已经 31 岁，来到了低一级的球队，做梦也没有想到四年之后自己的职业生涯会伴随着开香槟的庆祝结束——他成了欧洲冠军。但事实就是如此。他在诺丁汉森林的第二个赛季，球队升入顶级联赛；再下一个赛季，球队成了联赛冠军；再后来又成了欧洲冠军。他们甚至成功卫冕了欧冠，当时克拉克已经退役，弗兰克・格雷①代替了他的位置。就这样，在足球童话的排行榜上，克劳夫率领的诺丁汉森林队恐怕比穆里尼奥手下的波尔图还要高一些。

克劳夫和穆里尼奥之间相隔几十年的岁月，这大概是他们之间的差异的原因之一。“穆里尼奥显然会非常透彻地研究对手，”克拉克说，“他花上无数个小时为下一个对手做准备，如果需要的话，每一场比赛他都会改变战术。但布莱恩很少考虑对手是谁。他过去经常告诉我们，只要踢自己的比赛就好，简单的 4-4-2，因为这就是我们最熟悉的战术。今天的足球比赛需要思考更多，但布莱恩如果还活着的话，恐怕还是会坚持自己的哲学。”然而克劳夫在其他方面就完全不走寻常路了。你能想象穆里尼奥要求大巴司机把一辆 M62 停在去利物浦的路边，把一堆为赛后庆祝而准备的啤酒卸下车来吗？能想象他邀请球员们在开球几小时前喝上几杯吗？克劳夫就这么做。在当年欧冠的第一轮淘汰赛中，诺丁汉森林主场 2 ： 0 击败了利物浦，而那天晚上球员们喝酒之后，在客场 0 ： 0 逼平对手，成功晋级，最终一路打进决赛，并在决赛里击败了马尔默队。“你必须是个真正特别的人，才能以这种方式管理好球员，”克拉克说，“而布莱恩正是个地地道道的天才。不过，穆里尼奥的个性中确实有和布莱恩相仿的东西：对自己所作所为的绝对自信，以及绝不害怕说出自己的观点。”

---

① 弗兰克・格雷（Frank Gray，1954— ），苏格兰前足球运动员，司职左后卫，现从事教练职业。

自克劳夫以来，几乎没有谁能在欧洲赛场上像穆里尼奥一样令人震惊。他成为主教练不过两年半的时间，就赢得了欧联杯，一年之后又带领波尔图成为欧洲冠军。克劳夫已经崛起得够快了，但他也曾在德比郡执教六年，率领球队赢得联赛冠军，并打进了欧洲冠军杯的半决赛，可惜输给了尤文图斯——而后他才在诺丁汉森林创造了奇迹。单就登场顶级足球赛事的开门战绩而言，穆里尼奥可谓难逢敌手。法比奥·卡佩罗同样战绩辉煌，他在米兰执教的头三年连获意甲冠军，1994 年又在欧冠决赛中击败了巴塞罗那，为这精彩的头三年更加增光添彩。但此前他已经在米兰待了许多年，西尔维奥·贝卢斯科尼很欣赏他，因此他可以在阿里戈·萨基手下学习，为接任萨基做好准备。因此，没有多少合适的人选能与穆里尼奥的崛起做比较。拉斐尔·贝尼特斯算是少数可以相提并论者之一。短短四个赛季内，他带领瓦伦西亚赢得两次西甲冠军、一次欧联杯，又带领利物浦赢得欧冠。但至少这位西班牙人曾有漫长的学徒期。我们还得等等看，穆里尼奥能否像卡佩罗那样，连续 15 年都有出色的成绩。但如果穆里尼奥真的能通过这种漫长时间的考验，关于他的新闻一定不会缺少的。

2005 年 2 月，穆里尼奥在特拉维夫举行那场 95 分钟的讲座时，有 250 名以色列和巴勒斯坦教练勤奋地抄着笔记，然而他们很可能是在浪费时间，因为恐怕只有穆里尼奥才能有效地使用自己的方法，“信念”和“团结”这样的话说着容易，但做着难，更难真正转化成一块块奖牌。只有特别的教练才能让自己的球员成长。

英格兰足球界几乎没有人像彼得·罗宾森那样堪称遍阅世事。他在利物浦工作了 35 年之久，从秘书、总经理做到副主席，几乎英格兰和欧洲赛事中的每一项冠军，他都曾以某种形式参与其中。当罗宾森于 1965 年加入利物浦时，教练正是比尔·香克利，一个梳着平头的苏格兰人，对球队有种狂热的奉献精神。“比尔可能是在执教风格上最接近穆里尼奥的人，”罗宾森对我说，“但有个方面他又全然不同。他从来不夸赞自己，只会夸赞自己的球员们。他永远不会说他自己是个欧洲冠军；他会说球员们是欧洲冠军。不过穆里尼奥激励人心的才华与他类似。比尔毫无疑问能让球员相信，他们比自己的真实水平更厉害。通过绝对的热情和存在感，他让球员们觉得自己更好，哪怕他们在心底里知道，事情不是这么回事。聪明的小伙子，比如布莱恩·霍尔①，会在多年之后用疑惑的语气说起这一点。他们好像被下了魔咒，这个词恐怕再恰当不过了。”1959 年 12 月，香克利从哈德斯菲尔德抵达安菲尔德时，利物浦正在乙级联赛凋零。等他 1974 年退休时，利物浦已经赢得了三次顶级联赛冠军，两次足总杯和一次欧联杯冠军，更重要的是，他还搭建起了一个平台，在这样的基础上，鲍勃·佩斯利和乔·费根②将在八年之内赢得四次欧冠。

香克利获得成功的数年间，长期担任队长的是埃姆林·休斯，这名球员是他强烈要求，并力排众议从布里克浦花大价钱买来的。“我从来不知道，比尔可以如此坚持地要得到一个球员，”罗宾森说，“香克利喜欢埃姆林，埃姆林也喜欢他，简直像是在切尔西的穆里尼奥和约翰·特里。教练的意志总是能在球场上执行。”如何执行的？这是个更难回答的问题，但罗宾森同意，电影明星

---

① 布莱恩·霍尔（Brian Hall，1946—2015），英格兰前足球运动员，司职中场，曾与利物浦共度成功的职业生涯。

② 乔·费根（Joe Fagan，1921—2001），1983 年起成为利物浦主教练，1984 年带队获得欧冠，1985 年因海瑟尔惨案辞职。

般的存在感是穆里尼奥和香克利之间的又一个共同点。“比尔的发型和他穿衣服的方式，给他一种詹姆斯·卡格尼的气场，当年他在大屏幕上还很流行呢，”罗宾森说，“不过他的球员们尊重他，主要是因为他的足球知识，以及对比赛的百分百投入。”

德斯蒙德·莫利斯这样回忆香克利：“他不算特别帅，但很有魅力。我曾在安菲尔德球场见过鲍勃·佩斯利，你说他是个看管球鞋的小伙子我都信。但香克利有种不同寻常的存在感，和穆里尼奥类似。如果你问我，谁和穆里尼奥是同个类型的教练，我会说是香克利和克劳夫。他与克劳夫一样难以捉摸。”尽管克劳夫有一种独特的称呼人的方法——“他总是叫他们‘年轻人’，不管对方是什么年纪，好展示自己的老资格。”穆里尼奥也能把握住我们的注意力。“你会凝神细听他讲话，他会说一些惹人深思的话。他会避免陈词滥调。他绝不会懒懒散散地应付你说：‘到了一天结束的时候，你们会知晓其中的意义。’他不会说什么老一套的句子，避免真正的难题。有人问穆里尼奥什么问题时，他就会认真思考答案。这些年来，其他教练当然也让英格兰印象深刻——不只是克劳夫，还有汤米·多切蒂[①]和最近的亚历克斯·弗格森，但我发现，我看了切尔西的每一场比赛，只是因为穆里尼奥。一次客场比赛后，他要球员们把球衣扔给客队球迷看台。他只是举起一只手放在胸口，摇一摇他的大衣——显然，他早就告诉他们要怎么做，如今正在提醒他们照着办呢。他总是能想出一些新东西——而惊喜总是富有魅力的。”

---

① 汤米·多切蒂（Tommy Docherty，1928—　），苏格兰前足球运动员、教练，曾执教切尔西、曼联和苏格兰国家队。

举个例子，他的坦率直言真的很像香克利的作风。2004—2005 赛季中期，阿尔杨·罗本因伤缺阵，穆里尼奥声明说他不考虑受伤的球员。“我不想思考阿尔杨·罗本的事儿，”他说，“我真的不想。我认为面对重要球员受伤的最好方法，就是忘了他。我不跟他讲话，他在医疗部门待着。等他们告诉我，他可以与技术部门的工作人员一起训练时，哪怕他还没有恢复到百分之百的状态，我们也会热诚地欢迎他。等我的体能教练说他可以上场比赛时，我会开心得跳起来。但此时此刻，我不会去想他的事儿。我还得支持、鼓励其他人，我绝不会拿阿尔杨·罗本当作任何事的借口。我们还有球员，我们要与他们一起努力。”香克利也以同样的原则处理事情，尽管他的冷淡看起来几乎像是毫无心肝的——他甚至不去直视球员的眼睛。但那些能上场的球员的信心才是最重要的。他们很少缺乏信心。

在香克利的时代，与裁判和对手们玩儿的斗智游戏并不像穆里尼奥所做的那样明确而犀利，而且总的来说，这种游戏是私下的。克劳夫甚至认为，攻击裁判，哪怕仅仅是与之发生争执，都属于禁忌的范畴。“其中有两个原因，”弗兰克·克拉克说，“第一，布莱恩认为他有更好的方式处理此事；第二，他认为如果我们对待裁判更有人性，他们或许会给出更好的反馈。”特雷弗·弗朗西斯[①]在 1979 年从伯明翰转会而来，当时克劳夫为他付了近 100 万英镑，打破了英超转会纪录。他说：“你来到俱乐部时，他们告诉你的第一件事，就是千万别与裁判发生矛盾。我想，当时绝大多数裁判都会说，和我们打交道令人

---

① 特雷弗·弗朗西斯（Trevor Francis，1954— ），英格兰前足球运动员，在诺丁汉森林队两夺欧冠，是英格兰第一个身价上百万英镑的球员。

愉快。”考虑到他们曾两次把欧洲冠军带回了诺丁汉，诺丁汉是赢得这种荣誉的最小的城镇——克劳夫的策略肯定没有给球队带来任何伤害。穆里尼奥有他的信念，而克劳夫也有，如今要比较他们的好坏还为时太早。然而，从道德角度看，他们两人可谓天差地别，不管穆里尼奥在法蒂玛圣母朝圣地想些什么。

前路如何?

2004—2005 赛季渐近尾声，“敞篷大巴”开回了停车场，现在终于有时间思考一下切尔西的情况，想一想这场发现之旅将把他们带向何方了。显然，这一切都取决于掌控方向盘的那个人。我是说，何塞·穆里尼奥。相比之下，对罗曼·阿布拉莫维奇的要求就很简单了：阿布最好保持对足球的激情并且一直这么有钱。整个赛季下来，根据媒体的估算，阿布拉莫维奇的财富一直在增加。我们真是被这一点搞糊涂了。难道俄罗斯不收税吗？或者阿布拉莫维奇是通过一些小企业盈利的？这都不在我们的理解范畴之内。那时在普拉蒂尼和支持他成为欧足联主席的人眼中，财政公平政策不过是一个一闪而过的念头，而我们所知的，仅仅是切尔西仍会拥有足球界最多的钱。这让他们可以像世界上最大的俱乐部那样行事，甚至在竞争一位天才球员时，能战胜历史更长远的顶级俱乐部，比如巴塞罗那、皇马、米兰双雄和曼联。“这还只是开始”，穆里尼奥这样宣扬道，而切尔西 50 年来头一次赢得了英超冠军。那么一切的终点又在哪里呢？

回到 2005 年 2 月，正是切尔西出发去卡迪夫，收获他们在穆里尼奥治下的第一个奖杯之前，他告诉我们，直到他执教的第三个赛季，他的球队才会抵达巅峰。他或许是在为自己赢得时间——许多教练都这么做，穆里尼奥自己也曾苛责过，说他们不过是在为自己的失败预先找借口，但他详细地解释了自己的时间表。在前去巴塞罗那之前，记者们被预先召集起来，有人问他对欧冠的看法，尤其问到，如今的切尔西是否比他上赛季带领的辉煌的波尔图更强呢？“我们有更好的球员，”他说，“但从战术角度来看，上个赛季的波尔图是一支更好的球队，因为那是我带领他们的第三年。他们知道了我所知道的一切！他们知道如何适应（他敲了敲自己的手指）。他们可以在不同战术体系间转换。我可以开赛时使用 4-3-3，然后转换到 4-4-2 阵型，再转回 4-3-3 阵型。我可以高位压迫，也可以低位防守。”但他来切尔西才几个月时间。“等到了我执教的第三年或者第四年时，我们就可以说，这是最好的切尔西。所以我与切尔西的合同时间是合理的。”当时他们的合同为期四年。如今，既然成果丰厚，合同又延期了一年。然而，他与阿布拉莫维奇关系中的复杂性终将毁掉他的时间表，并让他的计划半途而废。

早在英格兰第一个赛季的二月间，他就已经开始期待下个赛季前的季前准备了。季前准备是个很重要的阶段，而穆里尼奥当时直接从波尔图来到了切尔西，他第一赛季的季前准备深受 2004 年欧洲杯引发的球员进出影响。2005 年 2 月，他已经在考虑合适的季前训练，而不仅仅是保住自己的第一个英超冠军了。他说：“我应该开始为我还不想考虑的事情忙碌了。事情必须一步步来，你不能跳过中间的某个步骤。你必须脚踏实地。”他谈起战术，而我问道：战术是否比个体能力更重要？在波尔图获得欧冠，以及在希腊赢得欧洲杯后，这个问题已经被讨论得热火朝天。他答道：“尽管足球的确变得越来越看重战术了，但杰出的球员仍然有灵光一现、改变战局的能力。而且，如果你手里的球员更好，你就能做出更好的战术安排，因为他们更聪明，更能理解比赛。问题仅仅在于，他们是否全心全意地为球队服务。有时候，要是大牌球星不愿为球队服务，他们就会失败，而有着出色战术安排的小球员们将会成功。如果球员和战术兼得，你就有了理想配置。”

第一个赛季中的一切迹象，都表明穆里尼奥有能力组织、激励一支球队，并妥善地处理能力出众的球员可能有的问题。彼得·切赫、克劳德·马克莱莱、弗兰克·兰帕德和阿尔杨·罗本在自己的位置上都可以说是世界级的顶尖球员。约翰·特里和达米安·达夫也进入了世界最佳的行列。古德约翰森可以说是为自己创造了一个位置，尤其是下半赛季，他踢得非常漂亮。乔·科尔也展现了他的潜能。然而从这份名单中同样可以看出穆里尼奥的一些问题。穆里尼奥成为教练时，球队里的大部分球员都已经在此效力了。他只是从葡萄牙带来了三个人，以及迪迪尔·德罗巴——这位科特迪瓦健将难以进球的毛病将为穆里尼奥的判断力画上一个问号，尽管后来德罗巴证明了自己。何况，穆里尼奥只需在英超排行榜上让切尔西提升一位，就能成为冠军。但他的成就不容否定：与克劳迪奥·拉涅利时代相比，切尔西的分数提升了 15 分，这是个决定性的进步。如果说分数和联赛杯只是个开始，那如果穆里尼奥离开了，切尔西会变成什么样呢？这种念头恐怕会让人惊恐不已。

2004 年夏天，穆里尼奥登上罗曼·阿布拉莫维奇的游艇，与他见面签署那份最初的合同时，阿布拉莫维奇告诉他，他的目的是建造世界上头一号的足球俱乐部。但穆里尼奥从此之后的命运就说不上由自己把握了。在见到阿布拉莫维奇后不久，俱乐部给他展示了一张清单，上面写着为这个俄国人准备的、全世界的顶级球员，问他想要哪些。他挨个儿拒绝了，一个也不要。可以想到，这张清单上肯定有韦恩·鲁尼。穆里尼奥对媒体解释道，切尔西不会为了一个不到 20 岁的孩子去挖曼联的墙角。“因为我们在这个位置上已经有球员了。”他是指德罗巴吗？难道是说马特亚·凯日曼[①]？——他极少上场，后来被卖给了马竞。或许早在那时，他就已经开始有些后悔了，所以才说出了这一番令人印象深刻的话，表明他对足球事务方面的自主权的期待。

在那个阶段，没有理由相信他想要离开切尔西。他对其他教练和葡萄牙媒体都这么说：“没有谁可以给我提供一个更好的冠军、一个更好的俱乐部、一支更好的球队、一群更好的球员、一个更好的城市了，也没有比这里对足球更有激情的国家了，没有人能给我这样一座永远座无虚席的球场了。”他的话带有与博比·罗布森爵士共同工作了若干年留下的痕迹：他喜欢用排比句。赛季中期，有谣传说他正与某家意大利俱乐部眉来眼去，想要跳槽，但这完全是无稽之谈。在欧冠半决赛中输给利物浦后，他利用这个喘息之机与切尔西延长合约，而他作为一个爱家的男人，所说的话比赛季中期的谣传有力得多：“毫无疑问，我们将在伦敦生活，这对我的儿女非常重要。”

切尔西在斯坦福桥对阵查尔顿俱乐部，赛后庆祝夺冠。随后他接受了《今日比赛》节目的采访。开场是穆里尼奥标志性的微笑。记者伊万·盖斯凯尔问道：

“这个赛季里，切尔西给了您许多微笑的理由。”

---

① 马特亚·凯日曼（Mateja Kežman，1979— ），塞尔维亚前球员，司职前锋，曾效力切尔西、马竞、巴黎圣日耳曼等球队。

“是的（穆里尼奥笑了），但我是特别的一个，你知道……”

“我之前好像听说过这句话……”

“不，当时不是这个意思。我现在说的是另一种意义上的‘特别’。”

“哪种意义上？”

“我对这个赛季并不是百分之百的满意。我有点儿失望。我希望我们打入欧冠决赛。我敢说，像我这样的人没能达成目标时，会比那些……那些易于满足的人更加痛苦。”

“就是说，还有进步的空间？”

“提升一支冠军球队并不容易，但我们还是能有一点儿进步的。我们的支持者也要进步。他们要更加支持这支球队，就像这个国家里某些俱乐部的死忠那样。”

“那么媒体呢？他们也需要进步吗？”

“他们估计很难改变了。”

他的笑容虽然不甚开朗，却似乎含有深意。然而，我那位朋友的朋友、那位心理学家说过的话犹在耳边：穆里尼奥并不是真的想跟我们交流。他在为下个赛季控制球员们的状态。而球员们似乎也接收到了这个信息，并在三天之后于老特拉福德球场漂亮地赢了场球，作为给他的回应。他也在提醒球队的支持者们：作为球迷，他们同样输给了利物浦。

根据穆里尼奥大学时代的教师曼努埃尔·塞尔吉奥的说法，他是“终极的后现代教练”，而且，尽管说起来肯定有些夸张，但穆里尼奥的存在提升了英格兰教练的知识水平，这一点是毫无疑问的。但“后现代”？无论如何，穆里尼奥的执教是符合其一般概念的，尽管他和他的团队完成得很出色。他不是第一个玩斗智游戏的人，尽管他是这些不光彩技能的大师，能让切尔西坚信欧足联正在迫害他们、对方球员（尤其是巴塞罗那的球员）对他们极为不尊重，从而使球队先后淘汰了巴塞罗那和拜仁慕尼黑。“他真的能创造一种受困心态。”有位球员告诉我。但弗格森也可能这样做。我的观点是，穆里尼奥为教练一职做了大量工作，但并没有将之提升为一个新角色。即使他最好的几个朋友也会承认，除了非凡的个人魅力之外，他杰出的品质当属组织能力和大量的脑力劳动。“后现代？”有个朋友笑了，“你要知道，曼努埃尔·塞尔吉奥毕竟是个哲学家嘛。”

我们观察过穆里尼奥如何执行他的工作。我们已经知道，这位杰出的教练身上拥有什么品质。我们还不知道的是，他的成功究竟能延续多久？在切尔西的计划成熟之后，他会去哪儿？当时，人们倾向于相信，他哪儿也不会去。无论如何，他最大的敌手——弗格森和温格都是长期执教的教练。但从另一方面来说，很难把穆里尼奥看作创建王朝的教练类型。关于他未来工作方向的唯一迹象，是他对意大利的向往，以及更持久的、执教葡萄牙国家队的野心。他告诉过安迪·罗克斯伯格：“要是我还没当过葡萄牙国家队的教练，我可不想退休。”他还对葡萄牙报纸《足球》解释道：“我想要做点事儿，能够对每个人都有好处。我希望有一天，我能帮助他们变得稍稍快乐一点。”他说起他父亲将一次在国家队上场比赛的机会看得多么重要，然后补充道：“若干年之内，我或许会有机会执教国家队。只有那时，我的教练生涯才是有意义的。”

2005 年 3 月拜访特拉维夫时，他为此设定了一个模糊的时间限制。“我想再工作 13 年，”他说，“而有件事对我来说是非做不可的。我想成为葡萄牙国家队教练——当我想的时候。我想执教国家队，大概两到四年时间，带领他们参加一次世界杯或者欧洲杯。这样算来，我的俱乐部执教生涯还有 9 年到 11 年，而我认为这些年都将用在英超联赛里。”除非，他在赛季结束后补充道，除非他有个机会能执教一家意大利俱乐部（这句话倒是成真了，毕竟他后来加入了国际米兰）。但执掌葡萄牙国家队的信念可谓根深蒂固。

不过，让我们假设穆里尼奥在 55 岁时终于实现了梦想，带领葡萄牙在 2018 年世界杯上取得成功——或许他们年纪日渐增长的队长克里斯蒂亚诺·罗纳尔多甚至有机会举起奖杯，他在曼联和皇马都效力过——然后呢？他结束国家队生涯后真的会退休吗？他会满足于坐在塞图巴尔附近的海滩上看书吗？或许看上一两个月还可以吧。但我猜，长久来看，他一定会寻找其他的人生道路，或许比足球能提供的道路还宽阔些。

当关于巴塞罗那的争议甚嚣尘上时，穆里尼奥仿佛是为了证明这件事并没有给他带来什么坏名声，立刻成了美国运通公司在欧洲和亚洲的新代言人。“为什么还有亚洲？”他问这家信用卡公司的人，对方回答说，他在亚洲正如在欧洲一样，是个标志性人物。他觉得这很有趣，而以色列之行似乎激发了他的更多想象。“等我退休之后，”他在特拉维夫说，“大概再过 13 年，我就完成了我的足球事业，我觉得我大概百分之百会投入到人权事业中。我总是在思考中东和非洲的问题，不只是足球方面的问题。”他总是否认自己对政治有任何兴趣，我们可以想象，他指的是党派政治，但他的才华无疑适合于联合国的某些工作。不管怎么说，他早就证明自己可以团结更衣室了。但这些事都要留待未来，也已经有太多的足球人不太认真地考虑过要放弃职位，最终却改变了想法，毕竟退休生活中的无聊细节会逐渐展现出来。

2005 年夏天，穆里尼奥携全家去塞图巴尔度假，而此时英格兰正在庆祝珀西和弗洛伦斯·艾洛斯密斯的八十周年结婚庆典。据说他们是世界上结婚时间最长的夫妇了。珀西 105 岁，而弗洛伦斯也 100 岁了。人们问她有什么建议可以给想要效仿她的成功婚姻的人，她回答道："永远别害怕说对不起。"与此同时，安德斯·弗里斯克从一个比艾洛斯密斯夫妇的生活暧昧不清得多的世界逃离，他在保险公司的工作正值空闲，如今正在看着他的女儿骑马，看着儿子们踢足球。仅仅四个月前，他还是个欧冠裁判，并且希望在 2006 年世界杯中达到自己裁判事业的高峰，而国际足联也的确邀请他去参加培训；然而现在，除了参与年轻教练的培训外，弗里斯克与足球界再没有什么正式的关联了。私下里，他拒绝了数不清的采访要求，却等待着穆里尼奥为他所造成的后果表现出些许悔意，毕竟切尔西主教练质疑了他在诺坎普的职业道德，尽管他的本意并非如此。当然，穆里尼奥的生活也已经改变了。"尤其是我的家庭生活。"他说。我很好奇，穆里尼奥一家人会如何度过他们在伦敦的第二个圣诞节前的日子。或许何塞和玛蒂尔德会带着他们的两个孩子去国王路旁边的小广场溜冰，就像其他任何幸福的家庭一样，他的眼睛在圣诞彩灯下闪闪发亮，全然不知此后会有何种黑暗。

复杂，一如既往

在何塞·穆里尼奥担任切尔西教练的第二个成功的年头里，他仍然固执地只看到自己想看到的东西。他和家人在英格兰庆祝第二个圣诞节——不会再去国王路上滑冰了，因为他们已经搬家去了萨里区，而此时他的球队仍在熟悉的位置上：英超排行榜首位。切尔西并没有遭到什么严峻的挑战。他们连胜前九场联赛，随后在埃弗顿丢掉两分，又在曼联输了个 0 ：1，但很少有人不相信，这个赛季结束时，穆里尼奥仍能开香槟庆祝。这一次，切尔西以最让人满意的方式巩固了英超冠军：在斯坦福桥球场以 3 ：0 战胜亚历克斯·弗格森爵士的曼联，掷地有声。然而，穆里尼奥仍将尝到苦涩的滋味。

在赛后一场不同寻常的新闻发布会上，穆里尼奥先是说，球队能再次获得冠军真是太好了。更棒的是，这次是在主场，多数支持者都能见证，而不像去年是在博尔顿，只有最死忠的球迷才会买票去看。他甚至解释了为何在场上被颁发奖牌后，他把奖牌和他的外套一起，扔给了马菲赫德灵看台的球迷们，这让记者们很高兴。他说："我认为坐在球门后面的球迷是我们最好的支持者。我们获得冠军的原因之一是出色的主场成绩，而他们是好成绩的一部分，因此我想要跟他们分享胜利的一刻。拿到我的奖牌的人一定是个幸运的家伙，他有个伟大的纪念品。"穆里尼奥短暂地停顿了一下，笑了笑，又补充道："当然他也可以把它挂到 ebay 上赚一笔！"笑声立刻充满了房间。然而穆里尼奥的心情变化更快，他用桌上的一杯水帮助自己做了一番关于经济学的小演讲，他说："在这个国家里，人们只能看见钱、英镑和转会费，切尔西是最难执教的俱乐部。因为仅仅赢球是远远不够的。"然后他触及了自己的不满："赛季初，我连续赢下九场英超比赛，后来也赢了很多其他比赛，但我从来没当过月度最佳教练。一次也没有！"穆里尼奥暗示说，由于不被欣赏，赛季中他好几次想过要辞职。说出这么一番出人意料的话之后，他就离开了，甚至没有提到任何一位共同缔造俱乐部历史的球员——尽管他的确大方地表示，希望在刚刚过去的比赛中不幸脚部骨折的韦恩·鲁尼，能及时恢复健康，赶上即将到来的德国世界杯。

一开始，我们确实感到惊奇，为什么穆里尼奥连一两次月度最佳教练也没拿到？这个奖项是由英超的赞助商——巴克莱银行资助的，与足球界相关的许多领域的代表有资格投票，包括教练、球迷、电视和电台的评论员和记者；我也是记者中的一位。但随后，我想了想投票时的过程。比如，这赛季的第一个月结束时，主要候选人是穆里尼奥和维冈竞技的保罗·杰威尔[1]，后者的球队刚刚升级到英超，并且踢得非常漂亮，连穆里尼奥也不得不承认，开幕比赛那天，维冈输给切尔西纯属运气不佳。两个人竞争激烈，但我们中有些人会考虑切尔西和维冈在背景与资源方面的差异，无论如何，我们有自己的道理，如果这个奖项单纯只考虑比赛结果的话，那我们的思考还有什么用？用一台计算机就能搞定了。

第二天，我在天空电视台的足球节目《周日资讯》上提起穆里尼奥的不满情绪。当时布莱恩·乌尔诺夫[2]——我原先在《每日星报》的同事——正代替吉米·希尔主持节目，他透露说，他曾与西蒙·格林伯格在一次斯坦福桥球场的比赛后进行过一番激烈的争论。乌尔诺夫认为，穆里尼奥把发泄自己的暴躁情绪看得比球员的成就更重要，并且给俱乐部帮了倒忙，这也不是第一次了。但格林伯格是切尔西的公关部经理，他一直忠实地替穆里尼奥辩护。我觉得乌尔诺夫的观点很有道理。显然，穆里尼奥的抱怨、吼叫和愤怒的陈述不过是一

---

① 保罗·杰威尔（Paul Jewell，1964— ），英格兰前足球运动员，司职前锋，退役后担任教练。

② 布莱恩·乌尔诺夫（Brian Woolnough，1948—2012），英国著名体育记者，《每日星报》作者。2012 年因癌症去世时，弗格森曾悼念说：“他是个好记者，也是个好人。”

种设计好的声东击西的战术，想要解除他饱受质疑的球员们身上的压力，可当球员们只剩下最后一个冠军可以争夺时，他们能有什么压力呢？切尔西在欧冠中英雄气短，第一回合淘汰赛就输给了巴塞罗那，后者报了去年的仇怨，尽管穆里尼奥可笑地声称，出色的年轻球员莱昂内尔·梅西在斯坦福桥假摔，导致阿西尔·德尔奥尔诺①被罚下场。足总杯的失利恐怕要归咎于穆里尼奥的战术，半决赛对阵利物浦时，他使用了一个奇怪的阵型，让球队失去了获得国内双冠的机会。但在英超联赛中，切尔西又一次表现出众，赢得毫无争议。

曼联即将造访斯坦福桥时，亚历克斯·弗格森爵士一直在唠叨着抱怨自己的球队进入状态太迟，并且愤愤不平地断言，下个赛季里，切尔西想要争冠就困难多了。他关于下赛季的话倒是说准了。然而，穆里尼奥的球员们这一次给出的答案，是一场重要的胜利。乔·科尔和里卡多·卡瓦略进了非常漂亮的球，完满地赢得了冠军。他们似乎想说：别想拉近分差了。剩下的两场比赛，切尔西都输了。穆里尼奥照旧抱怨着裁判，说他们对切尔西和其他球队使用双重标准。但如今是向球队的稳定性致敬的时刻了。整个赛季，他们在主场只丢掉两分。穆里尼奥执教的两年里，球队在欧冠主场的比赛中从未输过，而他本人的主场纪录才刚刚开始。切尔西的效率无可比拟。因此，在半个世纪没有获得冠军后，切尔西一下子来了个两连冠。

“持久”——穆里尼奥回味这些冠军时，是这样形容的。持久。他特别骄傲地给这个词赋予了新的含义，因为从个人角度说，算上他在葡萄牙的那两

---

① 阿西尔·德尔奥尔诺（Asier del Horno，1981—　），西班牙前足球运动员，司职左后卫，曾效力切尔西、瓦伦西亚等俱乐部。

个联赛冠军，他赢得了四连冠——他当然会让你算上啦。他的执教方法极为有效，足以对付曼联的进步，以及谣传中球员们的不满之情。我并不觉得球员们有多么不满：有些人无法打上比赛时总是要不高兴的。

平心而论，在选择首发阵容时，穆里尼奥并没有偏心自己买来的球员。不幸难以获得出场机会的球员包括德尔奥尔诺和肖恩·赖特－菲利普斯①，后者是转会窗最贵的买卖之一，两个人都是穆里尼奥买来的。2005 年夏天加盟的中场球员迈克尔·埃辛倒是很快融入了英格兰足球，尽管他是史蒂文·杰拉德的代替品，因为杰拉德在最后一刻确定要留在利物浦，穆里尼奥才买了他。穆里尼奥也一直对德罗巴信心十足。德罗巴有时候脾气有点儿坏，又喜欢假摔之后倒地不起，这让他在切尔西球迷中都不大受欢迎。他总是被媒体批评，但赛季末终于证明了自己的价值，从此跨过了那道坎儿，成为了伟大的球员。2012 年，他在慕尼黑进了两个球，让切尔西赢得欧冠：一个让人瞠目结舌的头球扳平比分，还有一个点球。而后，他离开了斯坦福桥。还是让我们回到 2006 年吧。赖特－菲利普斯没能入选斯文·戈兰·埃里克森带到世界杯去的英格兰国家队，于是他去度假了，或许心里盼望自己要是留在曼城就好了，或者当初去了阿森纳，而非切尔西。同时，蒂亚戈决定要转会去埃辛先前的俱乐部里昂，好让事业重新焕发生机。他的同胞马尼切赛季中期重来穆里尼奥麾下，却成了整个伦敦的笑柄。

就这样，穆里尼奥出色地完成了第二个赛季，赢得了英超冠军，但转会市

---

① 肖恩·赖特－菲利普斯（Shaun Wright-Phillips，1981— ），英格兰足球运动员，司职边锋，现在正与纽约红牛队共同训练。

场上的纪录颇为可疑。显然，这方面他没法跟巅峰时期的亚历克斯·弗格森爵士相比，更别说阿尔塞纳·温格了。

显然，穆里尼奥最重要的才能表现在其他方面。比如，在战术方面，他数不清的胜利完全抵过了偶尔的灾难性表现，切尔西赛季初九连胜中的第九场就是一次经典的例证。在斯坦福桥球场，博尔顿的斯泰利亚诺斯·詹纳科普洛斯①率先进球领先，球员们中场休息时，发现穆里尼奥已经准备好了极富冒险精神的替补人选。他换下左后卫德尔奥尔诺，换上另外一名攻击手埃杜尔·古德约翰森，然后，仅仅9分钟内，这个3-3-4阵型就连进四个球，德罗巴和弗兰克·兰帕德各进两球，最后，古德约翰森又打进一球，圆满地结束了这场5：1的大胜。危机？什么危机？当然啦，客队的后卫里卡多·加德纳②因手球被罚下场也是比赛的转折点之一，但穆里尼奥战术上的大胆的确获得了回报。赛后，博尔顿主教练萨姆·阿勒代斯③做出了公正的评价。“何塞·穆里尼奥是切尔西一笔珍贵的、极为珍贵的财富，”他评论道，“只要他留在球队，他们就能位居榜首，与曼联的统治力相抗衡。”几个月后，在西汉姆，切尔西正面临平局，而穆里尼奥换上了埃尔南·克雷斯波——克雷斯波一分钟内就进球了。切尔西还有其他很多替补球员进球的例子。如果一支球队的板凳上总是有身价总额超过5000万英镑的天才球员们，那他们一定会对比赛

---

① 斯泰利亚诺斯·詹纳科普洛斯（Stylianos Giannakopoulos，1974— ），希腊前足球运动员，司职中场，曾为国家队出场77次。

② 里卡多·加德纳（Ricardo Gardner，1978— ），牙买加足球运动员，司职左中场，曾为国家队出场112次。

③ 萨姆·阿勒代斯（Sam Allardyce，1954— ），英格兰籍前足球运动员、足球教练员。15岁同博尔顿俱乐部签约，1973年11月正式代表球队出场，在该队效力时间长达11年之久。

有所帮助。但就穆里尼奥而言，我们还得想想波尔图的情况：当时他手头的替补球员比这差多了，但他依然很有技巧地使用了他们。输给曼联后——当时达伦·弗莱彻[①]的抛物线头球让这位边缘化的苏格兰中场球员短暂地获得了英雄般的温暖待遇——切尔西连续三个月不败。然后，忽然之间，他们在米德尔斯堡输了个 0 ： 3，那是支奇怪的球队，能把英超最好的队伍耍个团团转（曼联和阿森纳都在提兹塞德栽了跟头），还能打进欧联杯决赛，但从来没能在英超排行榜中排名前十。

赛季末，米德尔斯堡排名第十四，并送别了他们的教练史蒂夫·麦克拉伦[②]，他去接替埃里克森成了英格兰主教练。英足总花了三个多月时间才选定了他。你可能会认为，哪怕他们不怎么认同麦克拉伦之前在埃里克森身边工作五年的成绩，他一个赛季里战胜穆里尼奥、温格和弗格森的光辉业绩也足够让他们做出决定了。但影响球队命运的因素绝不仅仅是教练，这一点切尔西也是个好例子：他们有穆里尼奥选出的队长——约翰·特里。

约翰·特里又一次对赛季产生了巨大影响。在米德尔斯堡的惊天惨败后，切尔西又在主场输给了巴塞罗那，然后客场输给了富勒姆（这个客场倒是一点儿也不远）。八场比赛中输掉三场，这对切尔西而言简直算是个危机了。他们在英超中的领先优势从 17 分跌到 7 分。4 月 9 日，正是复活节前的星期日，那天穆里尼奥错误地预言他们能以这场比赛拿下英超冠军——球队又在斯坦福

---

① 达伦·弗莱彻（Darren Fletcher，1984— ），苏格兰足球运动员，司职中场，现效力于西布朗。

② 史蒂夫·麦克拉伦（Stevie McClaren，1961— ），英格兰前足球运动员，退役后从事教练工作，现执教纽卡斯尔俱乐部。

桥遭遇西汉姆。他们丢了个球（詹姆斯·科林斯①进的），然后又罚下了个人（马尼切被罚下场）。然而切尔西以四球还击，德罗巴、克雷斯波、特里和加拉斯先后进球。第二天，《每日电讯报》上，阿兰·汉森称赞特里的表现是对更衣室谣言的完美回应。“我担任利物浦队长时，如果情况不对，”他坦白地回忆道，“我都想赶紧下场了事。我永远也称不上一个伟大的队长，但特里是个伟大的队长。他肯定对自己说：‘让我们把这个破事儿搞定！’昨天，他拿出了巨人般的表现。通常来说，如果球队队长是个中后卫，你会指望他要么特别富有战斗精神，要么老成持重。而特里在这两方面都做得非常出色。”他是那种能激励人心的球员，球队在逆境中可以指望他。从那时起，曼联知道，他们这赛季争夺冠军又无望了。

到了那时，切尔西争夺欧冠的希望只能留在下赛季了，为此罗曼·阿布拉莫维奇和经理们打算引入三名新球员，包括拜仁慕尼黑的迈克尔·巴拉克和米兰的安德烈·舍甫琴科，后者堪称疯狂的交易。然而穆里尼奥恐怕不怎么喜欢这些新援，不和的种子也就此埋下。2006年，他们败于巴塞罗那之手，早早告别欧冠。穆里尼奥显然还是不太能对付巴萨。一年前，当巴塞罗那面对球员通道里的喧嚷时，他们展示出了一种高贵的尊严：你可以期待在里杰卡尔德带领的球队那里看见这种尊贵，就像你期待罗纳尔迪尼奥表现出神一样的足球技巧。然而这一次，决定比赛的人物是小个子，但才华横溢的梅西，他整场比赛都折磨着德尔奥尔诺，这位左后卫一次次笨拙地试着放倒梅西（其间

① 詹姆斯·科林斯（James Collins，1983— ），威尔士足球运动员，司职后卫，现效力于西汉姆。

阿尔杨·罗本也进行了一次丑陋的干扰），最终把他铲倒在地，自己被罚下场去。蒂亚戈·莫塔和约翰·特里一人进了一个乌龙球，彼此抵消，但埃托奥的进球确保了巴塞罗那在第一回合的领先。多数中立球迷都会认为巴萨的表现该当胜利，当然啦，其中不包括穆里尼奥。他想要用一种幽默的方式批评梅西。他说，巴塞罗那是个有文化的城市，有很多高档剧院，因此梅西肯定从戏剧艺术中获益良多，才能在德尔奥尔诺身边滚了好几圈，让挪威裁判泰耶·豪格①相信他受伤了。但如果你把这层讽刺的皮剥掉，你会看到，穆里尼奥把梅西说成了一个骗子。在弗里斯克的事情中，他的指责更为严重：他暗示负责巴塞罗那赛事的裁判们都不公平，不值得被信任。

对于我们多数人来说，这样的指控真是难以承受。但既然欧足联放任穆里尼奥这样说话，我们又怎么能单单指责他呢？弗里斯克火速退休后对切尔西教练的指责，以及给他两场禁赛的处罚简直不值一提。欧足联首席执行官拉斯·克里斯特·奥尔森说：“不管是谁，只要他说了有煽动性的言论，威胁到了比赛官员的安全，并损毁了比赛的名誉，我们都会制裁他。”但这样的批评算什么呢？切尔西甚至借此机会扭曲了事实：他们声称，既然欧足联决定德尔奥尔诺只会被禁赛一场（通常来说，红牌的最长禁赛时间可达三场），这恰恰证明他的犯规其实无足轻重。事实上，小组赛阶段里迈克尔·埃辛曾有过一次恶劣的犯规，而他得到的惩罚也远远不够。这位加纳球员危险地撞倒了利物浦的迪特马尔·哈曼②，在电视转播了这次犯规之后，埃辛被禁赛两场，而当天

① 泰耶·豪格（Terje Hauge，1965— ），挪威足球裁判，曾执法 2006 年欧冠决赛。

② 迪特马尔·哈曼（Dietmar Hamann，1972— ），德国前足球运动员，司职中场，曾在拜仁、利物浦、曼城等球队效力，退役后成为教练。

空电视台下一次造访斯坦福桥时，穆里尼奥却对他们的记者嗤之以鼻："巴塞罗那的人一定对你们很满意。"

尽管穆里尼奥没能激励自己的球队再一次战胜伟大的加泰罗尼亚俱乐部，他显然还是最大程度地利用了媒体。而英国媒体在对阵巴塞罗那的两场比赛之间还算心情愉悦，因为他们最喜欢的事儿就是在别人失败时落井下石了。《星期日人民报》的保罗·麦卡锡尖锐地指责穆里尼奥一直在"含糊其辞"，并提到了大有争议的细节："在斯坦福桥输给巴塞罗那之后，穆里尼奥所说的话简直像个白痴说的，这种心智不健全者不假思索时就会在网络上威胁别人的性命。切尔西主教练总是预设阴谋的存在。相信世界上的一切——生活、社会和足球——都跟他们对着干，唯一合适的回应就是把想要打倒他们的人打倒。他们正是从领导者穆里尼奥那里得到了这种暗示，并且以唯一合适的方式回应：威胁挪威裁判泰耶·豪格的生命。"

为了对切尔西公平起见，麦卡锡补充说，他们已经尽快把这种言论从网站上撤下去了。但难道俱乐部里就没有谁能告诉穆里尼奥，说他实在太过分了吗？"你能看见的只是，穆里尼奥身边围着一群谄媚的奴才，他们没有勇气站出来告诉他，他错了。他们从来没输过什么重要的比赛，他们总是遭到不公平的待遇。切尔西永远没错，一切都是邪恶的对手的错。或者不公正的裁判的错，或者是该死的媒体的错。这是一种丑陋的、不得体的运作俱乐部的方式，因此我这一周才接到了很多电话，这些中立球迷都为阿森纳在马德里获胜而开心，同样也为了切尔西输给巴塞罗那而高兴。"

在《太阳报》上，史蒂文·霍华德分析了穆里尼奥不断变化的形象。"原本，公众欢迎这个男人，认为他是一股令人激动的清流，现在他自甘堕落，开始释放毒气。曾经，大家为他的眨眼、肘部动作和俏皮话鼓掌，因为他做这些举动的姿态很美妙。而如今，这种不可置疑的魅力正在减弱。曾经，他在我们眼里是个口齿伶俐、见多识广的人，哪怕有人戳了他的痛脚，他也能报以机智幽默的回复；现在，我们觉得他是吹牛皮大王。尽管他自己也被双重标准遮挡了双眼，他依然想要把别人的眼睛蒙上。在为对阵巴塞罗那的第一回合准备的专栏中，穆里尼奥写道：‘我们两支伟大的球队又要重逢了，好几个星期以来，切尔西俱乐部对这次抽签不置一词。但从巴塞罗那那边，我们听到了复仇的愿望、场地的争议（切尔西被指控推迟斯坦福桥球场的修补，好让巴塞罗那无法得到好场地的优势）、战斗的决心，复仇、场地、战斗，复仇、场地、战斗。’就这样，穆里尼奥写了这么个潦草的句子，简直是给人家的伤口上撒盐。”他没能欺骗任何人，霍华德继续说道，媒体和公众再也不会接受他那一套了，他说梅西是个演员，大家却能看见德尔奥尔诺比他的受害者还能演：他在撞到梅西之后一直装作受伤的样子，“想要逃避惩罚”。最终，霍华德总结说，对于一个该对安德斯·弗里斯克事件负责的人，我们又能指望什么呢？

关于“特别的一个”如何变成了“徒有其表的一个”，《星期日泰晤士报》的休·麦克伊凡内也奉献出了一份详尽而带有指责性的描述，与其他人的攻击一样呼啸而来。“简直像平庸的背景音乐，”他写道，“每次足球的现实结果与他自认的才华不相符合时，何塞·穆里尼奥都会让抱怨和阴谋论充塞我们的耳朵。或许是他的偏执狂性格导致了他看待任何事物都心存偏见，或许他习惯于精心算计，用错误的阐释当作武器，不管怎么样，这一切的效果都堪称让人厌倦。伪君子这种人，无论穿上怎样华而不实的衣服，都不会有吸引力。穆里尼奥总是给他球员的过分举动找到借口，不管是沉默不语还是口若悬河，而同时，对待别人远远没有那么严重的错误，他却会喋喋不休地谴责。他会毫不留情地扭曲事实，暗示切尔西偶尔遭到的失败并不是失败，而是不公正。可笑的是，他的论述总是为个人利益服务的。巴塞罗那在斯坦福桥战胜了切尔西，这本是一场或许有争议，但绝对公平的胜利，而在他的回应中，他再次证明了自己已经变成了‘徒有其表的一个’。他还可能跌得更低：变成一个粗俗而令人厌烦的家伙。一旦他的恶意遭遇了一位聪明的世界级挑战者，用复杂的战术把他打败时，他就只能用蘸着毒液的讽刺和笑话来娱乐我们了，然而这些讽刺对于真正的敌人无法造成真正的损伤。他在自己的野心之路上看到许多障碍，坚定地想把他们全都摧毁，可惜他的手段太过粗鄙，完全是不可接受的无礼攻击。他竭尽全力，想把自己和自己的球队打扮成优秀品质的代言人，遭到四面八方的嫉妒、冷嘲热讽和邪恶的阴谋，然而这种形象和他自己善于操纵人心的手段太不相符了，简直要变成一场闹剧。”

正如这些专栏作家所反映的，为什么穆里尼奥在这个国家里逐渐变得不受欢迎了呢？他的言行显然变得更加咄咄逼人，也更加缺乏新意，或许是受到斯坦福桥幕后逐渐增长的压力的影响（尽管球场看台上的球迷依然深爱穆里尼奥，他们仍然对他怀有不消退的深情）。他不太可能被麦卡锡、霍华德甚至麦克伊凡内影响。

当球队被淘汰出欧冠比赛时，他并没有学到教训。在诺坎普波澜不惊的上半场，切尔西占据优势，但巴塞罗那等得起，因为他们总比分占优。第 78 分钟，一切关于结局的疑问都一扫而空，以一种相当华丽的方式：罗纳尔迪尼奥直接攻破了切尔西的防线，挤开特里，好像这位世界上最稳健的中后卫只是个惹人厌的小孩子，然后对着彼得・切赫进球。离终场哨响还有几秒钟时，弗兰克·兰帕德通过点球扳平比分，这个点球是特里赢得的，裁判马库斯·默克①判罚十二码，尽管巴塞罗那的马克·范博梅尔在特里倒下之前只碰到了球。巴塞罗那并没有过度抗议，电视重播对于裁判来说是不可能的奢侈，而且这个点球判罚不会有任何实际效果。穆里尼奥的表现一如既往，他只看到了自己想要利用的事实，在随后的新闻发布会上，他坚持说 1 ∶ 1 的比分证明了巴塞罗那虽然以总比分优势晋级，却无法打败十一人的切尔西。他说："对我而言，在斯坦福桥的结果是决定性的。"当然啦，他没有提起那个为他保留了一丝颜面的点球判罚的争议性。与此同时，在他发表言论的大厅里还藏着几个助教：鲁伊·法里亚，希尔维诺·鲁洛，安德烈·维拉斯·博阿斯。其他助教大概在盯着裁判的房间吧。这副场景很不寻常。他们是来当保镖的吗？还是来安慰穆里尼奥的呢？不管是来做什么，他们的做法都没有先例可循。真的，很难想象哪个欧洲主教练不乐意独自完成新闻发布会。几天前，保罗·麦卡锡写到的"谄媚的奴才"是指他们吗？公正地说，这些人都是值得尊敬的足球人。但他们有勇气指出穆里尼奥的错误吗？

四月初，他似乎认识到了某些错误。当时曼联正在缩减和切尔西的分差，逼近榜首，而他对此做出回应时，表现得更像他以前的样子，仿佛对方的挑衅不过是身上的水珠，抖一抖就落干净了。事实上，他还是难免在水里沾湿了衣襟。在西汉姆造访斯坦福桥之前，媒体蜂拥而来，考验他的神经。若干天之前，在一个风景如画的苏格兰海湾中，有人注意到一只死天鹅，从此这个国家

---

① 马库斯·默克（Markus Merk，1962— ），德国前足球裁判，是德甲执法场数的纪录保持者，六度夺得德国年度最佳裁判奖，并多次执法世界杯和欧洲杯比赛。

对于禽流感疫情的长期恐惧终于爆发成了惊慌失措。后来人们发现，根本无需担忧禽流感，但当对天鹅的一系列检查的结果尚未公布时，有位记者问穆里尼奥是否担忧曼联在排行榜上逐渐逼近的势头，而他面无表情地回答道："对我来说，压力就像禽流感。我因为苏格兰的死天鹅感到很有压力。我是认真的，与足球相比，我更害怕禽流感。与生命比起来，足球算什么呢？一只感染了禽流感的天鹅——对我来说，这才是过去两天里压力的来源。我得买几个口罩了，或许也得给我的球员买几个。"这个回答很出色，堪称无懈可击。他不但提到了球员们心里可能会有的疑问，还让我们其他人看起来浅薄又毫无心肝，因为我们竟然把球队的排名看得比人民的健康状况更重要。最后一句话也很机智：家庭比足球更重要。这是典型的穆里尼奥风格。

接下来是他还要对付那些把切尔西比作戴文洛克的废话：弗格森和一些专栏作家都提到了这段50年前发生的往事，全国越野障碍赛马会上，一匹叫戴文洛克的头号热门赛马在距离终点只差40码时跌倒了。"我听说过这个故事，"熟悉情况的穆里尼奥说，"但我可以给你讲一个葡萄牙的故事，因为在葡萄牙没有戴文洛克也没有赛马。假设我们在海里，乘着一艘小船，距海滩一英里远。我跳入水中，因为我很擅长游泳，有个家伙想和我比赛谁先游到终点。我开始游了，用了许多种不同的游泳姿势，抵达了海滩，然后在沙滩上行走。当那个家伙抵达海滩时，他死了。我们管这个叫'死在沙滩上'。他不该追赶我的！他该让船开得离海岸更近一点。他太想追上我了，结果犯了心脏病。这就是葡萄牙版的戴文洛克。"这个故事的结局或许过于残酷，但作为寓言，它并不那么难以理解。而且，他的球队很快就领会了这个寓言的含义，并在下一场比赛中完美地实现了它，马尼切被罚下场的阴影也得到缓解。更精彩的是，大约三个星期之后，曼联游进了西伦敦，在斯坦福桥球场，他们的征程终于“死在了沙滩上”。

与上一年相比，穆里尼奥的庆祝没有那么狂热了，他和球员之间的肢体语言也不再那么动人。有人暗示他和罗曼·阿布拉莫维奇将在征服足球世界的道路上分道扬镳，但多数人还是对这种说法不屑一顾。巴拉克转会来了，舍甫琴科也即将到来。穆里尼奥仍在找机会谈论自己，即使他所做的不过是回答亨利·温特的问题，后者是《每日电讯报》的足球记者。“当人们说起关于我的负面言论时，我的家人知道我在家里是个什么样的人。他们，以及其他那些深深了解我的人，认为我有时候不该做一个‘全心全意为俱乐部的人’。他们对我说：‘很多教练先考虑自己，再考虑俱乐部。’而对我而言，我总是把俱乐部的利益看得比我自己的形象更重要。这让我的生活变得有点儿艰难。”但他也补充说：“我没法改变自己。我是球队的领导者，今天我带领切尔西，之前带领波尔图，将来又可能是别的某支球队。我不能总担心自己的形象如何。批评不能改变我，一点儿机会也没有！我的球队输球时，我永远也不会躲起来；球队赢球时，我倒是可以消失一下。”就像他们在斯坦福桥赢得冠军时他所做的那样吗？

当一个人在足球界越来越成功时，他身边就会出现越来越多的卑躬屈膝者，他们谄媚得越厉害，他能听到的、有意义的言论就越少。博比·罗布森爵士谈到权力时就这样讲。在解剖一位赢家时，这种逻辑常常很有用。2006 年 5 月，巴克利银行的评审团分头去参加世界杯前最后碰了一次头儿，这次他们评出了年度最佳教练：穆里尼奥。不是什么月度最佳教练，是年度的。尽管他没能参加颁奖晚宴，他还是发来了录像表达感谢，同时也淘气地表达了自己为何没获得过月度奖项的疑惑。然而，评审团怎么可能无视他全年的成就呢？尽管他的魔力可能稍有消退，尽管他与英格兰人民之间的激情暂时有所褪色，切尔西也变得和曼联一样不受欢迎，但他们还是要承认，他总是有点儿“特别”的。

第六部分　从内讧到狂喜

太漫长的桥

何塞·穆里尼奥在斯坦福桥最后一个完整的赛季看起来一如既往——不，其实只有赛季开始时的主场胜利是正常的，约翰·特里举起两个奖杯的一幕也是正常的，其他的一切都走偏了。随着2006年的世界杯之夏终告结束，赛季开始得很晚。英超揭幕战中，约翰·特里、弗兰克·兰帕德和迪迪尔·德罗巴分别进球，切尔西击败曼城。在千禧年球场举办的联赛杯决赛中，德罗巴梅开二度，切尔西战胜阿森纳夺得冠军。最终，2000年以来第一次在温布利球场举行的足总杯决赛中，德罗巴又打进制胜球，帮助切尔西战胜曼联。球场是新修好的，而这些开香槟的球员们也是刚刚才熟悉起来的。

从表面来看，切尔西少有改变。但事情的表面总是有欺骗性的。当时已经常有关于切尔西幕后不和的谣传了，而穆里尼奥总是卷入其中。然而，大家都假设这位连获两次英超冠军的教练无所不能，至少在与球队直接相关的事务上是如此，亚历克斯·弗格森爵士在曼联也有这样的待遇。我们将发现，真相正好相反。考虑到穆里尼奥一直能给罗曼·阿布拉莫维奇带来奖杯——只有阿布拉莫维奇越来越渴望的欧冠冠军除外，这个冠军他还得换上六个教练才能得到——许多评论员都不相信季前的球员买卖中潜藏着多大的破坏性。许多在世界杯中表现出众的球员抵达了斯坦福桥：迈克尔·巴拉克，德国队富有经验的领导者，自由转会而来，赢得了高工资；哈利德·布拉鲁兹[①]，荷兰硬汉，与德罗巴在科特迪瓦的队友萨洛蒙·卡卢[②]同时加盟。而最戏剧性、对穆里尼奥与罗曼·阿布拉莫维奇之间的职业关系也最具破坏力的转会，当数安德烈·舍甫琴科。米兰很乐意以3000万英镑的价格卖掉这位伟大的乌克兰前锋，他上了年纪，他们知道他关键的速度优势已经不在了。阿什利·科尔是英格兰的左后卫，他的转会大获成功，倒是在买进的人中格格不入。赫尔南·克雷斯波转会离开了，这次是永久转会；威廉·加拉斯去了阿森纳，抵去买进科尔的部分资金；埃杜尔·古德约翰森、阿西尔·德尔奥尔诺、罗伯特·胡特、格伦·约翰逊[③]和卡尔顿·科尔[④]都走了。

在切尔西的科巴姆训练基地，看门人估计因为球员的转入转出已经头昏脑涨了。然而北方几百英里之外，我们能看到一幅更宁静的场景。在卡灵顿的曼联训练基地，唯一的新面孔是迈克尔·卡里克。亚历克斯·弗格森爵士的球队已经拥有了韦恩·鲁尼和克里斯蒂亚诺·罗纳尔多这样的关键球员，他只打算做最小的改变，以免扰乱球队。事后看来，这正是英超冠军从切尔西回到曼联

---

① 哈利德·布拉鲁兹（Khalid Boulahrouz，1981— ），荷兰足球运动员，司职后卫，曾效力于汉堡、切尔西等俱乐部。

② 萨洛蒙·卡卢（Salomon Kalou，1985— ），科特迪瓦足球运动员，司职前锋，如今在柏林赫塔俱乐部效力。

③ 格伦·约翰逊（Glen Johnson，1984— ），英格兰足球运动员，司职后卫，如今在斯托克城俱乐部效力。

④ 卡尔顿·科尔（Carlton Cole，1983— ），英格兰足球运动员，司职前锋，刚刚与西汉姆联解约。

手中的原因之一。

当然还有其他原因。如果按照重要程度排列，高居其中的当数球队的分裂：切尔西的团结中出现了许多裂缝，这些裂缝持续扩张着，直到穆里尼奥最终离开俱乐部。有些人的确认为，内部的政治斗争是切尔西丢掉统治力的关键原因：穆里尼奥在第一个赛季开创了切尔西的统治时代，那个赛季最终在老特拉福德球场达到高潮，球队 3 ： 1 击败了曼联。只有在那个赛季中，政治似乎是完全无关紧要的。然而，第一个赛季末，经验丰富的荷兰教练、球探皮埃·德威瑟尔①向阿布拉莫维奇推荐了一个新人，他的建议总是被阿布所倚重，自此，俱乐部走向了分裂。分裂的一方包括穆里尼奥和他的助教们，你可以称之为“葡萄牙帮”，尽管其中有史蒂夫·克拉克这样的苏格兰人，巴尔特马尔·布里托也有巴西血统。另一方的领导者则是足球总监弗兰克·阿尔内森②，他的到来引发了分裂。尽管阿尔内森曾是丹麦的杰出球员，但他的职业生涯主要在荷兰度过，退役后也依然居留在荷兰，作为 PSV 埃因霍温的足球总监大获成功。后来他移居英格兰，加入托特汉姆热刺俱乐部，担任同样的职位。在德威瑟尔的建议下，阿尔内森被邀请登上阿布拉莫维奇的一艘游艇，参加了一次赛季末的会议，然后得到了切尔西的聘用，尽管俱乐部为此付给了热刺大约 800 万英镑的违约金。这样，“荷兰帮”成立了。

---

① 皮埃·德威瑟尔（Piet de Visser，1934— ），荷兰足球教练、球探，曾发掘罗马里奥和罗纳尔多，并将他们带来欧洲。如今仍担任切尔西的球探。

② 弗兰克·阿尔内森（Frank Arnesen，1956— ），丹麦前足球运动员，司职中场，为国家队出场 52 次。退役后在埃因霍温、切尔西等俱乐部担任体育总监，如今就职于希腊 PAOK 俱乐部。

紧张的气氛很快出现了。穆里尼奥反对阿尔内森的任命，尽管这位和蔼可亲的丹麦人在埃因霍温时总是与许多球星的崛起相联系，比如阿尔杨·罗本（如今他就在切尔西效力，刚刚骄傲地赢得了第一座英超冠军，是德威瑟尔把他买来的）、鲁德·范尼斯特鲁伊、亚普·斯塔姆①和伟大的巴西人罗纳尔多。一年之后，阿尔内森和德威瑟尔计划给球队买来阿莱士②，一位年轻的巴西中场球员，但穆里尼奥坚决反对，表示想要布拉鲁兹。最终，切尔西听从德威瑟尔的建议从桑托斯手中签下了阿莱士，但租给了埃因霍温。穆里尼奥辩称道，尽管他们得付给汉堡850万英镑才能买来布拉鲁兹，但他是个多功能球员，他不但可以在中后卫上与约翰·特里和里卡多·卡瓦略竞争，还能在边后卫位置上代替保罗·费雷拉和阿什利·科尔。然而，布拉鲁兹来后难以保持体形和健康，他被租给塞维利亚，同样不成功，最终半价卖给了斯图加特，切尔西损失了425万英镑。与此同时，阿莱士在荷兰继续大放光彩，2007—2008赛季初，他被召回斯坦福桥，并最终成了里卡多·卡瓦略合格的继任者，在约翰·特里身边踢球。不久之后，穆里尼奥就离开了。

我并不是想说，穆里尼奥对球员的判断不如阿尔内森或者德威瑟尔准确，或者比他们强；我想说的仅仅是，两个帮派之间的紧张气氛通常不会给球队带来好处。穆里尼奥可以像其他任何人那样狂热于办公室政治，他是个典型的葡萄牙人，热衷于维护自己管理、控制球队转会的权力。他相信，教练负责转会

---

① 亚普·斯塔姆（Jaap Stam，1972— ），荷兰前足球运动员，司职后卫，曾在曼联、米兰等球队效力，并于1999年跟随曼联获得三冠王荣誉。

② 阿莱士·罗德里格·迪亚斯·达·科斯塔（Alex Rodrigo Dias da Costa，1982— ），巴西足球运动员，司职后卫，如今效力于米兰。

是英格兰足球的传统运作方式——这是对的。无论如何，他曾与博比·罗布森爵士讨论过很长时间，并以近乎着迷的态度研究了弗格森的运作方法。然而在切尔西，帮派之间永远不能像曼联的帮派那样精诚合作。在曼联，一位总裁发出不可置疑的命令，而他的智囊团会为此工作；切尔西则是靠帮派之间的对抗运转的，每个帮派都想让自己得到老板的更多赏识。整个 2006—2007 赛季中，这些帮派都彼此疏远。而穆里尼奥一直在制造争议。

在他的第一个赛季里，因为安德斯·弗里斯克的事情，他遭到欧足联引领下的一番抨击，而他指责俱乐部对他的支持不够。这一次，阿布拉莫维奇站在他这一边，给他大幅度涨了工资。然而，尽管穆里尼奥的第二赛季依然在英超取得了辉煌战绩，阿布拉莫维奇眼中最重要的奖杯——欧冠，却还是没到手。于是阿布拉莫维奇一定想到了一个问题：穆里尼奥总是在身边引起争议，却依然拿不到欧冠，这样值得吗？尤其是穆里尼奥毫不掩饰自己对于签下舍甫琴科的不满，而舍甫琴科偏偏是老板本人坚持的一笔签约。

就这样，穆里尼奥的第三个赛季开始了。第八场联赛成了他最具争议性的比赛之一。球队客场挑战雷丁，尽管两名守门员都不幸被担架抬下场，他们还是 1 ∶ 0 战胜了对手。彼得·切赫受伤最严重：史蒂芬·亨特[①] 用膝盖撞中了切赫，导致他头骨骨折。愤怒的穆里尼奥谴责了亨特，他情绪非常激动，甚至三天之后，在对阵巴塞罗那的欧冠比赛前夜，他依然重复着对这名雷丁球员的指控，还补充说他希望自己能用更激烈的语言谴责他。穆里尼奥同样刻薄地

---

① 史蒂芬·亨特（Stephen Hunt，1981— ），爱尔兰足球运动员，司职边锋，曾效力雷丁、胡尔城等俱乐部。

批评了雷丁俱乐部，以及当地的救护车服务。切赫将不得不缺阵三个月，而且在余下的职业生涯中都不得不戴着保护头套参加比赛。穆里尼奥声称，由于治疗的延误，他差点儿死掉了。他说，从切尔西队医呼叫救护车，到切赫最终出发去医院，中间隔了整整 30 分钟。雷丁则反过来指责穆里尼奥的话语中有“非常严重的不准确之处”，比如，在呼叫救护车与切赫抵达医院（而非离开球场）之间仅仅过去了 26 分钟而已。救护车服务组织也驳斥了穆里尼奥的说法。有些著名的足球界人士，包括阿尔塞纳·温格，也认为穆里尼奥对于亨特的谴责有误。这可不是他人生中最美好的时光。比赛继续进行，卡洛·库迪奇尼代替了切赫，然而不久又在空中与伊布拉西马·松科[①]相撞，因为脑震荡而不得不下场。在当时激烈的气氛下，穆里尼奥的愤怒是可以理解的，令人惊讶的是，他居然一直沉陷于怒气之中，并把这种情绪带入了与巴塞罗那的第一场欧冠小组赛中。

德罗巴打入制胜球，切尔西赢得了那场比赛。后来在诺坎普，他们也 2 ： 2 战平，巴萨要感谢曾效力切尔西的古德约翰森，他抓住了中后卫反应迟缓的一刻，为巴萨进了一球。淘汰赛第一轮，穆里尼奥重回波尔图，这趟旅程堪称伤感，最终舍甫琴科进球，为切尔西博得平局——他在杯赛中效率最高。第二回合中，切尔西 2 ： 1 取胜。两场欧冠之间，喧嚣的联赛杯决赛在卡迪夫打响。在伤停补时阶段，两队发生冲突，霍华德·韦伯罚下了切尔西一方的米克尔，以及阿森纳一方的科洛·图雷和阿德巴约。两个球队各自因无法控制球员而被罚款 10 万英镑。

---

① 伊布拉西马·松科（Ibrahima Sonko，1982—　），塞内加尔足球运动员，司职中后卫。

谣言四起，据说阿布拉莫维奇和他的经理们开始担心切尔西俱乐部的形象。人们推测说，俱乐部与穆里尼奥之间的不和愈发严重，最终穆里尼奥甚至开始公开与朋友和同事讨论这一点。但切尔西已经赢得了一项冠军，并且还在争取另外三个，这样辉煌的战绩足够让人们忽视种种传闻。正是在这样的情况下，首席执行官彼得·肯扬努力向支持者保证，穆里尼奥不会离开。他说："何塞的合同直到 2010 年才过期，他想留在俱乐部。我们不会解雇他。我们支持他，尽管传闻和推测很多，我们仍然获得了巨大的成就。不管你们听说了或者读到了什么报道，我们并没有什么代替穆里尼奥的候选人名单，也没有对任何人提出邀请。还是让谣传平息吧。我们希望种种猜测会逐渐消失，我认为应该这样。我们相信，最重要的是切尔西的工作仍一如既往地进行，而我们将竭尽全力，去赢取剩下的三个冠军。"

四月初，随着切尔西击败热刺，而曼联在朴茨茅斯由于里奥·费迪南德的乌龙球而输掉比赛，他们与英超榜首的距离拉近到三分。接着，球队跨过瓦伦西亚，迈进欧冠半决赛——两回合里又和利物浦打了个平局。在斯坦福桥，乔·科尔的进球带给了球队第一回合的胜利，然而在安菲尔德，丹尼尔·阿格打进一球，扳平了总比分，两队不得不点球决胜。鲍德温·岑登①、哈维·阿隆索和史蒂文·杰拉德先后打进点球，安菲尔德沸腾了。等到德克·库伊特也射球入网时，球场简直兴奋得要爆炸了，因为这意味着利物浦进了决赛。他们的守门员佩佩·雷纳扑出了阿尔杨·罗本和格雷米的点球。

① 鲍德温·岑登（Boudewijn Zenden，1976— ），荷兰前足球运动员，司职边锋，曾效力巴塞罗那、利物浦等球队，为国家队出场 54 次。

几天之后，夺取英超冠军的希望破灭了：布拉鲁兹被罚下，穆里尼奥的切尔西十人作战，在阿森纳的主场只拿到1：1的平局。但还有温布利的足总杯决赛，在重建的、有宏伟拱门的温布利球场。这座球场屹立着、闪耀着，似乎拥有一切，只可惜草地状况颇糟。切尔西倒是不介意在这片“菜地”上比赛，这样的场地对他们的战术更有利，却给曼联添了麻烦，后者的短传因此失误不断，在第116分钟，一次巧妙的长传让德罗巴解决了战斗。在年度球员的评选中，德罗巴排名第二，罗纳尔多赢得了这个奖项。曼联重新成为联赛冠军。而穆里尼奥，他本来看上去像是要送别亚历克斯·弗格森爵士了，自己却成了告别英超联赛的那个人。

他带着复杂的心情结束了这个赛季。他赢得了英格兰足球的每一种冠军，这让他满足，正如他后来在接受《观察者报》的采访时告诉邓肯·卡索斯的那样，后者是他最喜欢的英国记者。“足总杯很特别，”他说，“我从小就看着温布利的足总杯决赛长大，一直没有赢得这个奖杯让我很沮丧。因此，最终赢得它的感觉非常特别——尤其是在这个极为艰难的赛季之后。”但他仍能感觉出，他在斯坦福桥的时光就要结束了。他的确考虑过，要在温布利战胜曼联、夺得足总杯之后就辞职离开。他最终决定留下，但后来，他声称这个决定是“我最大的错误”。

不安之夏

无论场上还是场外，穆里尼奥的境况并没有改善。他与阿尔内森一直关系疏远，然而就好像有个阿尔内森还不够一样，那个夏天，艾林·格兰特[①]也加盟了俱乐部，他曾是以色列国家队的教练，是阿布拉莫维奇的朋友，此前在朴茨茅斯担任足球总监。他在切尔西担任了同样的职位。很难追溯到当时阿尔内森的职位究竟是什么了。名义上，他一开始负责挖掘青年球员，但不久“青年”这个词儿就不再重要了，他最终成了“体育总监”。而真实情况是，自从格兰特于 2007 年 7 月加盟后，穆里尼奥不得不对抗的，就不只是一位总监了——是两位！对于穆里尼奥及俱乐部的支持者而言，更让人不安的是，格兰特似乎随时可以很方便地接管球队，毕竟他是阿布拉莫维奇的老友，在温布利与阿布坐在同一间包厢里观看了足总杯决赛。事实证明，他们的不安大有依据。穆里尼奥的小圈子的第一感觉是，格兰特主要是来帮助舍甫琴科的，好让这位乌克兰前锋尽快回到最佳状态，但他们也察觉出了更明显的不祥之兆。他们知道阿布拉莫维奇一直渴望能有个更顺从的教练掌管球队，而格兰特正符合这样的要求。最重要的是，他们认为穆里尼奥没有得到足够的尊重。穆里尼奥作为教练成就很高，而格兰特的履历相当单薄，他很难接受格兰特对他指手画脚，更别提接他的班了。

起初，没有迹象表明两人之间会发生矛盾。格兰特走马上任，切尔西全队飞往加利福尼亚参加锦标赛，对手包括洛杉矶银河队——一支属于美国大联盟的球队，大卫·贝克汉姆正为其效力，还有来自韩国的水源三星蓝翼俱乐

① 艾林·格兰特（Avram Grant，1955— ），以色列足球教练，曾执教以色列国家队、切尔西等，如今执教加纳国家队。

部[①]。阿布拉莫维奇与球队同在，他一直与穆里尼奥谈笑风生，平庸的观察者肯定会认为他们两人之间正是完美的俱乐部老板——教练的合作关系。然而这种关系很快就会破裂，而另一位俱乐部中的关键人物将要在其中扮演重要的角色，他就是约翰·特里。所以说，穆里尼奥甚至失去了他的队长的完全信任：这位队长正是他鼎盛时期在球场上的最佳代言，如今也要站出来表达自己的不满了。特里的公众形象在这些年间遭遇了几次破坏，最后一次声名扫地，是因为他与韦恩·布里奇的女友偷情，而布里奇是他在切尔西和英格兰国家队的队友。为此，特里被法比奥·卡佩罗剥夺了国家队队长一职。但尽管如此，他仍可轻易影响队友的情绪，并且是个意志坚定的斗士，因此卡佩罗一年之后又把队长袖标还给了他。如今，他成了怀疑何塞的人中的一员了。

还有足球风格的问题，彼得·肯扬证实，漂亮足球的确是阿布拉莫维奇所追求的核心。据说，阿布一位不愿透露姓名的合作者曾说过，他们想要看到一场 4 ：0 的大胜，而最后一个球是禁区边缘的超级远射！而漂亮足球对于穆里尼奥来说仅仅是值得追求的，而非一种必需品。这位教练在评价自己手头的球队水平时，曾这样借机讽刺道：“这是煎蛋和鸡蛋的问题。如果没有鸡蛋，那肯定不会有煎蛋。而且这也取决于鸡蛋本身的品质。在超市里，你可以买到一等、二等、三等的鸡蛋。有些比其他鸡蛋贵很多，有些能让你做出更美味的煎蛋。因此，如果一等鸡蛋只有维特罗斯超市[②]有卖，而你又不能去，那你就没办法了。”

---

① 水源三星蓝翼俱乐部，1995 年创立于韩国水源市，曾两度赢得亚冠，如今在 K 联赛中征战。

② 维特罗斯超市（Waitrose）是一家英国连锁超市，拥有给英国王室供货的皇家认证。

当然啦，如果不打破鸡蛋，你肯定也做不出煎蛋来。杰森·伯特像邓肯·卡索斯一样，是《每日电讯报》记者中的翘楚，他工作的一部分就是在切尔西的权力迷宫中找到通路。伯特认为，穆里尼奥一直对他“打破鸡蛋”的工作津津乐道，这让阿布拉莫维奇很不满意。“头几年里，他们两个相处愉快，”伯特说，“但阿布拉莫维奇逐渐厌倦了穆里尼奥过于激进的作风。何塞是个典型的葡萄牙人，他喜欢争论。他刚去皇家马德里，就跟豪尔赫·巴尔达诺①发生了冲突。他的行事风格就是如此。切尔西能赢球时，这一点还不怎么重要。”当然啦，还有欧冠冠军，阿布拉莫维奇一直未能实现的梦想。又一个赛季就要开始了，这个赛季中，欧冠之梦曾近在咫尺，然而最终在俄罗斯的首都破灭——其中，特里扮演了重要的角色。但穆里尼奥已经不在其中了。

特里的反对

2007—2008 赛季的开端令人愉快，切尔西 3 ：2 战胜伯明翰城，这场比赛打破了鲍勃·韦斯利的利物浦保持的主场不败纪录。从 1978 年 2 月到 1980 年 10 月间，利物浦连续 63 场主场不败，而切尔西以第 64 场比赛创造了新纪录，其中只有 6 场比赛是在穆里尼奥到来之前进行的。他总是喜欢漂亮的数据。然后，切尔西客场击败雷丁，战平利物浦。他们击败了朴茨茅斯，

① 豪尔赫·巴尔达诺（Jorge Valdano，1955— ），阿根廷前足球运动员，1986 年赢得世界杯；退役后曾执教皇马、瓦伦西亚等球队，并曾长期担任皇马的体育总监，直到 2011 年因与穆里尼奥发生冲突而离任。

却输给了阿斯顿维拉，后来又在主场与布莱克本打成 0 ∶ 0 的平局。自从特里伤愈归来后，球队在四场比赛里只赢了一场，这也是个新纪录。从穆里尼奥走马上任的那天起，球队在联赛中总是排名前两位，但 9 月中，他们竟然只排名第五。随后，来自挪威特隆赫姆城的洛辛堡足球俱乐部来到斯坦福桥球场，在欧冠的第一场小组赛与切尔西对战。就在此时，特里的问题浮出水面。

此前，穆里尼奥注意到特里的身体状况有所下滑，并询问队医布莱恩·英格力什其中是否有医疗问题。英格力什随后把穆里尼奥的问题跟特里提了一句，而特里表现得很气愤，并拒绝为对阵洛辛堡的比赛热身。中场休息时，切尔西正一球落后，特里和其他球员鱼贯进入更衣室，穆里尼奥对他的队长不理不睬。这种气氛当然说不上理想，但随后舍甫琴科进球扳平，球队的表现完全不像能获得冠军的球队该有的样子，不过结局也可能更糟糕的。后来，彼得·肯扬询问特里对穆里尼奥的工作的看法。特里的回答让这位首席执行官不得不把他的观点汇报给阿布拉莫维奇。就这样，穆里尼奥受到了致命的打击。

两天之后是 9 月 20 日，星期四，球队宣布穆里尼奥即将离职。官方说法是，双方都同意和平分手。我们吵嚷着想知道这个可疑的决定背后究竟有什么故事，等到星期日，可靠的消息终于来了。邓肯·卡索斯透露说，穆里尼奥告诉他："切尔西的官方声明没问题。我们的关系破裂了，这是真的，而'双方同意'也是真的。你知道我的性格。如果我是被解雇的，我会承认我被解雇了。如果是我主动辞职，我也会说我是主动辞职。我和俱乐部之间关系的破裂不是因为某个细节，或者因为某一时刻发生的某一件事，它是一段时间以来逐步破裂的。"因此，尽管有说法称，他的阵营中有些人认为格兰特是阿布拉莫维奇派来的"密探"，但穆里尼奥自己并没有因为这个以色列人的就职而感到受伤。当时格兰特已经开始把球员单独叫到一边，问他们一些问题，比如："你看起来不太开心，为什么？""你踢这个位置感觉如何？""这是最适合你的位置吗？"或者"我们对你的能力使用得恰当吗？"有些人会觉得格兰特在履行足球总监的职责吧，尽管这无疑侵害了穆里尼奥的领地，而其他人肯定会认为，他是潜藏在内部的奸细。卡索斯问穆里尼奥，他是否觉得自己的后背被人插了一刀呢？"这对我而言并不重要，"穆里尼奥回答说，"我不在乎。我不在乎是否有人在我背后插刀。我真的不想浪费自己的时间和精力为这种事翻新。"那么特里的问题呢？根据克劳德·马克莱莱的自传《无非如此》中的说法，其他球员全都知道特里的态度。这位中场球员写道："我遇见了鲁伊（法里亚），我们的体能教练，我问他是否一切正常。'不，不正常，克劳德。那些传言都是真的。教练被解雇了。'我问他为什么，他说许多球员都对教练有怨言，尤其是约翰·特里。"但穆里尼奥同样也没有批评约翰·特里。他从来没有公开说过任何对特里不利的话，而特里一直与阿布拉莫维奇关系亲密，并向老板表达了希望最终能执教切尔西的愿望——这个职位曾被何塞·穆里尼奥担任 40 个月之久。

来自热刺与英格兰的邀请

对于他将在斯坦福桥留下的巨大空缺，穆里尼奥并没有故作谦虚。他说他不会去跟球迷告别，因为"想象一下吧，如果我真去了，一定会在球场中被球迷的拥抱窒息而死的。"至于他自己的感情，他说："我得承认，我流了眼泪。我掉了一滴眼泪，然后把它擦干了。我不想哭，尽管我差点儿就哭了。这是我教练生涯中受伤最深、最痛苦的经历，我在所有俱乐部里最糟糕的一刻。”恐怕第二天他走去银行的路上都强忍着泪水。但他先回到家中，看报纸、看电视，好知道英格兰足球会多么怀念他。“我怎么能责怪自己呢？”他对邓肯·卡索斯夸张地说，“大家都为我的离去而伤心。俱乐部不高兴（这个结论值得怀疑）。球迷们不高兴。我的对手们不高兴。甚至裁判们也不高兴——是的，有一些裁判给我打电话，说我要离开了，他们很伤心。”

马克·海尔希就是这些裁判中的一员。2003 年他第一次遇见穆里尼奥时，还是一名第四官员，正为波尔图和马赛之间的欧冠小组赛执法。穆里尼奥在英超执教期间，他们于 2008 年成了朋友，当时海尔希的妻子米切尔被诊断出有白血病，而穆里尼奥安排这一家人去葡萄牙度假——他自己出钱。下一年 8 月，当时穆里尼奥已经开始他在国米的第二个赛季，海尔希患了淋巴癌，刚做了切除喉部恶性肿瘤的手术。在他康复并重返英超执法赛场的前后，穆里尼奥一直与他保持联系，并邀请这一家人来观看国米和皇马的比赛。

离开切尔西的第二天，热刺给穆里尼奥提供了本属于马丁·约尔①的职位，当时约尔仍在执教，但是每个人都知道，他的日子所剩无几了，因为有人拍到热刺的经理们在西班牙与塞维利亚的教练胡安德·拉莫斯②共同进餐。这个夏天，热刺为球员花了大约 4000 万英镑，多数是足球总监达米安·科莫

① 马丁·约尔（Martin Jol，1956— ），荷兰前足球运动员、足球教练，曾执教热刺、汉堡、阿贾克斯等球队。

② 胡安德·拉莫斯（Juande Ramos，1954— ），西班牙足球教练，曾执教塞维利亚、皇马、热刺等俱乐部。

利[①]推荐的人选，俱乐部雄心勃勃，因此来联系穆里尼奥，给他开出和切尔西一样的薪水：每年 520 万英镑。热刺不断请求穆里尼奥接手俱乐部，而穆里尼奥还在与切尔西协商，想要给他和他的团队获得双倍的解约金：1800 万英镑，当然其中的大部分会流入“特别的一个”的账户。作为回报，他答应一年之内不再加入任何一个英超俱乐部。热刺最终解决了问题：五个星期后，他们解雇了约尔，并雇佣了拉莫斯，这位教练除了在联赛杯决赛里战胜了格兰特率领的切尔西外，从来没有真正融入英超。后来，拉莫斯的职位又被哈里·雷德克纳普取代。

穆里尼奥的确有机会留在英格兰而不违反他与切尔西的条约：12 月初，英足总正在为史蒂夫·麦克拉伦寻找接班人，这位英格兰教练没能带领国家队打入 2008 年欧洲杯。他们找上了穆里尼奥。他说他的确有意接手，直到他意识到，这份工作意味着他会有很长时间无事可做，于是决定等待更合适的职位。英足总最终选择了意大利人法比奥·卡佩罗掌管国家队。巧合的是，穆里尼奥的下一份工作也在意大利。

当穆里尼奥等待梅阿查球场的召唤时，他离开的球队并没有就此分崩离析。一开始有些激动的抗议声，可想而知，其中很大部分来自迪迪尔·德罗巴，他告诉《法国足球》杂志说：“我想离开切尔西。现在没什么能阻止我离开了。俱乐部中有些东西破碎了。我们都有种感觉，就是我们一起分享的足球故事结束得太早了。我们都感到很无助。一切都要看老板（指阿布拉莫维奇）

---

① 达米安·科莫利（Damien Comolli，1972—　），曾为摩纳哥、阿森纳、热刺、利物浦等俱乐部担任球探或足球总监等工作。

的意思。我们只是球队的雇员。我犯了个错误，我不该在与教练的职业关系中投入太多感情。”

想想德罗巴的感情爆发，再想想穆里尼奥2010年前往皇马后国米的一蹶不振，你就会重新考虑，穆里尼奥究竟能在球员身上激起多么执着的忠诚。但切尔西并没有像国米那样，在穆里尼奥离去所引发的浪潮中淹没。他们有特里让球队保持稳定，还有弗兰克·兰帕德。还有德罗巴，他逐渐不再流露出自己的失望之情，毕竟在格兰特的带领下，从九月底到赛季结束，切尔西一共只输了两场联赛：在老特拉福德输给了曼联，那是格兰特执教的第一场比赛；随后在酋长球场输给了阿森纳。更重要的是，在欧冠联赛中，切尔西走得比穆里尼奥时代更远，他们打入了决赛。决赛中，尽管易怒的德罗巴被罚下了，他们本来还是有机会在点球大战中战胜曼联的，但特里在人工草皮上脚下一滑，踢飞了点球。在英超联赛中，他们同样输给了曼联，位居次席。

但两项亚军并不能让格兰特免于被解职的命运。2009年秋天，彼得·肯扬也离开俱乐部，去追寻其他事业。尽管肯扬与穆里尼奥的关系也在一片混乱中有所恶化，但他恐怕还是认为，穆里尼奥离开切尔西的决定太草率了。穆里尼奥似乎一直很尊重肯扬的足球理念，胜过尊重切尔西的其他经理。弗兰克·阿尔内森一直坚持到2010年11月，然后俱乐部宣布说他已辞职，但会在球队留到赛季末。事实上，他早几个月就走了，去汉堡俱乐部担任足球总监一职。那时，切尔西已经雇佣了穆里尼奥之后的第四位教练，而几乎每天都有大有根据的传言声称，卡尔洛·安切洛蒂也即将遭到解雇，走上格兰特和路易斯·费利佩·斯科拉里的老路。胡斯·希丁克已经自己辞职离开，重新去带领国家队了。曼联的教练一直没变，亚历克斯·弗格森爵士一位接一位送走了切尔西的教练们，并赢得了英超三连冠，直到败在安切洛蒂的切尔西手下。不过，2011 年时，他又卷土重来，重新赢得了联赛冠军。

与此同时，穆里尼奥与阿布拉莫维奇之间重新恢复了原本的友好关系。他们在伦敦并没有很多社交往来，就像切尔西主席布鲁斯·巴克曾指出的，两个人都不是特别热衷社交的人。巴克经常开玩笑说，他和阿布拉莫维奇是切尔西的共同拥有者："罗曼有一百万股，我有一股。"但这位语调轻柔的美国律师却是俱乐部管理层中最擅长沟通的一位。他这样评价穆里尼奥："如果何塞没有在工作，他就想和家人在一起。"关于阿布拉莫维奇，他说："罗曼并不是很热衷于参加西装革履的晚宴之类的场合，他更喜欢和他 20 多岁就认识的人混在一起，而他们多数都是他的俄罗斯朋友。"但穆里尼奥离开切尔西之后，两个人的确保持着联系。待业第 6 个月时，穆里尼奥接受了阿布拉莫维奇的礼物：一辆限量版法拉利跑车，价值 200 万英镑。自此之后，他们偶然见面。甚至，阿布拉莫维奇还邀请穆里尼奥重新执教切尔西，而后者礼貌地拒绝了，因为他更想去执教皇马，帮助马德里球队重新战胜巴塞罗那。更早些时候，阿布拉莫维奇还联系了佩普·瓜迪奥拉，希望他能在斯坦福桥建立一支新的巴塞罗那，但瓜迪奥拉也宁愿待在西班牙。这一切很不寻常，因为阿布邀请这两位教练时，安切洛蒂带领的切尔西前景正好，尽管他们被穆里尼奥率领的国米淘汰出了欧冠，赛季末却赢得了联赛冠军和足总杯双冠。

马克的故事

我将会写到 2011 年的欧冠半决赛，穆里尼奥和瓜迪奥拉在那场暴躁的比赛中交锋。但在此之前，我们还是先请马克·海尔希发表见解吧。如今，这位裁判已经重回英超赛场，并且表现出色。要是他去看了在马德里进行的第一回合比赛，他肯定会为德国裁判沃尔夫冈·斯塔克感到难过，这位裁判不得不控制两队之间激烈的冲突：穆里尼奥的球员佩佩被罚下场，而巴塞罗那的替补守门员平托也吃了红牌，因为他在中场休息时参与了两队在球员通道里的混战。但海尔希没法去看那场比赛了。他答应陪伴妻子在德文郡度一次短暂的假期，当时正值英国美丽的春天，而他也正可以帮人一个忙，为埃克塞特城俱乐部和普利茅斯俱乐部之间的一场英甲比赛执法。

海尔希曾是一名半职业球员。作为裁判，他于1999年开始执法英超比赛。四年后，他跟着格兰汉姆·波尔①及两名边裁前往波尔图执法欧冠，然后第一次见到了迪迪尔·德罗巴——“他为马赛效力，打前锋。我还记得，当时我想：这真是个好球员，速度快，身体强壮。”并且，他开始了解穆里尼奥的处事风格。“我之前没见过这个叫穆里尼奥的年轻人，”海尔希说，“我看过一个电视节目，介绍他曾是博比·罗布森和路易斯·范加尔在巴塞罗那时的助教，心里想：‘哇塞，跟着这样的人一定能摸清门道。’尤其是，不管怎么说，他之前从来没有当职业球员的经历。唔，反正我们俩有点儿一见如故。当时我是第四官员，而你知道何塞会有些古怪的举动。他在波尔图时就已经跟现在的作风完全一样了。但我有常识，我很好地应付了他，等他来到英格兰后，我们就成了朋友。”

那个赛季——那个历史性的赛季中，波尔图延续了前一年在欧联杯中的辉

---

① 格兰汉姆·波尔（Graham Poll，1963— ），英格兰前裁判，被认为是过去25年间英国最好的裁判，曾多次执法世界杯比赛。

煌，更进一步赢得了欧冠冠军。波尔图的第一场主场欧冠比赛以 1 ： 3 输给了皇马，当然啦，皇马阵容中巨星闪耀，包括罗伯特・卡洛斯、路易斯・菲戈、罗纳尔多和齐达内。但他们在马赛 3 ： 2 取胜，后来又在主场凭借迪米特里・阿列尼切夫的进球战胜了这支法国俱乐部，从而晋级淘汰赛，一路上击败曼联、里昂、拉科鲁尼亚，最终在决赛里战胜了摩纳哥。

穆里尼奥执教切尔西后，海尔希自然也执法了切尔西的一些比赛。“比赛结束后，他总是会跟我握手，并且说：‘干得漂亮。’尽管有时他也会跑到球场上来问我：‘喂，刚才你怎么不判给我们那个点球？’我记得在富勒姆比赛时，他半场时跑上球场，跟我讨论了一个手球判罚的问题。他至今仍觉得，在对阵纽卡斯尔的一场比赛中，我该判给切尔西一个点球。所以你看，我们也有意见不合之处。但他从来不会用生气的腔调跟我讲话。我知道，当他出现在电视上时，人们会觉得他有点儿傲慢，但据我所知，这样的认识与真相相差很远。他从来没给我留下‘他在生气’的印象。我也不知道为什么，或许他就是喜欢我的执法风格吧。他总是说，他认为我是球场上的第二十三名球员。”

穆里尼奥在切尔西的第三个赛季，最后一轮英超比赛中，埃弗顿造访斯坦福桥球场，当时球队已经夺冠无望。海尔希正是比赛的主裁判。他到得很早，穆里尼奥看到了他，并请他去自己的办公室喝咖啡。海尔希回忆道：“他说：‘请进，请进。’于是我们坐了下来，谈一谈足球和判罚决定的事儿，聊了大约 20 或者 25 分钟。”中场休息时，埃弗顿凭借詹姆斯・沃根 ① 的进球一球

---

① 詹姆斯・沃根（James Vaughan，1988— ），英格兰足球运动员，司职前锋，现效力于英冠球队哈德斯菲尔德。

领先，但下半场进行到第12分钟，迪迪尔·德罗巴进球扳平。埃弗顿主教练大卫·莫耶斯深感愤怒，他相信米克尔·阿尔特塔被犯规了。他冲上球场，对海尔希抗议，然后被裁判请上看台，最终比赛以平局结束。

接下来是足总杯决赛。而那个夏天快要结束时，海尔希和穆里尼奥的关系又通过社区盾比赛得到了新发展。比赛双方仍是切尔西和曼联，在温布利球场。在这场1∶1的平局中，海尔希先后对三名切尔西球员出示了黄牌——塔尔·本哈伊姆[①]，里卡多·卡瓦略和米克尔，同时也给了韦恩·鲁尼一张黄牌。最终曼联通过点球大战击败切尔西，名副其实地赢得比赛。“赛后，他朝我走来，”海尔希说，“他拥抱了我，说：‘你是个顶级裁判。’”

几星期后，穆里尼奥离开了英格兰足球界。海尔希当时因为生病而有长达七个月的时间远离赛场，但此后继续为切尔西的比赛执法。“我知道场上的球员仍然对他非常尊重，”他说，“有时候，我执法切尔西的比赛时会去跟迪迪尔·德罗巴讲话。我会问起关于何塞的事，‘你明年打算去投奔他吗？’他只是看着我，笑而不语。”

2008年，海尔希一家遭到了重大打击：米切尔被诊断出患有骨髓性白血病。穆里尼奥听说这件事时，他为这家人安排了一次度假，请他们去阿尔加维海岸上的维拉摩拉港口，并住在五星级的“湖泊度假村”酒店。“真是太棒了，”海尔希说，“那个地方一晚上要花600欧元呢！显然，如果他还在切尔西，我是不会接受他的好意的。但他已经离开英超了，却依然这样对待我，我

① 塔尔·本哈伊姆（Tal Ben-Haim，1982— ），以色列足球运动员，司职后卫，曾效力于切尔西和曼城等球队，现在特拉维夫马卡比俱乐部踢球。

还能说什么呢？他对我和我的家人而言真是个无与伦比的激励，他所说的话，还有他为我们做的一切。”次年二月，当时穆里尼奥在国米的第一个赛季已经过半，海尔希带着米切尔和他们的女儿露西造访曼彻斯特，去看了国米对阵曼联的第二回合欧冠比赛，午饭前在球队的酒店与他们会合。八月，海尔希自己也遭遇了不幸。“在我整个治疗过程中，何塞一直跟我保持联系，”他说，“我不知道他是怎么了解到我的病情的，但他很快就给我打了电话。不管他在哪儿，他都记住我的号码，并通过电话、短信或者邮件跟我联络。我记得当时我正接受治疗，用短信给他发了一张自己的照片。显然，当时我没有头发。‘这是我最新的照片，’我说，而他回复道：‘至少你看起来比雷·威尔金斯[①]强！’”

海尔希决心要重返赛场，因此他一直注意控制身材。2010 年 3 月，他完成了治疗，挺过了严重的感染，并通过了裁判的体能测试。他执法的第一场是莱切斯特城和斯坎索普俱乐部的替补队之间的比赛。四月初，他获得了在英乙联赛执法的资格，为罗瑟汉姆俱乐部和维尔港俱乐部之间的比赛担任裁判。新赛季开始时，他重回英超赛场，为新升级的布莱克浦队执法开幕战，他们在主场 4 ∶ 0 战胜了维冈竞技，从此开始了一个充满惊喜的赛季。双方的球迷都热诚地欢迎了海尔希。此前，他努力从低级联赛向上攀爬时，恰好有时间关注穆里尼奥在国米的快速成功。

卡尔洛·安切洛蒂执教米兰的最后一个赛季中不幸遭遇穆里尼奥初入国米，并在米兰德比中屈居下风：他赢了一场，而穆里尼奥赢了三场。蓝黑军团

---

① 雷·威尔金斯（Ray Wilkins，1956— ），英格兰前足球运动员，司职中场，曾效力切尔西、曼联和米兰等豪门，退役后在切尔西工作很久，如今在阿斯顿维拉担任助教一职。他以光头著名。

在罗伯托·曼奇尼手下养成了赢得冠军的秉性，而穆里尼奥又带领他们卫冕了联赛冠军。安切洛蒂率切尔西在欧冠中遭遇国米时，又一次体会了被击败的痛苦。好在他依然赢得了国内双冠，也算是极大的安慰：迪迪尔·德罗巴在足总杯决赛中打入制胜球，而英超联赛冠军也赢得很漂亮。这种漂亮足球应该能让罗曼·阿布拉莫维奇满足了吧？你或许会这么想。在斯坦福桥球场的收官战中，切尔西 8 ：0 战胜维冈竞技，其中第五个进球还成为本赛季的第一百个联赛进球，从而被记录在册。早些时候，他们对斯托克城、阿斯顿维拉和桑德兰都进了 7 个球。但欧冠比赛中输给阿布拉莫维奇解雇的穆里尼奥——这可激怒了俄国人。如今，切尔西又一次缺席了欧冠决赛。

2010 年 5 月 17 日，海尔希为帮助克里斯蒂医院筹款而举办了一次晚宴，这家医院位于曼彻斯特，专门治疗癌症。穆里尼奥没能到场。他正准备欧冠决赛，国米的对手是拜仁慕尼黑，正由穆里尼奥昔日在巴塞罗那的老师——路易斯·范加尔执教。但他录制了一张 DVD 寄给了海尔希。播放 DVD 时，共有几百名宾客在场，而海尔希全无准备。当穆里尼奥出现在大屏幕上，留着他如今标志性的胡茬，穿着国米的训练服时，他惊讶得一屁股坐在椅子上。穆里尼奥看着摄像机，微笑着。

“嗨，马克，”他说，“在你的国家里，我曾经被称为‘特别的一个’，但公平地说，你才是那个特别的人。为什么？因为世界上有那么多裁判，你却是唯一一个让我视为朋友的人。因为‘朋友’对我而言是个很重的词。我认识很多裁判，与他们中很多人关系不错，我也尊重他们，但‘朋友’，说真的，就只有你了。为什么？或许是因为我们有机会在足球的世界之外遇见了许多次。或许是因为此时此刻，以及过去的三年中，我们都在不同的国家里，这让一切都变得干干净净：你是个英超裁判，而我不再是英超教练了。但最重要的原因是，你是个了不起的人，是个顶呱呱的人，非常诚实、非常礼貌、非常友好。你执法切尔西的比赛时，我和你一起赢过球，一起输过球，一起面对过平局。当然啦，我不是总能赢——我可没忘记那场对阵纽卡斯尔的比赛，你漏掉了切尔西的点球！但我总是说，你是球场上的第二十三名球员，而不是个裁判。这是因为你的精神力量、你的沟通技巧和你的心理。你真的是球员中的一个，所以比赛中的每个人都尊重你、喜欢你。终于，我可以跟你说一声‘祝贺’了，因为你又赢了，你战胜了病魔。但我不会对你说祝贺。因为自打我听说了你的疾病的那一刻起，我就一直对你说：‘你没问题，你可以轻松搞定的。’我知道这并不轻松。我知道你奋斗了很久。但我还是不想说‘祝贺’。因为，对于赢家而言，祝贺是多余的。现在你重返足球界，我希望你还能为我的比赛执法。因为你就像我常说的那样，是个‘顶级裁判’。没错，你是顶级的。”

海尔希热泪盈眶，而穆里尼奥在录像的最后对他竖起大拇指，就转头去为五天后在伯纳乌的欧冠决赛做准备了。海尔希去看了那场比赛。穆里尼奥为他全家留了票。他甚至还提出要为他们居住的旅馆和飞机票付钱。“我不能接受，”海尔希说，“反正我们要去西班牙度假的，所以我们就在马德里订了家小旅馆，停留了几天。我们去拜访了国米球员住的酒店。我们在门外下了出租车，酒店门口都是保安和警察。米切尔说：‘他们不会让我们进去的。’我说：‘我们能进去。’我牵着小小的露西，当我们走上台阶时，他们都让开了，让我们走进酒店。阳台上站着何塞，以及他的球员们。他跑下楼拥抱我。那时我的头发已经又长回来了。那真是充满感情的一刻。在我患病期间，他一直激励着我。也挺滑稽的，因为我们抵达酒店时，他像往常一样叫我‘顶级裁判’，而球队里有些球员懂英语，他们走过来说：‘哦，原来你不是他编出来的啊！你真的存在啊！何塞一直在说关于你的事儿。’然后他们都过来跟我握手，球员和工作人员都来了。这真是太奇妙了。我到死都会爱他，真的。”

而接下来就是最重要的决赛了。

欧洲冠军

对于国际米兰而言，这个赛季非常了不起。国米主席、石油大亨马西莫·莫拉蒂源源不断地提供资金支持，穆里尼奥正如曼奇尼一样获益匪浅，连续赢得了两次意甲冠军，让国米达成五连冠——赢得联赛冠军几乎已经成了球队的习惯，但他们只获得过两次欧洲冠军，上一次还早在 1965 年呢。而米兰则足足赢了六次欧冠，最近一次是在 2007 年安切洛蒂的率领下。

上个赛季，国米在欧洲赛场上没什么进步。小组赛阶段，他们只赢得了八分，随后的淘汰赛中，他们又被曼联淘汰出局，首回合在梅阿查打成 0 ∶ 0 的平局，而次回合，曼联在老特拉福德球场 2 ∶ 0 取胜。新赛季的欧冠小组赛中，他们跟卫冕冠军巴塞罗那分在了同一组。在佩普·瓜迪奥拉的带领下，巴萨刚刚在欧冠决赛中击败了曼联，年轻而富有才华的教练对经验丰富的亚历克斯·弗格森爵士大获全胜。小组赛第一场，巴塞罗那造访梅阿查球场，两队打出了一场极为无趣且没有进球的比赛。此后，两支球队之间的战争开始了，大家都相信巴萨和国米会击败基辅迪纳摩和喀山红宝石俱乐部（一支来自俄罗斯的新势力），晋级淘汰赛。但喀山红宝石队居然在主场战胜了巴塞罗那，因此卫冕冠军压力巨大，必须在诺坎普对穆里尼奥的球队全取三分。他们的确做到了，当晚杰拉德·皮克和佩德罗的进球证明了巴萨在实力上的优势。接下来，巴萨又客场战胜了基辅迪纳摩，成为小组第一名。国米位居第二，并且淘汰赛第一轮抽中了切尔西。

一如既往，英格兰媒体很期待遭遇穆里尼奥，而他也没有让他们失望。在梅阿查举行的第一回合比赛前，穆里尼奥首先声称，他当年来到切尔西后，发现他们“买了许多错误的球员”——真的吗？他是说兰帕德、马克莱莱、切赫还是罗本？——并亲手重建了这支球队。他还说，之前阿布拉莫维奇再次邀请他执教切尔西，那一刻他是世界上最骄傲的人。如果穆里尼奥真的重返切尔西了，他如今就得应付他的队长的脆弱状态，约翰·特里刚刚被法比奥·卡佩罗剥夺了国家队队长袖标。

但如今，特里在球场上的脆弱让穆里尼奥加倍地关注。这位中后卫给了迭戈·米利托太大空间，导致后者早早进球，帮助国米领先。萨洛蒙·卡卢差点儿扳平，但瓦尔特·萨穆埃尔把他放倒了。没有点球，也没有红牌——于是，当然啦，穆里尼奥也没有反应。在周末对阵桑普多利亚那场戏剧性的意甲联赛中，萨穆埃尔和伊万·科尔多巴都被罚下场了，而他反应剧烈，被禁赛三场。后来卡卢还是帮助切尔西扳平了比分，但随后埃斯特班·坎比亚索也为国米打入了精彩的第二球。首回合比赛就这样结束了，球队出发去斯坦福桥，不知为何，一种奇怪的悲观气氛充溢了赛前的球场。从富勒姆百老汇地铁站直到球场，切尔西的支持者们议论纷纷，认为他们的老朋友肯定会找到击败这支球队的方法。球迷们还真说对了，而且国米配得上这场胜利。球员们不屈不挠地进行身体对抗，任何持球的切尔西球员都会被毫不留情地干扰。这种情况下，创造力就没什么用武之地了。距比赛结束还有12分钟时，韦斯利·斯内德给萨穆埃尔·埃托奥直传，后者射门得分，这样，切尔西连主场比赛也输掉了。剩下的时间里，德罗巴倒是让自己吃了张红牌。自从穆里尼奥离开后，切尔西似乎始终在怀念他。正如他在次回合比赛前尖刻地评论说，他和切尔西已经分道扬镳："我一直在赢得冠军，而他们一直在赢得某些冠军……比如足总杯。"

离开欧洲赛场后，切尔西不得不努力为联赛冠军奋斗。安切洛蒂带领切尔西朝国内双冠进军时，穆里尼奥的国米则在意大利和欧洲赛场上双线告捷。他们主客场双杀莫斯科中央陆军俱乐部，晋级欧冠半决赛，然后碰上了巴塞罗那。考虑到去年夏天，穆里尼奥的俱乐部拿兹拉坦·伊布拉希莫维奇——一位虽然富有争议，但无疑是善于进球的瑞典球员——跟巴萨换了埃托奥和4000万英镑，这两回合的比赛注定非常刺激。埃托奥在新俱乐部比伊布成功得多，不过斯内德恐怕才是这个赛季的欧冠之星，佩德罗在梅阿查首先进球后，是斯内德的进球为国米扳平比分。随后，攻击型右后卫麦孔以及米利托也各进一球，帮助国米3：1取胜。

诺坎普可不如斯坦福桥那么惧怕穆里尼奥。但他还是让球场鸦雀无声，哪怕国米的中场屏障、巴西人蒂亚戈·莫塔上半场就被罚下场——他伸手碰到了塞尔吉奥·布斯克茨的脸，而后者迅速倒地，又从指缝间窥探着，确保莫塔被比利时裁判弗兰克·德布莱克雷出示红牌，这个动作堪称臭名昭著。穆里尼奥做出了轻蔑的手势，但他随后采取了"摆大巴"的战术（这个词本来是他在切尔西时用来指责热刺一味防守的），这样的战术对于十名球员来说很合适。国米甚至不打算出自己的半场，而他们成功了。等杰拉德·皮克终于为巴萨打进一球时，比赛只剩七分钟就要结束。国米晋级决赛，德布莱克雷的终场哨确保了这一点，此时巴塞罗那的队歌在巨大的球场中悲哀地奏响，而穆里尼奥跑上球场。他站着不动，目光坚定，伸手指向站在看台最顶层的意大利球迷们。这对维克多·巴尔德斯来说太过分了，这位守门员想要阻止穆里尼奥，自己却被护送下场。随后，穆里尼奥离开了球场，走进诺坎普最深处的小礼拜堂，哭了。回到更衣室里，他的球员多数都已热泪盈眶。等他们能控制自己的感情后，球员们就纷纷向教练严格的备战表示敬意。

他，以及他们，如果想在马德里面对拜仁慕尼黑举起奖杯的话，就必须将这严厉的过程再来一次。拜仁此时的教练是穆里尼奥在巴萨时的上司——路易斯·范加尔。开球前，他们亲切拥抱，向彼此问好。拜仁的开场很聪明，马丁·德米凯利斯[①]和穆里尼奥的老朋友阿尔杨·罗本险些利用角球机会顶进头球。但米利托随后接到了斯内德的传球，面对拜仁门将汉斯－约尔格·布特[②]，他冷静地等待对方先出击，然后把球射入网中。拜仁球员肯定要为之前错失良机懊恼不已了。接下来，穆里尼奥的守门员儒里奥·塞萨尔证明了自己对于球队的重要作用，在罗本持续骚扰国米的后防线时，他扑出了托马斯·穆勒的射门。罗本的确给国米添了很多麻烦，穆里尼奥不得不把左后卫克里斯蒂安·齐沃[③]换下，换上他经验更丰富的队长——哈维尔·萨内蒂。但拜仁仍

---

① 马丁·德米凯利斯（Martín Demichelis，1980— ），阿根廷足球运动员，司职后卫，现效力于曼城。

② 汉斯－约尔格·布特（Hans-Jörg Butt，1974— ），德国前足球运动员，司职门将，值得一提的是他职业生涯中共打进 26 球。

③ 克里斯蒂安·齐沃（Christian Chivu，1980— ），罗马尼亚前足球运动员，司职后卫，曾效力阿贾克斯、罗马、国米等球队，为国家队出场 73 次。

然在后防留下了足够的空间，让国米能借机发起进攻。比赛还有 20 分钟结束时，埃托奥给米利托传球，让后者梅开二度。这是阿根廷人在 11 场欧冠比赛中的第六个进球。他自然成为接下来庆祝活动的焦点。

暴躁的范加尔抱怨说，更有创造力的球队输给了只会防守反击的球队，而与此同时，穆里尼奥正沉浸在胜利之中，他已带领两家俱乐部赢得欧冠。他之前带领波尔图赢得了欧冠，而范加尔也曾带领阿贾克斯赢过冠军——在 1995 年，阿贾克斯的年轻人战胜了米兰。这样，学生击败了老师，并重演了之前只有恩斯特·哈佩尔①和奥特马·希斯菲尔德曾获得的成就。他很清楚国米的胜利中包含的历史意义，这支球队上一次赢得欧洲冠军时还是 1965 年，他们在梅阿查主场击败了本菲卡，之前一年在维也纳击败了皇马，而当时球队的主人还是莫拉蒂的父亲安杰洛。他也很清楚自己的前途：他希望能在 2013 年 1 月底，自己年满 50 岁之前，带领第三支球队站在欧洲之巅。这样的话，他就还剩下两个赛季来实现自己的目标。此时，人群已经离开了伯纳乌球场，但对穆里尼奥的狂热留在了这里——他的梦想看起来即将实现。

穆里尼奥选择留在伯纳乌。这已经是个公开的秘密了，正如他当年带领波尔图赢得欧冠后就注定要离开一样，他也将离开国米（并带着同样的荣誉），加入全欧洲历史最辉煌的俱乐部。几天之内，皇马主席弗洛伦蒂诺·佩雷斯将及时为他准备一份合同，崭新的一章又要开始了。

内拉祖里们永远不会忘记穆里尼奥与他们在一起的两年时光。真的，可以说他缔造了一些几乎很难打破的成就，毕竟国米在罗伯托·曼奇尼忽然辞职

---

① 恩斯特·哈佩尔（Ernst Happel，1925—1992），奥地利足球运动员、教练，于 1970 年带领费耶诺德队夺得欧冠，1983 年带领汉堡队第二次夺冠。

之前已经习惯了获得意甲冠军，但要是能成为一支在欧洲赛场上有竞争力的球队，那么就把国米提升到了一个意大利其他球队不曾企及的高度，而这种高度大概也只有红黑军团到达过。这是一项了不起的成就。然而，在他离开之后，他们几乎立刻就失去了这种竞争力。

重建工作

2008 年夏天，穆里尼奥举家迁往瑞士边境附近的一幢房子，开始在国米可爱的训练基地工作，基地位于阿皮亚诺真蒂莱小镇附近，周围几乎看不到什么意大利人。至少球队里是没什么意大利人的，只有一位，马尔科·马特拉齐，他是上了年纪的勇士，曾在埃弗顿效力，但最著名的举动还是在 2006 年世界杯决赛上激怒了齐达内，让这位伟大的法国球员用头撞了他，然后被红牌罚下。在穆里尼奥率队的第一场欧冠比赛中，马特拉齐成为上场的十四人之一，国际米兰在雅典以 2 ： 0 击败了帕纳辛奈科斯足球俱乐部。球队中的拉美籍球员最多：五个巴西人，包括儒里奥·塞萨尔和麦孔，萨内蒂和坎比亚索来自阿根廷，伊万·科尔多巴来自哥伦比亚。穆里尼奥没有激进地改变球队的人员构成。大约 20 个月之后，国际米兰在马德里举起欧冠奖杯时，马特拉齐仍是其中唯一一个意大利人。距比赛结束还有几分钟时，穆里尼奥完全出于感情因素，换下米利托，让马特拉齐替补登场。欧冠出场的十四名球员中，有四名阿根廷人，包括米利托在内，还有三名巴西人。但除了穆里尼奥本人以外，改革的催化剂、转换的关键，是接下来的夏天转会而来的两个非洲球员，尤其是其中的第二笔签约。

苏利·蒙塔里是一名加纳中场，穆里尼奥刚加盟俱乐部就把他签来了，和他一起到来的包括里卡多·夸雷斯马，一名注定让人失望的葡萄牙边锋，还有曼奇尼，一名速度很快的巴西边锋，他也没能留在俱乐部。但真正重要的签约发生在一年以后，国米卖掉了伊布拉希莫维奇，价格大约6000万英镑。埃托奥转会而来的价格也包含在其中，而这笔钱还帮他们从皇马买来了与喀麦隆前锋同样重要的斯内德，而且只用了1300万英镑，简直是跳楼价。剩下的钱花在了米利托、出色的巴西后卫卢西奥和戈兰·潘德夫身上，后者是个聪明的马其顿球员，他们每个人都在击败拜仁的比赛中做出了贡献。穆里尼奥仅仅用了一年时间，就把这些球员拼合成了全欧洲最有效率的整体，这真是不同寻常的成就。

但他其实没这样计划过。他在转会市场上买球员的天才恐怕比不上在训练场上展现的才能。一开始，他围绕着伊布拉希莫维奇建队，既然前锋线上有这样一位巨星，他本来会很开心继续自己的战术的。然而事情逐渐明朗了，伊布拉希莫维奇下定决心要转会去巴塞罗那。佩普·瓜迪奥拉也同样很想甩掉埃托奥，他俩的关系已经搞糟了。这就是一切的开始。至于米利托和蒂亚戈·莫塔，把他们从桑普多利亚买来是马尔科·布兰卡早就计划好的，他是国米的体育总监，一直监督转会。如果穆里尼奥实现了自己的愿望，把里卡多·卡瓦略从切尔西买来，恐怕卢西奥就不会离开拜仁、加盟国米了（事实上，在前一个夏天，他还试图从切尔西挖来弗兰克·兰帕德，失败后才转而选择蒙塔里）。

穆里尼奥明白，伊布拉希莫维奇的技术极为出色，既能创造机会，又能亲自进球，而他的作用不得不以两名球员替代。随后，他想出了个高招。他买来了斯内德，把他放在米利托身后，组成了如今正流行的4-2-3-1阵型。接下来球员们要把这个阵型练熟，而这正是穆里尼奥最喜欢的工作。正如穆里尼奥之前执教的球队一样，国米的基础是军队般精确的防守体系，后防线前面站着坎比亚索和蒂亚戈·莫塔这样的人物，好像他们的生命就寄托于此。斯内德扮演的角色类似波尔图的德科。他主要负责撕裂对手的防线，让米利托和埃托奥有机会进球。埃托奥踢右边锋时特别遵守纪律。他明白，按照穆里尼奥的方式踢球能赢得奖牌，而他也不是第一个明白这个道理的大牌球星了。最终，他在马德里赢得了人生第三个欧冠：2006 年和 2009 年，他曾跟随巴塞罗那赢得过这一荣誉。

在穆里尼奥的第二个赛季中，国米逐渐发展成熟，而意大利球队们也不得不遭遇他一贯的处事方式了。12 月里，国米与亚特兰大波澜不惊地踢了一场平局，斯内德被罚出场，赛后，穆里尼奥坐在球队大巴上，这时他看见有个新闻记者正站在大巴旁边，那个位置是为了俱乐部自己的电视台采访球员而保留的。穆里尼奥跳下大巴，对那位记者说了几句挖苦的话，但事后证明，记者站在那里是完全合法的。后来，穆里尼奥为此事道歉，而大家都忘记了球队此前糟糕的表现，以及关键球员被罚下场的事实。米利托谈起穆里尼奥时大概就是在暗示这些小插曲，他说："有时万事不顺，而在……减少球队内的压力这方面，没有哪位教练可以跟穆里尼奥相比。"

维埃拉：信任的价值

帕特里克·维埃拉知道自己会遇见什么。在阿森纳，他曾与穆里尼奥带领的切尔西交锋。克劳德·马克莱莱告诉他，他会喜欢在穆里尼奥手下做事的。

“克劳德说得对，”维埃拉说，“穆里尼奥首先是个赢家，但他与球员打交道时总是非常坦率、诚实。我们都很快就喜欢上了他。他刚来到俱乐部时，我受伤了，日子不好过，但他很快就让我们彼此信任。球场上，教练和球员之间的信任是一回事，但在球场下的信任就是另一回事了。他向我保证，我有时间回到巅峰状态。他对我真是太好了。他把每件事都说得很清楚。他确保我不会错过他做的每一个决定，这很重要。当他加盟俱乐部时，全队都为伊布拉希莫维奇服务，因为伊布是老大，是可以改变比赛进程的人。穆里尼奥的第一年也是这样。但随后，他改变了球队的状态，让它成为大家共同的球队，而不仅仅依靠某一个球星的作用。”

2009 年 3 月，国际米兰做客老特拉福德球场。维迪奇早早进球后，苏利・蒙塔里替补维埃拉上场，而不久之后克里斯蒂亚诺・罗纳尔多又将比分变为 2 ：0。这场比赛被视为重要的里程碑。“我想，这场比赛让穆里尼奥知道，球队到底需要什么，”维埃拉说，“他知道了球队有哪些方面必须要改进，才能有机会赢得欧冠。而赛季末，他就做出了这些改进。”

下一年的欧冠征途中，维埃拉只在小组赛阶段作为替补球员出场。一月，他离开国米，转投曼城，与罗伯托・曼奇尼重新相会，这位意大利教练刚刚取代了马克・休斯。在曼彻斯特，他也重新与 20 岁的马里奥・巴洛特利熟悉起来，后者本赛季末赢得欧冠后离开了国米。维埃拉对国米的记忆是美好的，而其中很大部分要归功于穆里尼奥。“他当然特别倚靠球队里的两三个球员，”维埃拉说，“比如萨内蒂。这很重要。但他会让每个人都感觉自己被他信任，他相信他们的能力。他与球员很亲近。在训练课程之间，球员在吃午饭时，他也会端着盘子过来跟你们一起吃。这一点很重要，因为这样，教练和球员之间就能有一种很美好的气氛，真的很亲近，很信任。我认为这才是球员们为他效命的缘故。他们乐于追随他。”

穆里尼奥和莫拉蒂之间的关系同样亲密，或许这种亲密对国米的成就也不无帮助。“俱乐部里有两个大人物。”维埃拉说。穆里尼奥与阿布拉莫维奇之间曾经关系紧张，那么，这种紧张感在国米存在吗？即使真的存在，维埃拉也没见到。“因为他们一起赢得的荣誉，穆里尼奥与莫拉蒂之间总会有一种特殊的关系，就像他与球员之间那样。至于莫拉蒂与球员的关系，他对球员有点像父亲对待儿子。他真的热爱球员，与他们很亲密。我从没听说有哪个球员离开国米却不伤心的——他们可是要离开莫拉蒂啊。”

维埃拉转会离开几个月前，穆里尼奥的场外团队中也有一个人离开了，安德烈·维拉斯·博阿斯。与希尔维诺·鲁洛和鲁伊·法里亚一样，博阿斯一直是穆里尼奥团队中的一员，但他始终渴望能独当一面。因此，在 2009 年夏天，他回到了祖国葡萄牙。那时博阿斯 31 岁，几个月后，他就成了科布英拉大学俱乐部的主教练。第二年夏天，这位“小穆里尼奥”——博阿斯可真讨厌这个外号——被请到了波尔图，他的球队在国内和欧洲赛场上都保持着不败战绩，并提前若干轮就赢得了葡超冠军。在都柏林的欧联杯决赛中，波尔图战胜了同样来自葡萄牙北部的布拉加竞技队，所有人都相信，又一个穆里尼奥的奇迹要发生了。然而博阿斯始终注意与穆里尼奥保持距离，而且，公平来说，他的波尔图也比穆里尼奥时期的更富有攻击性。这时，英格兰已经有俱乐部向他伸出橄榄枝了。当然，罗曼·阿布拉莫维奇也注意到了他。他本来有个值得称道的念头，希望在波尔图多留一个赛季，然而，当切尔西终于召唤他重回斯坦福桥球场，担任穆里尼奥过去的职位时，他原本的想法就烟消云散了。

英格兰，他的英格兰

意大利人对穆里尼奥有个保留看法：他的心并不在意大利，而是大部分都留在英格兰了。2009 年 11 月，国际米兰在客场战胜了基辅迪纳摩后，骄傲地挺进了欧冠淘汰赛。而恰在此时，他在一次采访中——至少我认为那是一次采访——告诉我，他希望能重回英超，进行他下一阶段的事业。

当时正是国际比赛日，绝大多数球员都不在阿皮亚诺真蒂莱。他的工作很轻松，因此答应见一见我，帮助我撰写亚历克斯·弗格森爵士的传记，对这位前辈，他一向唯恐不能表示出足够的敬意。他提到，他头一次见到弗格森是 1996 年在巴塞罗那，当时他还是博比·罗布森爵士身边一个不起眼的翻译。与弗格森同行的还有当时的曼联主席马丁·爱德华兹①，以及一位高级经理莫利斯·沃特金斯，他们想买约迪·克鲁伊夫（Jordi Cruyff）。两家伟大俱乐部的顶尖大人物在一家餐馆里围桌坐下，共同商讨这桩交易，此时穆里尼奥注意到，弗格森始终是谈话的中心人物。

“他为自己的俱乐部战斗，”穆里尼奥回忆道，“当时我对他的执教方式有了更深的理解，从而也对英格兰足球有了更深的兴趣，在我前往英格兰之前，就已经爱上英超了。”后来，他还解释了为什么英格兰始终吸引他。“我想带着不同的理念去工作，”他说，“在波尔图，我的目标是赢得离开葡萄牙的资格。在切尔西，我的野心是为俱乐部创造一点历史（这家俱乐部已经半个世纪没赢过联赛冠军了）。但我一直都知道，切尔西缺乏那种正统的、英式的稳定文化

---

① 马丁·爱德华兹（Martin Edwards，1945—　），在 1988 到 2002 年间担任曼联俱乐部主席。

氛围。我从来不会耽于幻想。我了解罗曼的性格，也知道他身边的人的脾性（他小心翼翼地没有提彼得·肯扬），我知道我不能在他手下工作十年。我的任务就是给这个人他想要的胜利，并且知道，我的时代迟早会结束，因为我身边有太多其他的干扰因素了。在意大利，我是来到了足球战术的祖国，来到了链式防守和防守足球的故乡。我的目标不仅是在第三个国家赢得联赛冠军，而且要在这个外籍教练很少成功的地方获得承认。但终有一天，我会过上稳定的生活。"

稳定？他的意思是说，英格兰顶尖的俱乐部往往有执教时间久远的教练：弗格森自 1986 年以来一直执掌曼联，阿尔塞纳·温格自 1996 年以来就在阿森纳，甚至在总是麻烦重重的利物浦，拉斐尔·贝尼特斯也执教了五年多——从 2004 年夏天，穆里尼奥入主切尔西开始。显然，指望跟弗格森一样在同一家俱乐部执教那么久是不现实的，但穆里尼奥依然希望能创立如弗格森和温格那样的业绩。他补充说道："我很爱国际米兰，希望能在这里缔造未来。事实上，我现在所做的就是缔造它的未来，因为我不是个自私的教练，我会考虑青年球员的发展和球队的年龄结构，希望俱乐部的未来更顺利——但意大利不是适合这种事的国家。英格兰才是合适的地方。我的足球就是英式足球。"

他为什么开始讨论自己的职业生涯了？我的结论是，他不会介意我把他说的话告诉《泰晤士报》的读者。无论如何，这样的材料不太可能留给一本等到 2010 年秋天才能出版的弗格森传记，尽管他的言论的确是被这本传记引发的——等到传记出版时，他已经离开了国际米兰，但没有回到英格兰，而是去了西班牙，挑战生涯中的第四个联赛。最终，《泰晤士报》在头版刊登了我的采访，自然，这篇文章在意大利比在英格兰引起了更多的喧嚣。几个小时内，穆里尼奥就为此发布了声明，说他并没有接受任何报纸的采访，而是与一个传记作者谈了这些话。我只能确认他的说法。但他似乎并没有特别生气。这个话题一直被讨论着，直到一月，他觉得自己必须澄清一些事实："是的，我热爱英格兰足球，也想重回英格兰生活。我希望有一天能回去，并且肯定会这么做——百分之百肯定。但我不知道那是什么时候。无论如何，我绝不会在某个职位上半途而废。"他与国际米兰的合同直到2012年，每年工资是1000万英镑，但他并不需要那么长时间才能完成自己的目标。事实上，不过四个月后，他就赢得了欧洲冠军。

在那个辉煌的夜晚，伯纳乌球场成为蓝色和黑色的狂欢之地。那时，回想起来还蛮有趣的——我们十一月份见面时正值国际比赛日，穆里尼奥收到了弗格森的一条短信，当时曼联在欧冠小组赛中堪称闲庭信步，还有两场比赛时就确定了晋级资格，还完全不晓得后来会在淘汰赛里不敌拜仁慕尼黑。那条短信的结尾是："五月份马德里见，怎么样？"穆里尼奥如期而至，但弗格森没有。一年之后弗格森闯入在伦敦举办的决赛，而穆里尼奥又失约了。当然，最终弗格森也没能享受决赛的欢乐，因为曼联遭遇了惊心动魄的惨败，倒在佩普·瓜迪奥拉带领的巴塞罗那脚下。

"韦斯利，你看起来很疲倦"

国际米兰加冕欧洲冠军的晚上，伯纳乌球场之外还上演了生动的一幕。球队大巴的引擎正低速运转着，而球队正要乘车去参加庆功宴。不过球员们心头还有件更重要的事：此前，萨内蒂把自己的队长袖标献给穆里尼奥，请求他留下，“继续我们的战斗”——这也是代表整个球队的心声。穆里尼奥很受感动，但他还是走下大巴，被请入停在旁边的一辆小轿车里，轿车离他只有几米远。这时他瞥见了马特拉齐高大的、独自站立的身影，他靠在大巴旁边的一堵墙上，白上衣在黑夜里闪闪发亮。穆里尼奥走下车，走到他的老将身边，他们温柔地拥抱了，而后穆里尼奥告诉对方，自己的确要离开了。“我该怎么办？”马特拉齐问道，“我该退役吗？在认识你之后，我没法与别的教练工作了。”穆里尼奥慢慢松开了手。他流泪了。“冷静，何塞。”弗里茨・阿尔斯罗姆在一边关心地说，他是欧足联的一名联络官员，正要带穆里尼奥去面见下一波媒体。

马特拉齐最终并没有退役，当然啦，就像迪迪尔・德罗巴在穆里尼奥离开切尔西后也没有转会一样。然而他成了个普通球员，与他在欧冠决赛中短暂却精彩的出场相比更是如此。整支球队都怀念穆里尼奥。他的继任者拉斐尔・贝尼特斯在 2009—2010 赛季末离开利物浦后加盟国米，却只待了几个月，在这种情形下，怀念之情更加强烈了。这位西班牙教练在圣诞节前两天被解雇了，接班人是莱昂纳多——曾经的 AC 米兰教练。斯内德、米利托和其他人再也没有当年所向无敌的气势了，虽然他们还是晋级了欧冠淘汰赛，但小组赛中结结实实地输给了热刺。在意甲联赛中，国米始终落后米兰一大截。

一月中，斯内德与卢西奥和麦孔一样，可以飞往苏黎世参加金球奖颁奖仪式，他们都被选入了国际足协的年度最佳阵容。年度最佳教练正是穆里尼奥，斯内德诉说感想时，他就坐在观众席。斯内德说道：“对我来说，这是惊人的一年。这一年本可以更好，因为我希望能赢得世界杯，但最重要的是，与何塞・穆里尼奥一起工作真是太让人愉快了。我希望站在舞台上，告诉他，对我而言，他就是世界上最好的教练。”穆里尼奥努力克制着情绪，但他的眼睛湿润了。此前，斯内德就曾揭示过穆里尼奥与球员之间的特殊关系，他说："有一次他告诉我：'韦斯利，你看起来很疲倦，放几天假吧，和你的妻子、女儿一起去晒晒太阳。'其他的教练都只会说训练、训练，但他让我去海滩度假。于是我去伊比萨岛待了三天，等我回来时，我愿意为他杀人，为他去死。"连兹拉坦·伊布拉希莫维奇转会去了巴塞罗那之后也说过："在国米与何塞·穆里尼奥一起工作时，我愿意跑出去为他杀人——他给了我巨大的动力。"

失去穆里尼奥之后，国米不过是欧冠淘汰赛阶段一支寻常的意甲球队，很容易就被打败了。他们在四分之一决赛中被沙尔克淘汰，这支德甲的中游队伍以总比分 7 ：2 战胜了国米。等到沙尔克在半决赛中遇到曼联时，国米的成绩就显得更可笑了：弗格森在盖尔森基兴以 2 ：0 击败沙尔克，回到老特拉福德球场，又赢了个 4 ：1。与此同时，皇马在半决赛中输给了巴萨，穆里尼奥正在马德里继续他身为"足球的敌人"的行事风格。有些评论员认为，当时他已经失去了在弗格森退休后接管曼联的资格。另外一些人注意到弗格森也因为举止不当而遭到英足总五场禁赛的处罚，从而相信穆里尼奥反而比从前更有资格接班了。

巴萨的惨败

2011—2012 赛季，曼联和曼城首先争夺社区盾冠军，这场比赛堪称史上观赏性最强的社区盾比赛，也就此拉开了新赛季的帷幕。七天之后，皇马和巴萨也开始争夺西班牙超级杯——正是西班牙版的社区盾。国家德比永远是不容错过的比赛，只有一回合是不够的，而西甲联赛的两大巨头回到诺坎普进行次回合比赛时，还附送了高潮迭起的演出：穆里尼奥用手指戳了蒂托·比拉诺瓦的眼睛，比拉诺瓦正是佩普·瓜迪奥拉的助教和未来的接班人。新赛季，新理由，喧嚣永远不会停止，然而其中的主旋律永远不变——这是不可避免的事实。如果没有穆里尼奥和瓜迪奥拉之间不和谐的斗争，太阳一定是打西边升起来了。

的确，由于历史、社会、政治和感情的种种因素，两家俱乐部之间一直敌意浓厚。他们都是最高等级的俱乐部。哈维和安德烈斯·伊涅斯塔是巴萨品质的缩影，而上个赛季巴塞罗那创造的一系列奇迹让它有资格成为俱乐部史上最精彩的一年，代表作正是对皇马的一连串胜利，尤其是联赛中那场 5 ∶ 0 的大胜，其次是几个月前在温布利球场的欧冠决赛中战胜曼联的比赛。人们也总是不禁要把莱昂内尔·梅西——当今世界上毫无疑问的最佳球员，与克里斯蒂亚诺·罗纳尔多相比较，后者上个赛季打进了 40 个联赛进球，确保他在伯纳乌的万神殿中将有一席之地，尽管他最终只赢得了一座国王杯，在决赛的加时赛阶段，他标志性的强力头球终于攻破了维克多·巴尔德斯把守的球门。然而，穆里尼奥和瓜迪奥拉之间风格与哲学的碰撞，才真正把皇马和巴萨之间的对抗提升到了全新的高度，使之成为我们在足球世界中前所未见的奇迹。

当然，这个赛季中还会发生许多事情，直到最后，穆里尼奥终于完成了对巴塞罗那的复仇。在赛季前的超级杯比赛中，穆里尼奥输人又输球——就在技术区发生那场闹剧之前，梅西几乎凭借一己之力为球队搏得了冠军。然而，赛季结束时，他又一次赢得了联赛冠军，而此前只有二名教练和他一样，曾在四个不同的国家都赢得联赛桂冠。这三个人包括恩斯特·哈佩尔[①]——他和穆里尼奥也都曾带领两支不同的俱乐部获得欧冠，以及托米斯拉夫·伊维奇[②]、吉奥瓦尼·特拉帕托尼[③]。而且，穆里尼奥在短短十年之内就完成了这样的成就。

这个赛季开始前，他带领皇马前往洛杉矶开始季前巡回赛，另外还去了其他地方，如广州和莱切斯特城。皇马在季前赛中获得全胜战绩。在加州，皇马 4 ：1 战胜洛杉矶银河队，3 ：0 战胜墨西哥瓜达拉哈拉竞技俱乐部[④]，2 ：1 战胜菲律宾联队。之后，球队飞往柏林，3 ：1 击败了柏林赫塔。下一个对手是莱斯特城，皇马 2 ：1 取胜，然后又飞往新大陆。在中国，皇马与这个巨大的国家中最大的足球学校建立合作关系，然后 7 ：1 战胜了广州恒大队。掉头回马德里之前，他们还以 6 ：0 碾压了天津泰达队。接下来，球队有一周时间，用来准备超级杯第一回合。

梅苏特·厄齐尔为皇马率先进球，让伯纳乌的观众们满心喜悦。此后，大卫·比利亚和梅西各进一球作为回敬。最终哈维·阿隆索打进扳平球。在诺坎普，伊涅斯塔进了第一球，罗纳尔多扳平。梅西把比分变为 2 ：1，卡里

---

① 恩斯特·哈佩尔曾带领费耶诺德（荷兰）、布鲁日（比利时）、汉堡（德国）和蒂罗尔因斯布鲁克（奥地利）夺得联赛冠军。

② 托米斯拉夫·伊维奇（Tomislav Ivic，1933—2011），克罗地亚前足球运动员、教练，曾带领斯普列特俱乐部（克罗地亚）、阿贾克斯（荷兰）、安德莱赫特（比利时）和波尔图（葡萄牙）夺取联赛冠军。

③ 吉奥瓦尼·特拉帕托尼（Giovanni Trapattoni，1939— ），意大利前足球运动员、教练，曾带领尤文图斯、米兰（意大利）、拜仁慕尼黑（德国）、本菲卡（葡萄牙）和萨尔茨堡红牛俱乐部（奥地利）夺取联赛冠军。

④ 瓜达拉哈拉竞技俱乐部是一家墨西哥足球俱乐部，创立于 1906 年，曾 11 次获得顶级联赛冠军。

姆·本泽马再次扳平。梅西在比赛快要结束时又进球了，皇马球员非常沮丧，马塞洛——令人激动，却也容易激动的攻击型左后卫极为凶狠地铲倒了塞斯克·法布雷加斯，因此被红牌罚下。接下来发生的种种事端，不仅包括穆里尼奥戳比拉诺瓦眼睛这一件事，比利亚和厄齐尔也吃了红牌。西班牙足球纪律委员会对待皇马一贯宽宏大量，而皇马显然是这次骚乱的罪魁祸首。穆里尼奥仅仅被禁赛两场，就算他没有前科，这也是个相当轻的处罚。他还被罚款 600 欧元，而皇马的罚款数额就更吓人了——180 欧元，这笔钱还不够在比赛中买个好位置的。

西班牙联赛在欧洲范围内肯定不是以公正出名的。几十年来，相关部门一直对观众的种族歧视现象视而不见，直到 2004 年，英格兰球员还在马德里遭遇歧视。足协对俱乐部的财务管理不善问题一向漠不关心，而在 2011 年 8 月，这种做法的恶果已经体现出来了：由于许多俱乐部的球员被拖欠工资，他们罢工抗议，联赛不得不推迟进行。开幕战时，皇马 6 ∶ 0 客场击败萨拉戈萨，罗纳尔多帽子戏法。赛季的基调已经奠基了。九月份，罗纳尔多受伤，皇马先是输给了莱万特，又跌跌撞撞地与桑坦德打平。然后，罗纳尔多伤愈归来，在主场对阵巴列卡诺时登场，又完成了一个帽子戏法，最终皇马 6 ∶ 2 获胜。冈萨洛·伊瓜因也开始帽子戏法了，他和本泽马之间的竞争正如穆里尼奥所希望的那样，产生了积极的效果。

欧冠比赛中，尽管穆里尼奥由于禁赛缺席，皇马还是赢下了头三场比赛，对手分别是萨格勒布迪纳摩、阿贾克斯和里昂。等穆里尼奥重回技术区时，他们又赢下了其他三场小组赛。无论在国内还是欧洲赛场上，一切都按照计划进行着——直到他们又遇见了巴塞罗那：十二月的伯纳乌，尽管本泽马抓住了维克多·巴尔德斯的失误，开场21秒就打进一球，巴萨还是战胜了皇马。阿莱克西斯·桑切斯、哈维和法布雷加斯各进一球，狠狠还击，最终全取三分。然而，2011年结束时，皇马依然保持着领头羊的地位。在本年度的最后一场联赛中，球队6∶2客场战胜塞维利亚，比赛中有两个标志性的现象：罗纳尔多帽子戏法，而佩佩又成了众矢之的，吃了两张黄牌。

国王杯四分之一决赛的首回合，皇马再次主场输给巴萨：梅西精彩传球给埃里克·阿比达尔，后者破门，2∶1取胜。不过，回到诺坎普后，两队2∶2战平，这表明穆里尼奥已经吸取了教训，不再采用上赛季欧冠比赛中那套谨慎到可笑的战术了。如今皇马和巴萨正是旗鼓相当，他们探索着巴萨的弱点，尤其是高空定位球。同时，在对手弱小时，他们依靠稳定的表现给瓜迪奥拉的球队上了一课。穆里尼奥比瓜迪奥拉更富技巧性地调配着手头的资源，而后者恐怕已经厌倦了比赛，他暗示自己在本赛季结束后想要休息一下。皇马一度在联赛中领先十分之多。3月里，他们感受到了竞争的压力——此时体能教练鲁伊·法里亚本赛季第三次被罚出场外，而这次穆里尼奥自己也下场了。不过，4月21日，皇马终于在诺坎普战胜巴萨，在联赛中赢得了一次国家德比的胜利。此时瓜迪奥拉已经无望争夺联赛冠军了。

这场意义重大的胜利正巧夹在两场欧冠半决赛之间——皇马和巴萨都觉得这样的赛程难以忍受。联赛之后，皇马迎战拜仁，点球大战中，伊克尔·卡西利亚斯连扑两个点球，但最终无力回天：罗纳尔多、卡卡和塞尔吉奥·拉莫斯先后射失。而巴塞罗那居然输给了十人作战的切尔西！当时约翰·特里用膝盖顶了桑切斯一下，他愚蠢地以为别人都看不见他的动作，结果被罚下场。这是一支强力的、重生的切尔西，此前罗曼·阿布拉莫维奇为了全队的士气起见，牺牲了安德烈·维拉斯·博阿斯。就在去年夏天，维拉斯·博阿斯刚刚被阿布拉莫维奇从波尔图引诱到伦敦，他的轨迹正如七年前的穆里尼奥，但很快就被先前的助教罗伯托·迪马特奥取代。换帅的效果倒是立竿见影，球队在欧冠中表现出色，最终在决赛中击败了拜仁慕尼黑，让后者沮丧不已。后来，博阿斯又回到了伦敦、加盟托特汉姆热刺——恰恰也是热刺，曾在穆里尼奥离开切尔西后试图吸引他。博阿斯在热刺执教了 17 个月，差不多是他在斯坦福桥执教时间的两倍之长。

三年之痒

若干年前，热拉尔·霍利尔曾预言过，穆里尼奥终将成熟起来。没有多少证据表明他真的成熟了，但矛盾的是，穆里尼奥的确能在失败中保持优雅，就像 2005 年亚历克斯·弗格森爵士和加里·内维尔曾做到的那样。在皇马的欧冠梦想破灭之后，经验丰富的拜仁主帅约瑟夫·海因克斯披露说，赛后，穆里尼奥“来到了我们的更衣室，对我的球员们和教练职员表示祝贺……他的做法很高尚”。

至少，穆里尼奥的作为配得上这个杰出的赛季：2011—2012 赛季无疑堪称西班牙足球的黄金时代，尽管皇马和巴萨尽力争取的欧冠无果而归，但西班牙的其他俱乐部统治了欧联杯赛程，决赛双方都是西甲球队，其中毕尔巴鄂竞技 0 ： 3 输给了马德里竞技。这一年的国王杯属于巴塞罗那，瓜迪奥拉以在伯纳乌赢得一项冠军来结束他的时代。但世界上的任何比赛——哪怕最爱自吹自擂的英超联赛，都无法与国家德比相提并论。毫无疑问，穆里尼奥在皇马的历史上留下了不可磨灭的印记。2011—2012 赛季的进球纪录让这个赛季绝不仅仅是实用主义的胜利。皇马进了 121 个球，以 17 个球的优势打破了 1989—1990 赛季中威尔士人约翰·本杰明·托沙克①执教时创造的进球纪录。这位威尔士人在利物浦时被人亲切地称为“托什”，他踢球时的另一位前锋凯文·基冈正是穆里尼奥童年时一举一动都要模仿的偶像。托沙克治下的皇马队中有乌戈·桑切斯②，伟大的墨西哥前锋，在整个赛季的 107 个进球中，他一个人就贡献了 38 个联赛进球。批评家们都认为，这是个恐怕永远也无法超越的成就。然而，在穆里尼奥的第一个赛季中，克里斯蒂亚诺·罗纳尔多就进了 40 个球。穆里尼奥的第二个赛季里，他进了 46 个球，但仍比莱昂内尔·梅西少 4 个。他们正是黄金时代的黄金球员，而穆里尼奥就是点石成金的迈达斯。

不过，他的第三个赛季中，珍贵的奖牌不免蒙尘。当初在斯坦福桥球场，穆里尼奥就希望第三个赛季能成为他辉煌的顶点，但与阿布拉莫维奇和经理们之间的矛盾让他梦想破灭。或许可以说，历史在 2012—2013 赛季的伯纳乌重演了。西班牙超级杯中，皇马通过客场进球数击败了巴萨，让这个赛季开始得充满希望，穆里尼奥也成为第一个在欧洲四个国家中都赢得所有国内冠军的教练。然而，蒂托·比拉诺瓦执教的巴塞罗那下定决心要重夺优势，从一开

---

① 约翰·本杰明·托沙克（John Benjamin Toshack，1949—　），威尔士前足球运动员，足球教练。曾执教皇马、威尔士国家队等，现在维达卡萨布兰卡俱乐部担任教练。

② 乌戈·桑切斯（Hugo Sanchez，1958—　），墨西哥前足球运动员，司职前锋，墨西哥足球史上最杰出的球员之一。曾为国家队出场 58 次。

始到赛季末一直领跑西甲，而梅西的表现只能用疯狂来形容。在直接的对抗中，穆里尼奥率领的皇马还能给巴萨制造麻烦：10 月在诺坎普的联赛中，两队 2 ：2 战平。次年 2 月到 3 月间，皇马先是把巴萨淘汰出了国王杯，又在联赛第二回合中再度取胜。

当时，比拉诺瓦已经无法出现在巴塞罗那的板凳上了。12 月，他的唾液腺癌复发，接受了手术，此后又是几个星期的化疗和放疗。他与助教乔迪・鲁拉一起重回赛场时，赛季已经所余无几。欧冠半决赛中，巴塞罗那被拜仁慕尼黑以 7 ：0 屠杀。不过，5 月 11 日，皇马客场战平西班牙人之后，巴萨赢得了联赛冠军。皇马也在欧冠半决赛中被淘汰，总比分 3 ：4 输给了多特蒙德。丢掉联赛冠军几天后，他们又在国王杯决赛中输给了马竞，而穆里尼奥宣称：“这是我职业生涯中最糟糕的赛季。”三天之后，皇马主席弗洛伦蒂诺・佩雷斯宣布，穆里尼奥与皇马和平分手，尽管他一年前刚刚续约，合同还有三年才到期。穆里尼奥与太多人之间发生了矛盾。败给多特蒙德之后，他对媒体说：“有些俱乐部爱我，其中有一家俱乐部尤其热爱我。在西班牙，事情就不一样了。有些人恨我——包括坐在这间屋子里的许多人。”

尽管“恨”这个词可能感情太过强烈，但与媒体的冲突相比，穆里尼奥与其他人之间的不和更具毁灭性，包括他与一些西班牙球星的争吵。甚至他的葡萄牙老乡克里斯蒂亚诺・罗纳尔多也与他发生矛盾。他曾经这样评价罗纳尔多：“或许他觉得自己懂得一切，教练已经没法帮助他进步了。”因此，他将要回到依然热爱他的地方去：六月初，切尔西就宣布重新聘用穆里尼奥。

蒂托・比拉诺瓦的生命——或者说，残余的生命中，还有许多比足球更重要的事情。他辞职了，解释说这次癌症复发让他必须寻求进一步治疗，因此无法承担执教巴萨的任务。2014 年 4 月，他过世了，年仅 45 岁，留下妻子和两个孩子。足球界纷纷表达对他的怀念，其中，切尔西的声明格外引人注目，穆里尼奥说："对于足球，对于巴塞罗那，最重要的是，对于他的家人和朋友，这都是悲哀的一天……致以我最深切的哀悼。"

回到英国：快乐的一个

穆里尼奥重回切尔西，并签署了一份四年期的合同。鲁伊・法里亚和希尔维诺・鲁洛仍然追随着他，团队中还有个新面孔：何塞・莫莱斯（Jose Morais），葡萄牙人，他于 2009 年代替安德烈・维拉斯・博阿斯的职责，并与其他人一样，跟着穆里尼奥从米兰到了马德里。赛季前惯常有巡回赛，球队飞到远东和美国，最终与皇马进行了一场友谊赛（皇马 3 ∶ 1 取胜）。英超赛季的揭幕战中，切尔西主场战胜胡尔城。接着，在老特拉福德球场，球队对阵曼联时采用不加掩饰的防守策略，最终 0 ∶ 0 战平。这场比赛中，以 1900 万英镑身价从勒沃库森转会而来的安德烈・许尔勒独自挑起前锋位置。很快，球队从安郅买来威廉，花费 3200 万英镑，而且是从热刺的鼻子下抢走的——他都已经通过热刺的体检了。萨穆埃尔・埃托奥也从安郅加盟，身价大约 200 万英镑，就此与他 2010 年获得欧冠时的教练重新会合。作为欧联杯的卫冕冠军，切尔西参加了在布拉格举行的欧洲超级杯，最终在点球大战中输给了佩普・瓜迪奥拉执教的拜仁。

九月来临，新问题出现了。切尔西客场输给了埃弗顿——这支球队在大卫·莫耶斯离开古迪逊公园球场，罗伯特·马丁内斯入主以来，似乎状态更好。更令人惊讶的是，欧冠小组赛中，球队居然主场败给了巴塞尔。但失败只是偶然，切尔西继续展现着他们作为顶级球队的品质。在斯坦福桥，他们先后战胜了曼城和利物浦。新年过后，穆里尼奥的球队与领头羊阿森纳仅仅相差两分。

然而，球队在对阵没那么强大的对手时有时反而会遇到麻烦，例如 2014 年 1 月，他们在斯坦福桥 0 ∶ 0 战平西汉姆联队。正如穆里尼奥在八月间闷死了曼联一样（考虑到在莫耶斯的带领下，曼联的最终战绩异常悲惨，或许他本可以努力争取三分的），西汉姆联的教练萨姆·阿勒代斯也用严密的防守闷死了切尔西，导致穆里尼奥在赛后酸溜溜地抱怨道："这可不是世界上最好的联赛——这是 19 世纪的足球。"他想表达的意思并不清晰，毕竟，在维多利亚时代，足球可不怎么喜欢防守。但随即，他打了个比方，让大家搞明白了他的想法："我恐怕得搞一辆百得公司①生产的重型机车，才能摧毁他们的防守之壁。"

四月，更糟糕的事情发生了：穆里尼奥头一次在主场输掉了英超联赛，而且是输给了垫底的球队——桑德兰，后者借这次惊人的赛果奋发图强，最终避免了降级的厄运。埃托奥进球，帮助切尔西领先，但康纳·威克姆②扳平了。比赛还有八分钟结束时，切尔西的边后卫塞萨尔·阿兹皮利奎塔对祖斯·艾迪

---

① 百得公司（Black & Decker Corporation）是一家美国的重型工具制造商。

② 康纳·威克姆（Connor Wickham，1993— ），英格兰足球运动员，司职前锋，现效力于桑德兰俱乐部，是球队有史以来最年轻的上场球员。

杜里[1]犯规，裁判米克·甸恩[2]判给客队一个点球。法比奥·博里尼[3]罚中点球——当时斯坦福桥完全陷入震惊之中，而愤怒的鲁伊·法里亚几乎难以克制情绪，差点儿去攻击裁判。一如既往，失利总是穆里尼奥不得不吞下的一剂苦药，而这次失利意味着——正如教练本人一直强调的那样，切尔西还没有做好赢得冠军的准备。不过，切尔西依然有争冠的机会，他们在安菲尔德 2 ： 0 击败了利物浦，正是在那个晚上，史蒂文·杰拉德犯下致命的错误，滑倒在地。接下来还有世界杯之夏，俱乐部抓住时机签下了三名球员，他们似乎很有希望解决球队的老问题。

谁能代替已经自由解约加盟纽约城的 36 岁弗兰克·兰帕德呢？塞斯克·法布雷加斯可以吗？球队会找到如年轻时的阿什利·科尔一样即插即用的攻击型左后卫吗？费利佩·路易斯和迭戈·科斯塔都从马竞转会来到切尔西，前者是左后卫，后者则是因为穆里尼奥强烈要求一个德罗巴型的前锋，要比费尔南多·托雷斯能力更强。德罗巴本人已经自由转会离开了。与一年前他接手的那支球队相比，如今的切尔西更像一支典型的、穆里尼奥的球队。他说，这批人马能为切尔西效力十年。这个说法恐怕太夸张了。但穆里尼奥的合约毕竟只有四年时间，或许这次，他能走到最后。[4]

---

① 祖斯·艾迪杜里（Jozy Altidore，1989— ），美国足球运动员，司职前锋，现效力于多伦多俱乐部。

② 米克·甸恩（Mike Dean，1968— ），英格兰足球裁判，一度被认为是阿森纳比赛中的死神。

③ 法比奥·博里尼（Fabio Borini，1991— ），意大利足球运动员，司职前锋，现效力于利物浦。

④ 原著于 2012 年出版，书中内容为当时的情况。